5 AULA INTERNACIONAL PLUS

Jaime Corpas
Agustín Garmendia
Nuria Sánchez
Carmen Soriano

COORDINACIÓN PEDAGÓGICA
Neus Sans

Conoce Aula internacional Plus

AULA INTERNACIONAL nació con la ilusión de ofrecer una herramienta moderna, eficaz y comprensible con la que llevar a las aulas de español los enfoques comunicativos más avanzados. La respuesta no pudo ser más favorable: cientos de centros de enseñanza de lenguas y miles de docentes han confiado en el manual a lo largo de estos años, y muchos cientos de miles de estudiantes han aprendido español con él.

AULA INTERNACIONAL PLUS es una cuidadosa actualización de esa propuesta y mantiene intactos los mismos objetivos: poner a los alumnos y las alumnas en el centro del proceso de aprendizaje, primar el uso significativo de la lengua, ofrecer una visión moderna y no estereotipada de España y de los países de habla hispana, facilitar la labor docente, etc. Pero, además, esta edición recoge las aportaciones de más de mil usuarios del manual, actualiza temas, enfoques y textos, renueva su lenguaje gráfico, ofrece una mayor flexibilidad e integra aún más las tecnologías de la información.

El manual que tienes en tus manos está hecho para ti y por ti. Gracias por confiar en **AULA INTERNACIONAL PLUS**.

ASÍ SON LAS UNIDADES DE **AULA INTERNACIONAL PLUS**

EMPEZAR

En esta primera doble página de la unidad, se explica qué tarea vamos a realizar al final de la unidad y qué recursos comunicativos, gramaticales y léxicos vamos a incorporar. Entramos así en la temática de la unidad mediante una actividad que nos ayuda a activar nuestros conocimientos previos y nos permite tomar contacto con el léxico que vamos a necesitar.

4 ANTES DE QUE SEA TARDE

AUDIOS, VÍDEOS, DOCUMENTOS ALTERNATIVOS, ETC., DISPONIBLES EN campusdifusión

EN ESTA UNIDAD VAMOS A
CREAR UNA CAMPAÑA DE CONCIENCIACIÓN SOCIAL SOBRE ALGÚN PROBLEMA MEDIOAMBIENTAL

RECURSOS COMUNICATIVOS
- hacer predicciones sobre el futuro
- analizar y exponer problemas relacionados con el medioambiente (sus causas y sus consecuencias)
- cohesionar textos

RECURSOS GRAMATICALES
- el futuro compuesto
- construcciones temporales con **mientras**, **hasta (que)**, **en cuanto**, **antes de (que)**, **después de (que)**
- recursos para cohesionar textos

RECURSOS LÉXICOS
- medioambiente
- recursos para cohesionar textos: uso de sinónimos, hiperónimos, hipónimos…
- nominalización

Empezar

1. CONTAMINACIÓN

A. Mira la imagen y describe lo que ves. ¿Qué crees que ha sucedido? Comentadlo en grupos.

B. La imagen es del desastre medioambiental del Prestige. En parejas, buscad información sobre lo que sucedió. Luego, compartid en clase lo que habéis encontrado. ¿Conocéis otros casos parecidos más recientes?

C. En grupos, haced un mapa conceptual con palabras y expresiones relacionadas con la contaminación.

D. ¿Habéis realizado alguna vez un voluntariado relacionado con el medioambiente? ¿En qué consistía?

cincuenta y nueve 59

COMPRENDER

En esta doble página encontramos textos y documentos muy variados (páginas web, correos electrónicos, artículos periodísticos, folletos, test, anuncios, etc.) con los que vamos a trabajar. Estos textos contextualizan los contenidos lingüísticos y comunicativos básicos de la unidad. Con ellos, vamos a desarrollar fundamentalmente actividades de comprensión.

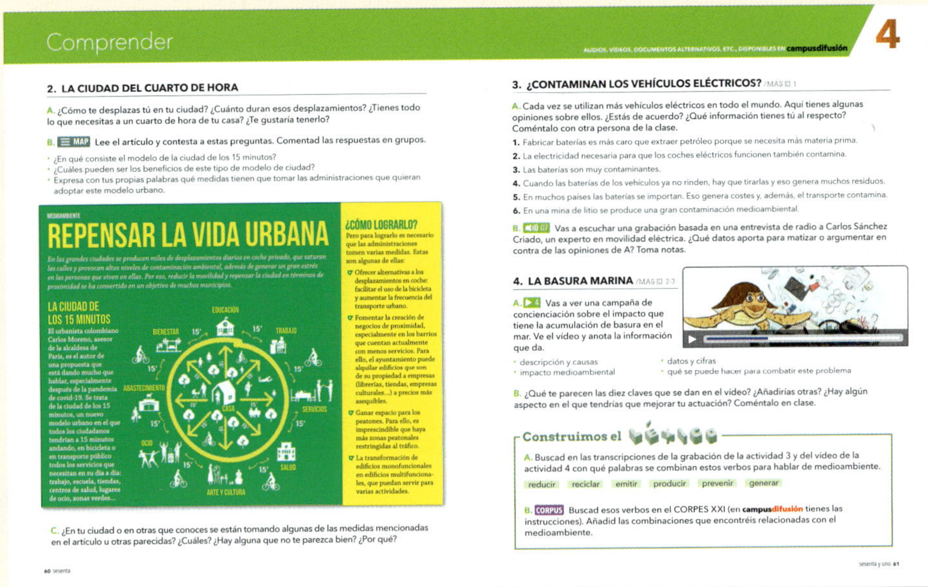

Comprender — 4

2. LA CIUDAD DEL CUARTO DE HORA

A. ¿Cómo te desplazas tú en tu ciudad? ¿Cuánto duran esos desplazamientos? ¿Tienes todo lo que necesitas a un cuarto de hora de tu casa? ¿Te gustaría tenerlo?

B. Lee el artículo y contesta a estas preguntas. Comentad las respuestas en grupos.
- ¿En qué consiste el modelo de la ciudad de los 15 minutos?
- ¿Cuáles pueden ser los beneficios de este tipo de modelo de ciudad?
- Expresa con tus propias palabras qué medidas tienen que tomar las administraciones que quieran adoptar este modelo urbano.

REPENSAR LA VIDA URBANA

C. ¿En tu ciudad o en otras que conoces se están tomando algunas de las medidas mencionadas en el artículo u otras parecidas? ¿Cuáles? ¿Hay alguna que no te parezca bien? ¿Por qué?

3. ¿CONTAMINAN LOS VEHÍCULOS ELÉCTRICOS?

A. Cada vez se utilizan más vehículos eléctricos en todo el mundo. Aquí tienes algunas opiniones sobre ellos. ¿Estás de acuerdo? ¿Qué información tienes tú al respecto? Coméntalo con otra persona de la clase.
1. Fabricar baterías es más caro que extraer petróleo porque se necesita más materia prima.
2. La electricidad necesaria para que los coches eléctricos funcionen también contamina.
3. Las baterías son muy contaminantes.
4. Cuando las baterías de los vehículos ya no rinden, hay que tirarlas y eso genera muchos residuos.
5. En muchos países las baterías se importan. Eso genera costes y, además, el transporte contamina.
6. En una mina de litio se produce una gran contaminación medioambiental.

B. Vas a escuchar una grabación basada en una entrevista de radio a Carlos Sánchez Criado, un experto en movilidad eléctrica. ¿Qué datos aporta para matizar o argumentar en contra de las opiniones de A? Toma notas.

4. LA BASURA MARINA

A. Vas a ver una campaña de concienciación sobre el impacto que tiene la acumulación de basura en el mar. Ve el vídeo y anota la información que da.
- descripción y causas
- impacto medioambiental
- datos y cifras
- qué se puede hacer para combatir este problema

B. ¿Qué te parecen las diez claves que se dan en el vídeo? ¿Añadirías otras? ¿Hay algún aspecto en el que tendrías que mejorar tu actuación? Coméntalo en clase.

Construimos el léxico

A. Buscad en las transcripciones de la grabación de la actividad 3 y del vídeo de la actividad 4 con qué palabras se combinan estos verbos para hablar de medioambiente.
reducir · reciclar · emitir · producir · prevenir · generar

B. Buscad esos verbos en el CORPES XXI (en campusdifusión tienes las instrucciones). Añadid las combinaciones que encontréis relacionadas con el medioambiente.

EXPLORAR Y REFLEXIONAR

En estas cuatro páginas realizamos un trabajo activo de observación de la lengua –a partir de textos o de pequeños corpus– y practicamos de forma guiada. De este modo, descubrimos el funcionamiento de la lengua en sus diferentes aspectos (morfológico, léxico, sintáctico, funcional, textual, etc.) y reforzamos nuestro conocimiento explícito de la gramática.

Explorar y reflexionar — 4

5. CUANDO SE HICIERON CAMPAÑAS

A. En parejas, relacionad las frases de la izquierda con su continuación más lógica. A veces existen varias combinaciones.

1. La gente empieza a reciclar más	a. cuando se hagan campañas en las escuelas.
2. La gente empezará a reciclar más	b. cuando se hacen campañas en las escuelas.
3. La gente empezó a reciclar más	c. cuando se hicieron campañas en las escuelas.
4. No se puede usar el coche	a. hasta que bajan los índices de contaminación atmosférica.
5. No se podrá usar el coche	b. hasta que bajen los índices de contaminación atmosférica.
6. No se pudo usar el coche	c. hasta que bajaron los índices de contaminación atmosférica.
7. Hay que permanecer en casa	a. mientras duren las fuertes lluvias.
8. Habrá que permanecer en casa	b. mientras duraron las fuertes lluvias.
9. Hubo que permanecer en casa	c. mientras duran las fuertes lluvias.
10. La contaminación del aire en las ciudades desciende	a. en cuanto se toman medidas como la prohibición de entrar en el centro urbano en coche.
11. La contaminación del aire en las ciudades descenderá	b. en cuanto se tomen medidas como la prohibición de entrar en el centro urbano en coche.
12. La contaminación del aire en las ciudades descendía	c. en cuanto se tomaban medidas como la prohibición de entrar en el centro urbano en coche.

B. Ahora, fíjate en las frases temporales de la columna de la derecha en el apartado A y contesta a estas preguntas.
- ¿En cuáles hablamos del presente habitual? ¿Con qué tiempo verbal?
- ¿En cuáles hablamos del futuro? ¿Con qué tiempos verbales?
- ¿En cuáles hablamos del pasado? ¿Con qué tiempos verbales?
- ¿Qué conector tiene un matiz de inmediatez?

C. En parejas, preparad en cada caso tres inicios de frases usando los siguientes elementos. Luego, otra pareja tiene que escribir las continuaciones.
1. accidentes de tráfico · disminuir · en cuanto
2. salud pública · mejorar · cuando
3. residuos · reducir · hasta que
4. nivel del mar · seguir subiendo · mientras

6. UN INCENDIO

A. Lee la siguiente noticia sobre un incendio y contesta las preguntas.
- ¿Quién o qué provocó el accidente? · ¿Hubo personas heridas? · ¿Se ha extinguido el incendio? ¿Cómo?

Accidente con incendio en Castejuelo del Campo

B. Subraya en la noticia las palabras y expresiones relacionadas con los incendios. Luego, ponlo en común con el resto de la clase. ¿Entendéis qué significa?

C. Fíjate en las estructuras destacadas en negrita. ¿Qué tiempos verbales las acompañan?

D. ¿Sabías que en España los incendios representan un grave problema medioambiental? ¿Pasa lo mismo en tu país? ¿Qué medidas se pueden tomar para evitarlos?

Conoce Aula internacional Plus

LÉXICO

Aquí encontramos el léxico básico de la unidad organizado de manera muy visual y descubrimos colocaciones léxicas que nos ayudan a aprender cómo se combinan las palabras en español.

GRAMÁTICA Y COMUNICACIÓN

En estas dos páginas disponemos de esquemas gramaticales y funcionales que nos permitirán entender cómo funciona la lengua española y cómo se usa en la comunicación.

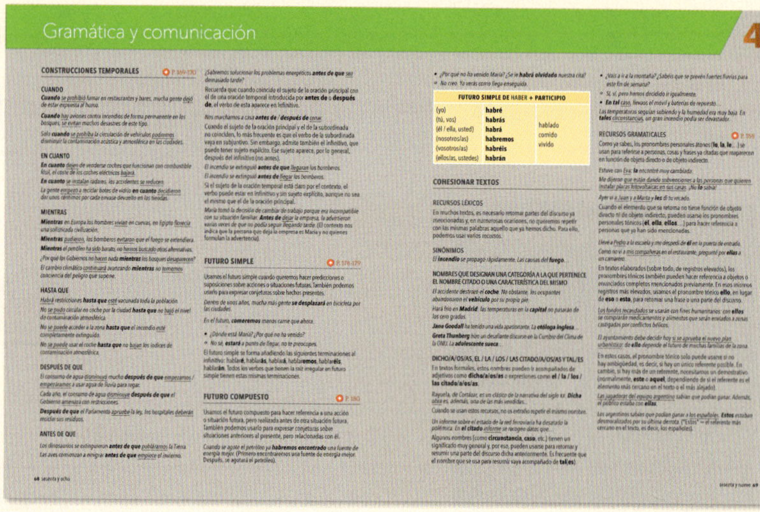

PRACTICAR Y COMUNICAR

Las tres páginas de esta sección están dedicadas a la práctica lingüística y comunicativa, e incluyen propuestas de trabajo muy variadas. Aquí experimentamos el funcionamiento de la lengua a través de microtareas comunicativas en las que activamos los contenidos de la unidad. Muchas de las actividades están basadas en nuestro propio bagaje como personas, como aprendientes y como grupo; así, usamos nuestras experiencias y nuestra percepción del entorno para llevar a cabo interacciones comunicativas reales y llenas de significado.

Al final de esta sección, el manual propone una o varias tareas que implican diversas destrezas y que se concretan en un producto final –escrito u oral– que nos permite conocer nuestro progreso y comprobar qué somos capaces de hacer en español.

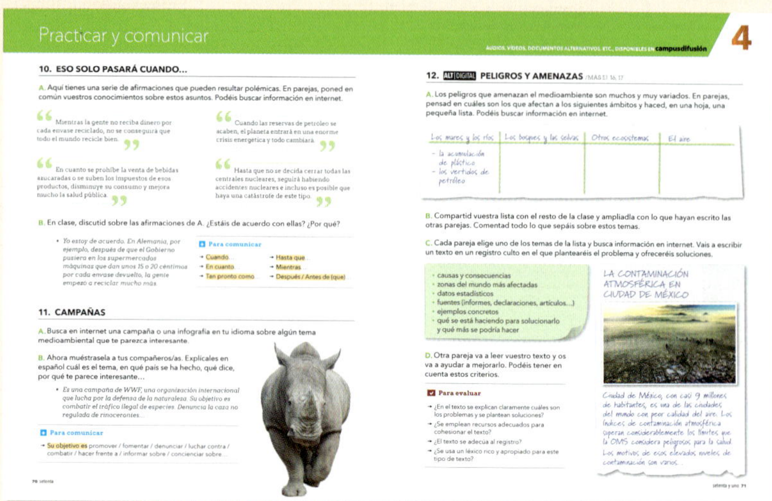

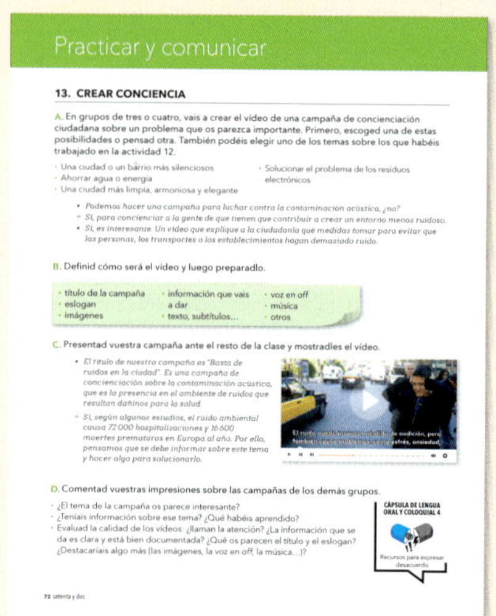

VÍDEO

Todas las unidades se cierran con un vídeo de diferente tipo: reportajes, entrevistas, cortos de ficción, etc. Estos documentos audiovisuales, disponibles en **campusdifusión**, nos acercan a la realidad sociocultural de los países de habla hispana.

LAS UNIDADES SE COMPLETAN, AL FINAL DEL LIBRO, CON LAS SIGUIENTES SECCIONES

MÁS EJERCICIOS

Aquí encontramos siete páginas por unidad con actividades de práctica formal que ayudan a fijar los aspectos lingüísticos estudiados. Si bien los ejercicios están diseñados para el trabajo autónomo, también se pueden usar en clase.

MÁS GRAMÁTICA

Como complemento a las páginas de **Gramática y comunicación** de las unidades, en esta sección encontramos explicaciones más extensas y modelos de conjugación para todos los tiempos verbales estudiados en este nivel.

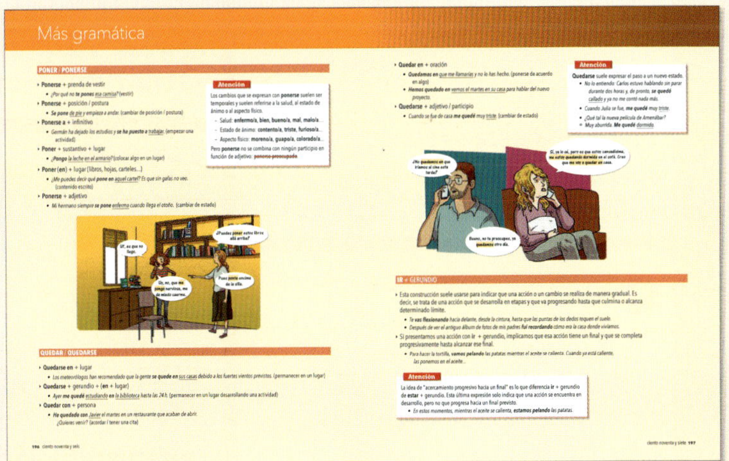

Conoce Aula internacional Plus

PARA ENTENDER EL MANUAL

Este icono indica en qué actividades se debe escuchar un audio, disponible en **campusdifusión**.

ALT | MX

Este icono indica que, en **campusdifusión**, hay un texto oral diferente o en una variedad del español distinta a la que se ofrece en el libro (indicada con las iniciales del país).

En algunos casos, podemos encontrar, a lo largo de la unidad, documentos audiovisuales que ilustran fenómenos léxicos, gramaticales, culturales, etc.

/MÁS EJ. 9-10

Esta referencia indica qué ejercicios de la sección **Más ejercicios** están relacionados con una actividad o la complementan.

P. 153

Esta referencia indica qué apartado de la sección **Más gramática** debemos consultar para profundizar en el tema gramatical tratado.

Construimos el léxico

Este apartado nos permite trabajar con el vocabulario más importante y útil (para nuestras necesidades) de una manera personal y significativa.

CÁPSULA DE LENGUA ORAL Y COLOQUIAL

Las cápsulas de lengua oral y coloquial, disponibles en **campusdifusión**, son vídeos que ayudan a descubrir palabras, expresiones y recursos pragmáticos propios de la lengua oral y coloquial.

Para comunicar

En estos cuadros encontramos recursos lingüísticos que nos ayudan a expresarnos y a producir textos más ricos.

CORPUS

Las actividades marcadas con este icono proponen un trabajo con corpus para descubrir cómo funcionan algunos recursos lingüísticos en contextos reales. En **campusdifusión** se ofrecen instrucciones para guiar este trabajo.

MAP

Los textos marcados con este icono cuentan con una versión mapeada en **campusdifusión**. Estos documentos nos permiten observar el uso de las colocaciones léxicas y de las preposiciones en español, y facilitan su aprendizaje.

ALT

Además de los textos que proporciona el libro, las actividades marcadas con este icono cuentan con un texto alternativo en **campusdifusión**. Así, podemos trabajar los contenidos de la unidad con textos y temas diferentes.

ALT | DIGITAL

Este icono identifica las actividades que podemos realizar usando herramientas digitales. En **campusdifusión** disponemos de una ficha de trabajo con las pautas que se deben seguir.

Para evaluar

Estos cuadros proponen preguntas que nos permiten evaluar nuestras producciones y nos ayudan a mejorarlas.

Aula internacional Plus y Campus Difusión

Todos los recursos digitales de **AULA INTERNACIONAL PLUS**, para vivir una experiencia aún más interactiva, se encuentran disponibles en:

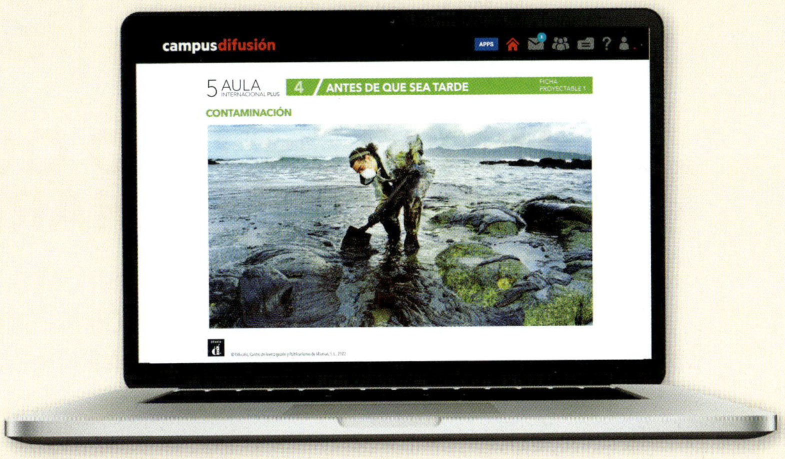

campusdifusión

- ✓ Audios y vídeos
- ✓ Cápsulas de lengua oral y coloquial
- ✓ Textos mapeados
- ✓ Alternativas digitales
- ✓ Textos y audios alternativos
- ✓ Libro digital interactivo en dos formatos (flipbook y HTML)
- ✓ Transcripciones de los audios
- ✓ Fichas proyectables y de trabajo complementario
- ✓ Soluciones de Más ejercicios
- ✓ Edición anotada para docentes
- ✓ Itinerarios para programar los cursos
- ✓ Instrucciones para guiar el trabajo con corpus
- ✓ Exámenes y evaluaciones

campus.difusion.com

PÁG. 10

1 / EL CUERPO EN MOVIMIENTO

HACER UNA EXPOSICIÓN DE FOTOS IMITANDO CUADROS FAMOSOS

RECURSOS COMUNICATIVOS
describir actividades y movimientos · dar instrucciones · hablar de la postura corporal · expresar sentimientos y estados de ánimo

RECURSOS GRAMATICALES
describir acciones con adjetivos, gerundios, adverbios, frases preposicionales, etc. · verbos pronominales

RECURSOS LÉXICOS
las partes del cuerpo · la postura corporal · movimientos con el cuerpo y la cara · sentimientos, actitudes y estados de ánimo · **sentir** y **sentirse** · **poner** y **ponerse** · **quedar** y **quedarse**

LENGUA ORAL Y COLOQUIAL
marcadores de aproximación

PÁG. 26

2 / DIJO QUE LO HARÍA

PRESENTAR CASOS DE MEDIACIÓN Y PENSAR EN SOLUCIONES PARA CADA CASO

RECURSOS COMUNICATIVOS
expresar finalidad · expresar intencionalidad · aludir a promesas en estilo indirecto · reclamar el cumplimiento de un compromiso

RECURSOS GRAMATICALES
para + infinitivo / presente o imperfecto de subjuntivo · estilo indirecto · usos de **se** para expresar involuntariedad · **es que**..., **no es que**..., **lo que pasa es que**...

RECURSOS LÉXICOS
adjetivos con prefijos · artículo indeterminado delante de adjetivos · **hacer a propósito** / **sin querer** / **adrede**... · hablar de conflictos

LENGUA ORAL Y COLOQUIAL
transmitir oralmente una conversación

PÁG. 42

3 / ASÍ PASÓ

GRABAR UN VÍDEO CON HISTORIAS SOBRE UNA CIUDAD O UN BARRIO

RECURSOS COMUNICATIVOS
combinar tiempos del pasado · referir eventos pasados · transmitir peticiones y advertencias · contar relatos (cuentos, leyendas...)

RECURSOS GRAMATICALES
marcadores y construcciones temporales: **justo cuando** / **entonces**... · usos del pretérito imperfecto de indicativo y de subjuntivo · usos del gerundio · la colocación del adjetivo

RECURSOS LÉXICOS
catástrofes y fenómenos naturales · léxico relacionado con la historia de las ciudades · léxico del ámbito del deporte · recursos para hablar de personajes y acontecimientos históricos

LENGUA ORAL Y COLOQUIAL
el sufijo -**azo**/**a**

PÁG. 58

4/ ANTES DE QUE SEA TARDE

CREAR UNA CAMPAÑA DE CONCIENCIACIÓN SOCIAL SOBRE ALGÚN PROBLEMA MEDIOAMBIENTAL

RECURSOS COMUNICATIVOS
hacer predicciones sobre el futuro · analizar y exponer problemas relacionados con el medioambiente (sus causas y sus consecuencias) · cohesionar textos

RECURSOS GRAMATICALES
el futuro compuesto · construcciones temporales con **mientras**, **hasta (que)**, **en cuanto**, **antes de (que)**, **después de (que)** · recursos para cohesionar textos

RECURSOS LÉXICOS
medioambiente · recursos para cohesionar textos: uso de sinónimos, hiperónimos, hipónimos... · nominalización

LENGUA ORAL Y COLOQUIAL
recursos para expresar desacuerdo

PÁG. 74

5/ VIVIR PARA TRABAJAR

ESCRIBIR UNA PÁGINA DE PRESENTACIÓN PARA LA WEB DE UNA EMPRESA

RECURSOS COMUNICATIVOS
hablar de un trabajo: cualidades, funciones, problemas y sentimientos · describir una empresa · algunas características de los textos escritos formales

RECURSOS GRAMATICALES
las subordinadas concesivas: **aunque**, **a pesar de**, **por mucho que**... · reformular: **es decir**, **esto es**, **o sea**... · ejemplificar: **un ejemplo**, **por ejemplo**, **a modo de ejemplo**

RECURSOS LÉXICOS
verbos y expresiones del ámbito laboral · características de jefes/as y empleados/as · significados de la palabra **experiencia**

LENGUA ORAL Y COLOQUIAL
o sea, (que)

PÁG. 90

6/ COMO NO LO SABÍA...

PRESENTAR UN EVENTO HISTÓRICO HIPOTÉTICO Y SUS CONSECUENCIAS EN LA HISTORIA

RECURSOS COMUNICATIVOS
valorar hechos pasados · hablar de hechos hipotéticos en el pasado y de sus consecuencias · hacer reproches

RECURSOS GRAMATICALES
combinaciones de pronombres · el pretérito pluscuamperfecto de subjuntivo · el condicional compuesto · algunos conectores de causa y consecuencia

RECURSOS LÉXICOS
vocabulario del ámbito de la educación · los verbos **arrepentirse**, **lamentarse**, **dejar** y **pasar** · vocabulario de eventos y recorridos vitales

LENGUA ORAL Y COLOQUIAL
como en oraciones causales

1 EL CUERPO EN MOVIMIENTO

Actividades **culturales y deportivas**

CENTRO CÍVICO
Rosalía de Castro

INFORMACIÓN SOBRE LOS CURSOS
- **Inicio:** semana del 3-9 de octubre
- **Finalización:** semana del 12-16 de diciembre

INSCRIPCIONES
Del 8 al 30 de septiembre
(www.ccrosaliadecastro.com)

PRECIOS:
- **1 hora a la semana:** 45,36 euros
- **2 horas a la semana:** 66,42 euros

La programación es susceptible de cambio en función de la demanda o de posibles eventualidades.

Técnica vocal
Jueves de 18:30 a 19:30 h
Impartido por Pilar Iparralde

Danza contemporánea
Viernes de 17:30 a 19:30 h
Impartido por Mario Torres

Flamenco
Lunes y miércoles de 19:30 a 20:30 h
Impartido por Sandra Nolasco

Danza del vientre
Martes y jueves de 18 a 19 h
Impartido por Leila Fawaz

Yembé
Lunes de 18:30 a 19:30 h
Impartido por Georges Mabita

Teatro
Miércoles de 19 a 21 h
Impartido por María Conejo

EN ESTA UNIDAD VAMOS A

HACER UNA EXPOSICIÓN DE FOTOS IMITANDO CUADROS FAMOSOS

RECURSOS COMUNICATIVOS

- describir actividades y movimientos
- dar instrucciones
- hablar de la postura corporal
- expresar sentimientos y estados de ánimo

RECURSOS GRAMATICALES

- describir acciones con adjetivos, gerundios, adverbios, frases preposicionales, etc.
- verbos pronominales

RECURSOS LÉXICOS

- las partes del cuerpo
- la postura corporal
- léxico para hablar de movimientos que hacemos con el cuerpo y la cara
- sentimientos, actitudes y estados de ánimo
- **sentir** y **sentirse**
- **poner** y **ponerse**
- **quedar** y **quedarse**

Empezar

1. ACTIVIDADES DE UN CENTRO CÍVICO

A. Observa el folleto con la oferta de cursos de un centro cívico. ¿Haces o has hecho alguna de las actividades que ofrece?

- *Yo hice un curso de corrección postural porque tenía dolores de espalda. Me fue muy bien.*
- *Pues yo hago pilates y me encanta. Después de las clases me quedo muy relajado.*

B. ¿Qué beneficios crees que tiene realizar este tipo de actividades? ¿A quién se las recomendarías?

Para comunicar

→ Ayuda a combatir enfermedades / dormir...
→ Aumenta la capacidad de concentración / la energía...
→ Permite socializar / mantenerse en forma...

C. ¿En tu país existen instituciones parecidas a los centros cívicos? ¿Qué actividades o cursos suelen ofrecer?

Comprender

2. LO QUE TRANSMITEN NUESTROS GESTOS /MÁS EJ. 1-2

A. Piensa en movimientos o acciones que realizas con el cuerpo. ¿Cuáles haces de manera voluntaria y cuáles de manera involuntaria? Escribe algunos ejemplos en una tabla como esta y, luego, compártelos con el resto de la clase.

MOVIMIENTOS Y ACCIONES VOLUNTARIAS	MOVIMIENTOS Y ACCIONES INVOLUNTARIAS
Levantarme de la cama Ponerme de pie Pedalear ...	Parpadear Bostezar ...

B. MAP Lee el artículo en la página siguiente. Luego, comentad en grupos estas cuestiones.

- ¿Cuál es la idea principal del artículo?
- ¿Qué relación tiene la profesión del autor con la idea que defiende?
- ¿Te parece necesario que las personas que se dedican a la vida pública tengan asesores/as de imagen o de comunicación?
- ¿Qué otro tipo de personas crees que suelen contratar a asesores/as de imagen o de comunicación?

C. ¿Te ha parecido interesante el artículo? ¿Crees que en tu caso se cumple lo que dice? ¿Haces los gestos que menciona por las mismas razones? ¿Crees que lo que defiende es cierto?

Construimos el LÉXICO

Subraya en el texto las palabras que no conoces o que quieras recordar y haz un mapa mental siguiendo el criterio que tú decidas.

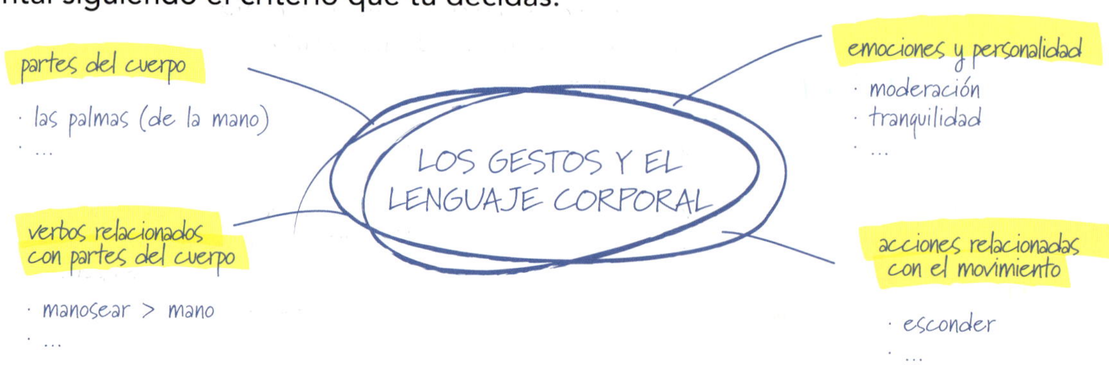

OPINIÓN

¿Cómo saber si tu candidato miente?

La verdad está escrita en nuestras caras. Las estadísticas nos dicen que una persona normal cuenta una media de tres mentiras por cada diez minutos de conversación. No es una ciencia exacta, pero el lenguaje corporal —nuestros gestos— es un indicador que revela nuestra personalidad, nuestro estado de ánimo y, lo que es más importante, nuestras intenciones. (...)

En comunicación, a veces las palabras son lo de menos. Además de la voz, la cara, los ojos y las manos desempeñan un papel fundamental. Al igual que hay gestos que ayudan a transmitir tranquilidad, moderación o credibilidad, existen otros movimientos —la mayoría, involuntarios y, por tanto, difíciles de controlar— que evidencian nerviosismo, inseguridad, irritación o incluso falsedad. Mirar repetidamente hacia el suelo, esconder las manos, no mostrar las palmas, ajustarse el cuello de la camisa, desviar la mirada, toquetearse la nariz, alisarse la ceja, pasarse la mano por la boca, acariciarse una oreja o manosearse el pelo... pueden dar muchas pistas. Todo son indicadores.

La mirada no miente. Los ojos son la única parte visible del cerebro. La neurofisiología es clara en este sentido. Si nos hacen una pregunta y, antes de responder o mientras lo hacemos, dirigimos la mirada hacia la izquierda, estamos intentando acceder a nuestro córtex visual, es decir, a la zona de la memoria, del recuerdo. Por tanto, decimos la verdad. Si la dirigimos hacia la derecha, recurrimos a los centros creativos del cerebro y, en consecuencia, las posibilidades de invención o mentira aumentan.

Encoger los hombros al responder o levantar las cejas cuando nos hacen una pregunta comprometida desvela que conocemos la respuesta... aunque no la enunciemos. ¿Por qué hay gente que se lleva la mano a la nariz, la boca o las orejas? Esconden algo. Dudan de lo que dicen. Quizás mientan. En esos casos, ante el miedo o la vergüenza de ser descubierto, la respiración se acelera, el tono de voz cambia, el color de la cara se acentúa, el parpadeo aumenta, los ojos se mueven y, sin embargo, los gestos disminuyen en un intento de concentración verbal.

El reto para los políticos es controlar el cuerpo y el habla en la escena ante los medios y la ciudadanía. Las palabras se olvidan, por eso es importante dibujar imágenes en la mente de quienes escuchan. Porque es la imagen la que convence, no la palabra. Muchos candidatos y gobernantes, conscientes de la importancia del lenguaje corporal, se entrenan para controlar sus gestos, para que exista coherencia y no contradicción entre lo que dicen y cómo lo dicen. Sobre todo si aspiran a convencernos.

Después de una campaña, una entrevista o un debate... al final nos quedamos con imágenes, con sensaciones, con impresiones generales de lo que dijeron, de lo que hicieron, pero sobre todo de lo que nos hicieron sentir. Para bien o para mal. Por eso, la clave pasa por la naturalidad. Solo con ella se transmite convicción y con esta, credibilidad. Y solo a través de la credibilidad, confianza. Y sin confianza, no hay nada. Tampoco un voto.

(Adaptado del artículo de Yuri Morejón, asesor de comunicación y director de Yescom Consulting, publicado en El Mundo *el 16 de mayo de 2011).*

3. YOGA /MÁS EJ. 3-6

A. MAP Relaciona cada ilustración con la instrucción correspondiente.

1. Te mantienes de pie, erguido, con los pies juntos. Flexionas la rodilla derecha apuntando hacia fuera y levantas lentamente el pie derecho hasta apoyar la planta en la parte interior del muslo izquierdo. Inspiras y vas levantando los brazos con cuidado por encima de la cabeza sin perder el equilibrio. Las palmas de las manos se tocan.

2. Te tumbas de espaldas en el suelo, con los brazos estirados a ambos lados del cuerpo. Flexionas las rodillas y apoyas bien los pies en el suelo. Levantas el cuerpo, formando una línea recta entre las rodillas y los hombros. Aguantas tres respiraciones.

3. Te sientas sobre los talones. Inclinas el tronco hacia delante, estirando los brazos. Apoyas la frente en el suelo. El pecho toca las rodillas. Llevas el peso de tu cuerpo hacia atrás, hacia los talones.

4. Te tumbas bocabajo. Apoyas las manos en el suelo a la altura de los hombros y levantas la parte superior del cuerpo.

5. Te colocas a cuatro patas (paws). Te apoyas en el suelo con las manos abiertas y empujas la cadera hacia arriba y hacia atrás. El tronco forma una línea recta, desde las muñecas hasta las caderas. Si puedes, estiras totalmente las piernas.

6. Te colocas de pie y das un gran paso hacia atrás con la pierna derecha. Rotas el pie derecho noventa grados hacia el mismo lado. Abres los brazos en cruz y te inclinas hacia delante manteniendo la posición de los brazos y la espalda recta. Te apoyas en el empeine. La cabeza mira hacia arriba.

B. Lee de nuevo las instrucciones de la postura 1 y anota cómo hay que hacer estas acciones.

1. Mantenerse de pie: erguido, con los pies juntos
2. Flexionar la rodilla: apuntando, hacia fuera
3. Levantar el pie derecho: hasta apoyar la planta en la parte interior del muslo izquierdo
4. Levantar los brazos: por encima de la cabeza sin perder el equilibrio

C. Fíjate de nuevo en los recursos de B. ¿A cuál de estas categorías gramaticales o construcciones corresponden? Clasifícalas en una tabla.

- adverbio (lentamente)
- adjetivo (erguido)
- gerundio (formando)
- **sin** + infinitivo (sin perder)
- preposición + sustantivo (por encima de, en la parte)
- otros

D. Busca en el texto de A más ejemplos de las categorías anteriores y añádelos a tu tabla.

3) gerundio: estirando

Prep + sustantivo: en el suelo, hacia..., sobre los talones

E. En parejas, escribid las instrucciones para hacer una postura de yoga.

"Ardha matsyendrasana". Te sientas en el suelo y cruzas el pie derecho por encima de la pierna izquierda, con la rodilla derecha apuntando al techo. Luego, flexionas la pierna izquierda...

4. COMO SI /MÁS EJ. 7

A. Lee las indicaciones que un fotógrafo le da a una modelo y relaciónalas con la foto correspondiente.

1. Llévate las manos a las orejas, **como si** hubiera (Imp Subj) mucho ruido y te molestara mucho.
2. Ríete fuerte, con ganas, **como si** te acabaran de contar un chiste.
3. Haz **como si** acabaras de enterarte de que has aprobado un examen muy difícil.
4. Llévate las manos a la cabeza, **como si** te estuvieras lavando el pelo.

B. Fíjate en las expresiones en negrita del apartado A. ¿Entiendes la expresión **como si** + imperfecto de subjuntivo?

C. Estas personas han posado para una agencia fotográfica. Escribe qué indicaciones les pueden haber dado con la estructura **como si** + imperfecto de subjuntivo. Luego, compáralo con lo que han escrito otras personas de la clase. ¿Coincide?

Haz como si...

1 Haz como si estuvieras estornudando

2 Haz como si diera la mano / estuviera dando la mano

3 Haz como si tuvieras frío

4 Haz como si puntara el cielo

Explorar y reflexionar

5. ¿QUÉ TRANSMITEN NUESTRAS POSTURAS? /MÁS EJ. 8-10

A. MAP Leed esta publicación sobre la importancia de las posturas y los gestos que se hacen en una entrevista de trabajo. ¿Estáis de acuerdo?

¡Nunca se toque la nariz en una entrevista de trabajo!

A la hora de hacer una entrevista muchas personas preparan su discurso (lo que van a decir y cómo van a reaccionar ante las preguntas de los entrevistadores) y su imagen (cómo van a ir vestidas, cómo van a peinarse, etc.), pero pocas piensan que su postura corporal puede ser tan o más importante. En esta tabla encontrará algunos gestos y cómo suelen ser interpretados.

QUÉ HACE USTED	QUÉ PUEDEN PENSAR
Se muerde las uñas.	**Transmite** inseguridad y probablemente **esté** nervioso/a.
Apoya la barbilla o la cabeza en la mano.	**Está** aburrido/a, no tiene interés.
Entrelaza los dedos.	**Se siente** seguro/a de sí mismo/a.
Golpea la mesa con los dedos.	**Está** impaciente. /ser
Tiene el ceño fruncido.	**Está** enfadado/a. /ser
Tiene las cejas medio levantadas.	**Está** sorprendido/a.
Tiene una postura demasiado cómoda.	**Es** arrogante e irrespetuoso/a.
Está inclinado/a hacia delante.	**Está** interesado/a en el asunto. /ser
Está sentado/a en el borde de la silla.	**Es** una persona indecisa. /estar - in the moment
Camina con el cuerpo erguido.	**Muestra** confianza en sí mismo/a.
Se toca la nariz mientras habla.	Miente.
Tiene las manos agarradas detrás de la espalda.	**Se siente** frustrado/a.

B. Fíjate en los verbos en negrita y en cómo se combinan con otras palabras en el texto. ¿En tu lengua ocurre algo parecido?

C. Escribe qué puede transmitir, en tu opinión, una persona que...

- tiene los brazos cruzados. se siente frustrado
- tiene los hombros encogidos. nervioso / muestra que está tenso
- se mueve mucho. está nervioso
- gesticula mucho. está interesado
- no para de hablar. Es arrogante
- sonríe todo el rato. transmite confianza
- no sonríe nunca. está aburrido
- habla sin mover las manos. professional / muestra seriedad

Una persona que tiene los brazos cruzados muestra distancia. Los demás pueden pensar que esconde algo.

Para comunicar

- → Transmite...
- → Muestra...
- → Es... character
- → Está... in the moment
- → Se siente...

6. SE QUEDA TODO EL DÍA TUMBADA /MÁS EJ. 11

A. MAP ALT Lee estas conversaciones entre la directora de una película y los actores. Relaciónalas con las imágenes correspondientes.

1

- La noticia te provoca una alegría enorme y se tiene que notar. **Te pones supercontenta** y sientes hasta cierto alivio. ¿No ves que llevas más de un año buscando trabajo? Y en cuanto cuelgas, vas corriendo a decírselo a tu novio.
- Y nos abrazamos y nos ponemos a dar vueltas, ¿no?
- Sí, y **os ponéis a reír**. Tú te alegras muchísimo porque hace tiempo que la notas un poco decaída.

2

- Vamos a ver, no le tienes que gritar. No tienes que decírselo en plan enfadado. Te sientes frustrado porque ya no sabes qué hacer. Tu hija **se queda** todo el día **tumbada** en la cama **viendo** la tele y no sabes qué hacer para ayudarla. Estás preocupado.
- "Venga, cariño, levántate. ¿Hacemos algo juntos?".
- Sí, mejor. Y entonces ella te dice que es que **se ha quedado estudiando** hasta tarde y que está muy cansada. Y que la dejes en paz. Tú **te quedas apenado** y sales afligido de la habitación.

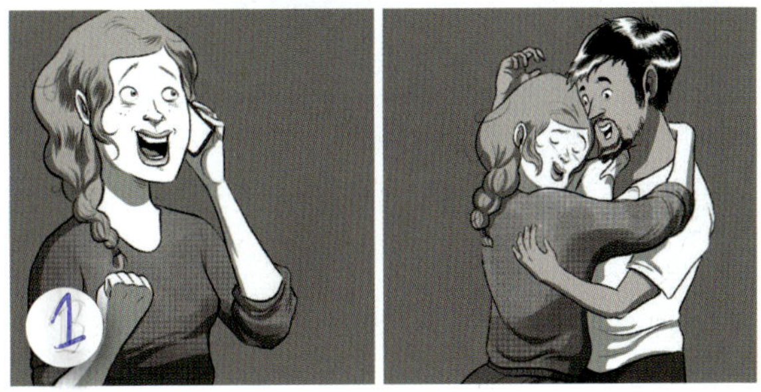

3

- Más nervioso, más nervioso, **te pones muy nervioso**. Esta mujer te gusta mucho. **Te quedas callado** y, cuando por fin intentas hablar, no te salen las palabras, tartamudeas, **te pones a sudar** y no sabes qué decir...
- Sí, sí. Y luego me voy relajando.
- Eso es. Ella te sonríe y tú **te quedas más tranquilo**.

B. Fíjate en las expresiones en negrita del apartado A. En parejas, contestad a estas preguntas.

1. ¿Qué verbo puede ir seguido tanto de participio como de gerundio? ¿Qué significados puede tener ese verbo? ¿En qué fragmentos del texto se ve cada significado?
2. ¿Qué expresan **ponerse** + adjetivo y **quedarse** + adjetivo?
3. ¿Qué verbo seguido de la preposición **a** tiene el sentido de "empezar una actividad"?

CÁPSULA DE LENGUA ORAL Y COLOQUIAL 1

Marcadores de aproximación

C. CORPUS Busca en el CORPES XXI ejemplos de uso de las siguientes expresiones. Luego, comparte con otras personas de la clase lo que has encontrado y amplía tu lista de ejemplos.

quedarse + participio / adjetivo | **quedarse** + gerundio
ponerse + adjetivo | **ponerse a** + infinitivo

7. EL PERRO MUERDE LA PELOTA /MÁS EJ. 12

A. Lee estas frases con el verbo **morder**. ¿Qué valor aporta el pronombre **se** en las frases 2 y 3? ¿Es igual en los dos casos?

1. El perro **muerde** la pelota.

2. El perro **se muerde** la cola.

morderse =

3. Los perros **se muerden**.

Morderse entre ellos

recíproco

B. Trata de traducir a tu lengua (o a otra) las frases de A: ¿se usa un mecanismo parecido?

EN ESPAÑOL	EN MI LENGUA
El perro muerde la pelota.	The dog bites the ball.

C. Estos verbos también se combinan a menudo con un pronombre reflexivo. Escribe al menos dos frases con cada uno de ellos, una con pronombre reflexivo y otra sin él.

levantar(se) mirar(se) apoyar(se) colocar(se) acercar(se)

Levantar: Si tenéis dudas durante el examen, levantad la mano.
Levantarse: Hoy me he levantado muy rápido de la cama y me he mareado.

D. Comparte tus ejemplos con otras personas de la clase para compararlos y analizarlos.

LAS PARTES DEL CUERPO

PARTES DEL CUERPO

CABEZA
- (la) ceja
- (el) ceño / entrecejo
- (la) pestaña
- (el) lóbulo de la oreja
- (la) frente
- (la) barbilla
- (el) mentón
- (la) nuca

PARTE SUPERIOR
- (el) antebrazo
- (la) palma (de la mano)
- (el) codo
- (el) hombro
- (el) tronco
- (la) axila
- (el) pecho
- (la) muñeca

PARTE INFERIOR
- (el) talón
- (el) glúteo
- (el) muslo
- (la) cadera
- (el) empeine
- (la) rodilla
- (la) planta (del pie)

OTROS
- (el) dedo
- (la) uña
- (el) músculo

POSTURA CORPORAL

MOVIMIENTOS QUE HACEMOS CON EL CUERPO Y LA CARA

Pasarse *la mano* ***por*** *el pelo.*
Llevarse *las manos* ***a*** *la cabeza.*
Llevar *el peso* ***hacia*** *atrás.*
Poner cara de *sorpresa.*

acariciar	colocar	inclinar	pisar
acercar	empujar	inspirar	rotar
agarrar	encoger	juntar	saltar
ajustar	entrelazar	levantar	sentarse
alejar	estirar	manosear	sonreír
alisar	flexionar	mantener	subir / subirse a
apoyar	fruncir	morder	tocar
apuntar	gesticular	mover	toquetear
caminar	golpear	parpadear	tumbarse

! Estos verbos pueden construirse con **se** reflexivo si quien habla quiere expresar que se realiza el movimiento sobre el propio cuerpo, o que es su propio cuerpo el que se mueve.

acariciar *la mano de alguien* — ***acariciarse*** *la mano*
acercar *una silla para sentarse* — ***acercarse a*** *una silla para sentarse*
agarrar *un objeto* — ***agarrarse a*** *una barra*
tocar *la espalda del compañero* — ***tocarse*** *la nariz*

ALGUNAS COMBINACIONES FRECUENTES

- **desviar**: la mirada
- **encoger**: los hombros
- **encogerse**: de hombros
- **tumbarse**: bocarriba / boca arriba; bocabajo / boca abajo
- **mantener**: el equilibrio
- **arquear**: la espalda; las cejas
- **dar**: un beso; un abrazo; un paso; un salto; una patada; media vuelta; un grito
- **pegar**: un salto; una patada; media vuelta; un grito
- **morderse**: las uñas
- **entrelazar**: las manos; los dedos
- **fruncir**: el ceño; la boca

Léxico

HABLAR DE SENTIMIENTOS, ACTITUDES Y ESTADOS DE ÁNIMO P. 194-195

Para expresar sentimientos, actitudes o estados de ánimo, podemos utilizar los siguientes adjetivos, normalmente junto al verbo **estar**.

agotado/a	desolado/a	fastidiado/a
angustiado/a	enfadado/a	frustrado/a
apenado/a	enojado/a	impaciente
desconcertado/a	entusiasmado/a	indeciso/a

! Los adjetivos y participios anteriores se combinan con **estar** si se refieren a estados de ánimo. Algunos pueden referirse también a rasgos generales de carácter y personalidad, y cuando tienen ese sentido deben combinarse con **ser**.

*Luis **está alarmado** por la noticia.* ("Es alarmado" no es posible porque "alarmado" nunca se refiere al carácter de una persona).
*Juana **está alegre** porque las cosas le van bien.* (Hablamos de su estado de ánimo).
*Juana **es alegre y optimista**. ¡Da gusto trabajar con ella!* (Hablamos del carácter).

OTROS RECURSOS

transmitir: (in)seguridad · confianza (en sí mismo/a) · aburrimiento · entusiasmo

mostrar: interés · enfado · nerviosismo · sorpresa · extrañeza · indignación · confianza / seguridad (en sí mismo/a)

sentir: interés · curiosidad (por) · envidia (de) · alegría · tristeza · fatiga

SENTIR Y SENTIRSE

SENTIR

Experimentar una sensación o impresión, física o mental:
***Siento** mucho cansancio y me duele la cabeza.*
*Cuando era pequeño **sentía** mucha envidia de mis primos.*

Lamentar algo:
***Siento** que no puedas asistir a la boda.*

SENTIRSE

Estar o encontrarse de determinada manera:
*Ayer no **me sentía** muy bien y por eso me acosté tan temprano.*
***Me siento** culpable por lo que le dije a Julián. Creo que se disgustó.*

PONER Y PONERSE /MÁS EJ. 13-14 P. 196

PONER

Colocar algo en un lugar: *¿**Pongo** la leche en el armario?*

Decir por escrito: *¿Me puedes decir qué **pone** en aquel cartel? Es que sin gafas no veo.*

PONERSE

Vestir una prenda: *¿Por qué no **te pones** esa camisa?*

Cambiar de posición: ***Se pone** de pie y empieza a andar.*

Empezar una actividad: *Deja de quejarte y **ponte a** trabajar.*

Cambiar de estado: Los cambios que se expresan con **ponerse** suelen ser temporales y referirse a la salud, al estado de ánimo o al aspecto físico.

Salud: **enfermo/a**, **bien**, **bueno/a**, **mal**, **malo/a**...
Estado de ánimo: **contento/a**, **triste**, **furioso/a**...
Aspecto físico: **moreno/a**, **guapo/a**, **colorado/a**...

*En verano siempre **me pongo** muy moreno. Me encanta tomar el sol.*

! **Ponerse** no se combina con ningún participio en función de adjetivo: ~~***ponerse preocupado***~~, ~~***ponerse enfadado***~~... Para expresar esos cambios hay verbos específicos: ***preocuparse***, ***enfadarse***...

QUEDAR Y QUEDARSE /MÁS EJ. 15 P. 196-197

QUEDAR

Acordar / tener una cita:
***He quedado** con Javier el martes para ir al cine. ¿Te apuntas?*

Ponerse de acuerdo en algo:
***Quedamos en** que me llamarías y no lo has hecho.*
Finish something

QUEDARSE

Permanecer en un lugar:
*El servicio de meteorología ha recomendado que la gente **se quede** en su casa debido a los fuertes vientos previstos.*

Quedarse + gerundio indica el desarrollo de una actividad en el tiempo.
*Ayer **me quedé** estudiando en la biblioteca hasta las doce.*

Cambiar de estado:
Quedarse +adjetivo o participio (o con una expresión de sentido equivalente) suele expresar el paso a un nuevo estado.
*Cuando se fue de casa, **me quedé** muy triste.*
*No lo entiendo: Carlos estuvo hablando sin parar durante dos horas y, de pronto, **se quedó** callado y ya no me contó nada más.*

- *¿Qué tal la nueva película de Amenábar?*
- *Muy aburrida. **Me quedé** dormido a la media hora.*

un rollo
Quedarse mirando

Gramática y comunicación

1

DESCRIBIR ACCIONES /MÁS EJ. 16

P. 192

Para precisar cómo se realiza una acción existen diversos recursos.

ADVERBIOS

Le aparta ***bruscamente*** *las manos de la cara.*

La acaricia ***suavemente****.*

Empuja ***fuerte**** *la puerta al salir.*

* La palabra "fuerte" funciona aquí como adverbio, y se puede cambiar por "fuertemente". Algunos adverbios de modo tienen dos formas: una con la terminación **-mente** y otra sin ella.

Trabajó ***duro*** */* ***duramente*** *y consiguió sus objetivos.*

ADJETIVOS

Miriam miraba ***impaciente*** *para todos lados.*

Descompuesto*, se pone a llorar silenciosamente.*

Almudena, algo ***desconcertada****, vuelve a sentarse.*

Los adjetivos concuerdan siempre en género y número con la persona a la que se refieren.

Muy ***enfadada*** *por la respuesta, María salió dando un portazo.*

En cambio, los adverbios no tienen concordancia porque no se refieren a las personas, sino a las acciones.

María trabajó ***duro*** *y consiguió sus objetivos.*

GERUNDIOS

Mueves el tronco hacia delante, ***estirando*** *los brazos.*

La muchacha entra ***corriendo****.*

CON / SIN + SUSTANTIVO

La interroga ***con la mirada****.*

Le contesta ***sin miedo****.*

SIN + INFINITIVO

Cruza la calle ***sin mirar****.*

Lo abraza ***sin saber*** *qué decirle.*

COMO SI

A veces, para explicar mejor una situación o una acción, hacemos una comparación con algo imaginario; usamos **como si** + pretérito imperfecto de subjuntivo.

Elisa tiene una agilidad increíble. Se mueve ***como si*** *no hubiera gravedad.* (Sí hay gravedad).

Ángel es superflexible. Es ***como si*** *fuese de goma.*

IR + GERUNDIO

P. 197

Esta construcción suele usarse para indicar que una acción o un cambio se realiza de manera gradual. Es decir, se trata de una acción que se desarrolla de manera progresiva hasta que culmina o hasta alcanzar determinado límite.

Te ***vas flexionando*** *hacia delante, desde la cintura, hasta que las puntas de los dedos toquen el suelo.*

Después de ver el antiguo álbum de fotos de mis padres ***fui recordando*** *cómo era la casa donde vivíamos.*

No siempre la estructura **ir** + gerundio tiene esta función. Recuerda que el gerundio se puede usar para describir cómo se realiza una acción. En estos casos el verbo **ir** se podría sustituir por otro de movimiento.

En cuanto suene el timbre, ***vas corriendo*** *hacia la puerta.*
En cuanto suene el timbre, ***te diriges corriendo*** *hacia la puerta.*
En cuanto suene el timbre, ***sales corriendo*** *hacia la puerta.*

LOS PRONOMBRES REFLEXIVOS

P. 155-157

Muchos verbos que expresan movimiento y cambio de postura suelen combinarse con los pronombres reflexivos: **me** / **te** / **se** / **nos** / **os** / **se**. Se usan cuando el sujeto y el OD o el OI coinciden.

Pedro ***levantó*** *el libro y lo acercó a la ventana para verlo mejor.*

Pedro ***se levantó*** *despacio de la mesa y fue hasta la ventana.*

Los pronombres reflexivos se usan también cuando el OD es una parte del propio cuerpo o un objeto que posee el sujeto.

Antonio siempre ***muerde*** *los bolis. Es muy nervioso.*

De pequeño siempre ***me mordía*** *las uñas. Tuve que hacer un tratamiento para dejar de hacerlo.*

¿Puedes ***quitar*** *la chaqueta del sofá y colgarla en el armario?*

Si tienes calor, ***quítate*** *la chaqueta.*

En algunos casos, estos pronombres tienen un sentido recíproco.

Nos abrazamos *nada más vernos.*

Practicar y comunicar

8. ALT|DIGITAL SE MANIFIESTA CON UNA AMPLIA SONRISA

A. Algunos estudios científicos afirman que existen gestos inconscientes universales para expresar ciertas emociones. Observa cómo se manifiestan seis de estas emociones y responde a las preguntas. Luego, comenta tus respuestas con otras personas de la clase.

FELICIDAD. Se manifiesta con una amplia sonrisa, la aparición de arrugas en los laterales externos de los ojos y la elevación de las mejillas.

TRISTEZA. Se aprecia cuando alguien tiene las cejas anguladas hacia arriba, el entrecejo fruncido y los párpados superiores caídos. Las comisuras de los labios apuntan ligeramente hacia abajo.

IRA. Se puede reconocer cuando alguien baja y junta las cejas al mismo tiempo que tensa los labios.

ASCO. Una persona estará mostrando asco si arruga la nariz y eleva el labio superior.

MIEDO. Se percibe miedo en el rostro de alguien cuando junta las cejas hacia arriba, eleva los párpados superiores y los labios se estiran hacia atrás.

SORPRESA. Cuando sentimos sorpresa, los ojos y la boca se abren y las cejas se levantan.

- Piensa en cómo exteriorizas tú las seis emociones mencionadas. ¿Coincide tu expresión facial con los gestos descritos o expresas alguna de las emociones de manera diferente?
- ¿Eres capaz de reconocer estas emociones en el rostro de otras personas?
- ¿Estás de acuerdo con que existe una forma universal de expresar estas emociones o crees que el significado difiere según la cultura a la que pertenezcan?

B. ¿Qué otras emociones crees que pueden reconocerse a través de la expresión facial? ¿Hay gestos para expresar estas emociones que te parezcan universales?

la vergüenza | la extrañeza | la preocupación | la culpa | el dolor | el desprecio | ...

- *Yo creo que la vergüenza se expresa de manera parecida en todo el mundo, ¿no?*
- *Sí, el tono de la piel cambia, te sonrojas. Y se suele desviar la mirada.*

C. Busca imágenes de personas o de animales que, en tu opinión, transmitan alguna emoción. Compártelas con otras personas de la clase y tratad de describir los gestos faciales. ¿Estáis todos/as de acuerdo con las emociones que transmiten?

- *El chimpancé tiene las cejas levantadas y los ojos muy abiertos. Y también la boca. Para mí tiene cara de sorpresa.*
- *Sí, para mí también transmite sorpresa.*

9. ¿CÓMO LO HACES? /MÁS EJ. 17-19

Piensa en cómo haces estas cosas. Luego, comentadlo en pequeños grupos. ¿Las hacéis todos/as de la misma forma?

atarte los zapatos | leer un libro | sonarte la nariz | estornudar | levantarte de la cama | bostezar | quitarte el hipo | dormir

- *Yo, para atarme los zapatos, suelo agacharme y poner una rodilla en el suelo.*
- *Ah, pues yo también me agacho, pero no siempre apoyo la rodilla...*
- *Yo normalmente busco una superficie elevada para apoyar el pie. O me siento en algún sitio...*

10. ¡QUÉ GROSERO!

A. Según la experta en comunicación personal Teresa Baró, estos comportamientos o gestos denotan, en España, vulgaridad y falta de cortesía. ¿Están mal vistos también en tu cultura? ¿En qué contextos? Comentadlo en clase.

LOS GESTOS Y LA VULGARIDAD

1. Mascar chicle de forma exagerada, abriendo la boca y haciendo ruido.
2. Comer con la boca abierta.
3. Hablar a gritos.
4. Moverse con grandes aspavientos.
5. Hurgarse la nariz.
6. Mirar o señalar descaradamente a una persona desconocida.
7. Vestir con ropa muy ajustada o con transparencias.
8. Rascarse los genitales.
9. Hablar o reír con la boca llena.

B. ¿Hay otras actitudes o comportamientos que te parezcan ordinarios o groseros o que te molesten especialmente? Coméntalo con otras personas de la clase.

- *Para mí, estornudar sin cubrirse la nariz y la boca. Me parece asqueroso.*
- *Ay, sí... Especialmente si estás en el metro o en el autobús.*
- *Pues sí. Y algo que a mí me parece muy grosero también, en el metro, es cuando la gente se sienta con las piernas superabiertas, ocupando los asientos de los lados.*
- *O cuando escuchan música sin auriculares. Eso a mí me parece muy desconsiderado.*

Para comunicar

→ Estornudar sin cubrirse la nariz y la boca está mal visto. / es grosero / ordinario. / es una falta de cortesía / educación / consideración.

→ Es un gesto grosero / ordinario / vulgar.

→ Es una palabra grosera / ordinaria / vulgar / malsonante.

Practicar y comunicar

11. RETO VIRAL: IMITAR CUADROS FAMOSOS

A. En 2020 se popularizó a través de las redes el reto de recrear cuadros famosos. ¿Lo conoces? Comentad entre toda la clase por qué creéis que tuvo tanto éxito. Podéis buscar información y ejemplos en internet.

B. En parejas, observad estos cuadros y describid lo que veis.

Bebedora de absenta (Pablo Picasso)

Horizontes (Francisco A.Cano)

- ¿Quiénes aparecen?
- ¿Dónde están? ¿Cómo es el fondo?
- ¿Hay algún objeto en el cuadro?
- ¿En qué postura están o qué gestos hacen las personas de los cuadros?
- ¿Cómo es su expresión facial?
- ¿Qué emociones te transmiten esas personas?

Para comunicar

→ Hay / Se ve a una persona en primer plano.
→ Parece como si estuviera pensando.
→ Tiene la mirada perdida.
→ Transmite tristeza.
→ Está sentada.

- *En el cuadro* Bebedora de absenta *se ve a una mujer en primer plano.*
- *Sí, y parece que está en un bar o restaurante.*

C. Haced el reto en clase. En parejas o grupos, elegid una obra en la que aparezcan personas y, después, haced una sesión de fotos para recrearlas con accesorios que tengáis a mano.

D. Enseñad la foto al resto de la clase. ¿Saben de qué obra se trata? Podéis compararlas con las originales.

12. EL REGALO /MÁS EJ. 20-21

VEMOS EL VÍDEO

A. ▶ 1 *The Present* (*El regalo*) es un cortometraje que ha sido galardonado en diferentes festivales de cine del mundo y que ha tenido una gran repercusión por los valores que transmite. Ve el corto y responde a estas preguntas en tu cuaderno.

- ¿Qué actitud muestra el protagonista? ¿Cómo crees que se siente?
- ¿Qué emoción o emociones enfrenta a lo largo del corto? ¿En qué te basas?
- ¿Qué tiene en común el protagonista con su nueva mascota?
- ¿Por qué el perro ayuda a cambiar la actitud del niño?
- ¿Qué valores transmite?

B. ▶ 1 Vuelve a ver el corto prestando atención a la audiodescripción para personas invidentes o con discapacidad visual. Luego, comenta estas cuestiones con otras personas de la clase.

- ¿Se describe todo lo que pasa o se seleccionan determinados elementos?
- ¿Qué información destaca la audiodescripción?
- ¿Crees que sobra o falta algo?

DESPUÉS DE VER EL VÍDEO

C. En parejas, vais a hacer la audiodescripción de una escena de una película, corto o serie. Analizad el fragmento que elijáis y tomad notas para escribir el texto. Tened en cuenta lo que habéis comentado en B.

D. Escribid el texto y luego locutadlo.

E. Compartid vuestros montajes con el resto de la clase. Si tenéis la posibilidad, buscad la audiodescripción en español de esas escenas y comparadlas con las vuestras.

2 DIJO QUE LO HARÍA

MEDIACIÓN

¿QUÉ ES?

Es una técnica de resolución de conflictos en la que dos o más personas intentan, de forma voluntaria, llegar a acuerdos con la ayuda de otra persona que actúa como mediadora.

VENTAJAS

Ventajas de una mediación en comparación con un juicio.

MEDIACIÓN	JUICIO
confidencial	público
todas las partes ganan	una de las partes gana
partes que cooperan	partes antagonistas
tiene costes económicos reducidos	tiene altos costes económicos
la duración media es de un mes y medio	la duración media es de 17 meses
lo resuelven las partes	un juez impone una solución de obligado cumplimiento
participación voluntaria	participación requerida
resuelve el conflicto y mejora la relación	prolonga el conflicto y genera más tensión

TIPOS

1

3

5

7

AUDIOS, VÍDEOS, DOCUMENTOS ALTERNATIVOS, ETC., DISPONIBLES EN **campusdifusión**

EN ESTA UNIDAD VAMOS A

PRESENTAR CASOS DE MEDIACIÓN Y PENSAR EN SOLUCIONES PARA CADA CASO

RECURSOS COMUNICATIVOS

- expresar finalidad
- expresar intencionalidad
- aludir a promesas en estilo indirecto
- reclamar el cumplimiento de un compromiso

RECURSOS GRAMATICALES

- **para** + infinitivo / presente o imperfecto de subjuntivo
- estilo indirecto
- usos de **se** para expresar involuntariedad
- **es que**..., **no es que**..., **lo que pasa es que**...

RECURSOS LÉXICOS

- adjetivos con prefijos
- artículo indeterminado delante de adjetivos
- **hacer a propósito** / **sin querer** / **adrede**...
- hablar de conflictos

¿Para qué tipos de conflictos se puede pedir una mediación en España?

LABORALES (entre trabajadores, entre directivos y empleados...): acoso laboral, discriminación, impuntualidad, mala comunicación...

2 **INMOBILIARIOS:** contratos, hipotecas, arrendamientos...

ESCOLARES (entre familias, estudiantes y organizaciones): acoso escolar, falta de respeto a superiores...

4 **FAMILIARES:** divorcios, custodia de los hijos, herencias...

COMUNITARIOS (en la comunidad de vecinos o en el barrio): molestia por ruidos, impago de costes de las obras...

6 **DE CONSUMO** (entre consumidores y empresas de vendedores y suministradoras): impagos, incumplimiento de contratos...

SANITARIOS (entre profesionales sanitarios y pacientes y sus familias): negligencias médicas, trato inadecuado a los pacientes...

Empezar

1. LA MEDIACIÓN /MÁS EJ. 1

A. ¿Has oído hablar sobre la mediación como método para resolver conflictos? ¿Sabes en qué consiste? Comenta en clase todo lo que sepas sobre este tema.

B. MAP Lee la infografía y expresa con tus palabras las diferencias entre la mediación y la resolución de conflictos por vía judicial. Coméntalo con otras personas de la clase.

- *Es más barato que un juicio.*
- *Sí, y además es...*

C. ¿Habéis tenido o conocéis algún conflicto de los siete tipos que menciona la infografía? ¿Cómo se resolvieron? Comentadlo en grupos.

- *La madre de una amiga mía denunció al médico que la había operado de la rodilla porque le quedó aún peor y tuvo muchos problemas de salud a raíz de esa operación.*
- *Pues un amigo mío...*

2. GENTE ESTAFADA /MÁS EJ. 2

A. MAP ALT Estas dos personas han denunciado problemas que tuvieron al alquilar una vivienda. Lee los textos y, luego, contesta a estas preguntas con otra persona de la clase.

- ¿Qué les ocurrió? una familia fuimos a las vacaciones, pero el apart. no está correcto / lo mismo
- ¿Cuáles son los aspectos que les molestan? no teníamos ayudar / dio el dinero al persona
- ¿Te parecen justificadas sus quejas? sí, porque las fotos son falsas / sí,
- ¿Cómo definirías el tono de cada carta? ¿En cuál de las dos percibes más indignación?
  enfadada, triste, confudido / enfudado   el segundo

Caraduras en vacaciones

Mi familia y yo solemos alquilar para las vacaciones un apartamento en la costa. Este año hemos ido a Rocamar. Encontramos un anuncio de un apartamento pequeñito en vacanzalia.net, situado en un lugar tranquilo y a pocos metros de la playa. En las fotos de la página web parecía un lugar muy agradable y pensamos que era una buena opción, ya que tenemos un bebé de ocho meses y buscábamos sobre todo tranquilidad. Pero todo ha sido un fiasco de principio a fin.

El apartamento no se encontraba en ese lugar idílico, sino en un complejo turístico lleno de gente, sin ningún tipo de encanto y extremadamente ruidoso. Al llegar protestamos. Al contarles lo de las fotos del anuncio, nos dijeron que probablemente se tratara de un error de la página web, pero que la reserva que habíamos hecho correspondía con el lugar en el que estábamos. Nos dijeron que deberíamos haber buscado más información y que, en definitiva, la culpa era nuestra. El responsable se desentendió totalmente del asunto y nos dijo que reclamáramos a la página web a través de la cual habíamos hecho la reserva.

Pues bien, la reclamación al portal de la página web aún terminó peor. El empleado con el que hablé por teléfono (después de días intentando contactar con ellos) se hizo el ofendido y me empezó a decir que si estaba insinuando que lo habían hecho adrede; y lo peor: me insultó diciéndome que estaban hartos de personas que se confundían con las reservas, que miraban una cosa y luego reservaban otra sin darse cuenta. En fin, el muy caradura me dijo que yo era un inútil.

Mi mujer y yo nos consideramos estafados. He leído que cada vez son más los engaños de este tipo. Considero que los portales de información turística o las agencias de turismo no pueden desentenderse de algo así. Se escudan en que ellos no son los responsables del contenido publicado. Entonces, ¿quiénes son los responsables? ¿A quién debo dirigirme si he sido estafado? Si se limitan únicamente a publicar ofertas y no comprueban la veracidad de la información, ¿cómo podemos confiar en ellos? Yo, personalmente, considero que no merecen ninguna confianza. Son unos irresponsables y unos incompetentes.

José Mouriz, Lugo

Denuncio estafa

Buenos días:

Escribo porque recientemente he sido víctima de una estafa. Acabo de llegar a Madrid para hacer unas prácticas durante estos meses de verano y estoy buscando piso. Encontré un anuncio de un piso ideal, en el centro, cerca de mi lugar de trabajo y que podía alquilar durante mi estancia. Envié un mail y el propietario del piso me contestó. Me dijo que vivía en Holanda y que solo podía enseñarme el piso el día 15 de este mes. Intercambiamos algunos correos y me dijo que si estaba interesada podía hacer una reserva. Me contó que ya había venido a Madrid la semana anterior para enseñar el piso, pero que al final no lo había alquilado y que no quería que le pasara lo mismo. Le creí y le hice un ingreso de 200 euros en su cuenta, porque tenía bastante urgencia por instalarme. Me escribió diciéndome que me enviaría las llaves del apartamento, pero después de ese mensaje ya no supe nada más de él: dejó de contestar a mis mails. Además, ¡parece que el piso no existe! En fin, que todo ha sido una estafa.

Tengo sus datos porque me envió un contrato, pero he ido al banco y me han dicho que creen que los datos son falsos... Lo que más me molesta es que el portal inmobiliario donde vi el anuncio no ha hecho ni caso de mis reclamaciones. Dicen que ellos pasan filtros rigurosos, pero que siempre dejan claro que no se hacen cargo de posibles irregularidades.

¿Alguien sabe qué puedo hacer para recuperar mi dinero? ¿Cómo puedo reclamar?

Amaya Rico, Salamanca

B. Fíjate en estas frases de los textos de A. En parejas, intentad reformular, explicar o traducir las expresiones en negrita.

- todo **ha sido un fiasco** de principio a fin
- el responsable **se desentendió del** asunto
- el empleado **se hizo el ofendido**
- me empezó a decir que si **estaba insinuando** que lo **había hecho adrede**
- **el muy caradura** me dijo que yo era un inútil
- mi mujer y yo **nos consideramos estafados**
- **se limitan** únicamente **a** publicar ofertas
- **se escudan en** que ellos no son los responsables del contenido publicado
- no **merecen** ninguna **confianza**
- el portal inmobiliario **no ha hecho ni caso** de mis reclamaciones
- dicen que (...) siempre **dejan claro** que **no se hacen cargo** de posibles irregularidades

  - *Todo ha sido un desastre, todo ha ido mal...*

C. Fíjate en la estructura de las cartas de A. ¿Qué tipo de información se da en cada párrafo?

D. ¿Qué crees que se puede hacer para evitar estafas en casos como estos? Entre todos/as, haced una lista con vuestras ideas.

Construimos el LÉXICO

A. Busca en la primera carta de la actividad 2 los adjetivos que usa José para referirse a los responsables de la página web y que se corresponden con estos significados.

1. Que no tiene vergüenza: ....
2. Que no es apto para las tareas que realiza: ....
3. Que no le importan las consecuencias de sus actos, no pone cuidado ni atención en lo que hace: ....

B. Algunas palabras de esta lista se forman uniendo dos palabras o añadiendo un prefijo a otra palabra, como las de A. ¿Puedes agruparlas fijándote en cómo se forman? ¿Conoces otras que se formen igual? Intenta ampliar la lista con tus compañeros/as.

desconsiderado/a	desordenado/a	impaciente	inmaduro/a
impresentable	rompecorazones	irrespetuoso/a	infiel
inconsciente	desorganizado/a	aguafiestas	perdonavidas

C. ¿Podrías describir a alguien de tu entorno o una celebridad con alguna de las palabras de B? ¿Por qué crees que son así? Escríbelo.

Martín: desordenado (porque nunca encuentra lo que busca).

3. ME DIJO QUE VIVÍA EN HOLANDA /MÁS EJ. 3-5

A. En la columna de la izquierda de esta tabla tienes algunas frases que les dijeron a José y a Amaya (los estafados de la actividad 2). ¿Con qué tiempos verbales lo transmiten ellos cuando lo cuentan? Completa la columna de la derecha con las frases que usan en sus textos.

ESTILO DIRECTO	ESTILO INDIRECTO
Presente "Yo **vivo** en Holanda".	Pretérito imperfecto Me dijo que vivía en Holanda
Pretérito perfecto "La reserva que **ha hecho** corresponde con este lugar".	Me dijo que ....
Pretérito indefinido "**Fui** a Madrid hace una semana para enseñar el piso, pero al final no lo **alquilé**".	Me dijo que ....
Condicional "**Deberían** haber buscado más información".	Me dijo que ....
Futuro simple "Te **enviaré** las llaves".	Me dijo que ....
Presente de subjuntivo "Probablemente **se trate** de un error de la página web".	Me dijo que ....
Imperativo "**Hagan** una reclamación a la página web en la que vieron el anuncio".	Me dijo que ....

B. Lee estas dos conversaciones que mantiene Armando. Luego, escribe en tu cuaderno cómo contaría lo ocurrido (y el contenido de las conversaciones que tuvo) a un/a amigo/a en un email o en una red social al día siguiente.

1. Hola, Marta, ¿cómo estás? ¡No sabes lo que me pasó ayer! ¡Me robaron 100 euros! Resulta que recibí un mensaje del banco que decía que...

1

- ¡Me han robado 100 euros!
- ¿Cómo?
- Sí, ¡acabo de recibir un mensaje del banco que dice que he efectuado una compra de 100 euros! ¡Pero no es verdad!
- Pues llama al banco ya.

2

- Seguramente le han robado los datos: o por internet o en una tienda al pagar con tarjeta.
- ¿No pueden averiguar quién ha sido?
- Sí, vamos a intentarlo. Le llamaremos en cuanto sepamos algo. Por el momento, le anulamos su tarjeta.
- ¿Me tienen que hacer otra?
- Sí, le llegará a su domicilio la próxima semana.

C. Compara con otra persona de la clase lo que habéis escrito. ¿Habéis efectuado las mismas transformaciones en los tiempos verbales? ¿Habéis cambiado otras palabras?

4. ¡ERES UN INCONSCIENTE! /MÁS EJ. 6-7

A. Lee estos comentarios que tres personas han publicado en internet quejándose de un servicio. ¿Te ha sucedido alguna vez algo parecido?

1. No compréis nunca nada en esta tienda *online*. Hice un pedido y nunca me llegó. Llevo ya un año reclamando. Son **unos impresentables**. Una auténtica estafa.
2. Reservamos una mesa para las 21 h y cuando llegamos nos dijeron que no tenían anotada la reserva. Habían dado la mesa a otros y no pudimos cenar allí. Son **unos caraduras**.
3. ¡Son **unos incompetentes**! ¡Siempre se equivocan con los envíos! Ayer volvieron a enviarme un libro que no había comprado. Lo había pedido otra persona que vive en la misma calle que yo.

B. Fíjate en las expresiones que aparecen en negrita en A y marca qué cosas tienen en común.

- ○ Contienen adjetivos que se convierten en sustantivos gracias al artículo **un** / **una** / **unos** / **unas**.
- ○ Expresan valoraciones subjetivas de la persona que habla, de carácter más bien negativo.
- ○ Expresan características objetivas que no dependen de la opinión de la persona que habla.

C. Completa las siguientes frases en tu cuaderno usando uno de estos adjetivos con un artículo indeterminado delante.

despistado/a/os/as | aguafiestas | impaciente/s | inmaduro/a/os/as | desordenado/a/os/as

1. Dani se fue de casa y dejó la plancha encendida. Es…
2. Dijeron que nos esperarían, nos retrasamos diez minutos y resulta que ya se habían ido. Son…
3. Toni me dijo que buscara los papeles en su despacho, que estaban ahí. Pero es que estaba todo lleno de papeles, libros, tazas sin lavar… ¡Imposible encontrar algo ahí! Realmente es…
4. Cuando mejor nos lo estábamos pasando, dijeron que nos teníamos que marchar porque estaban cansados y querían irse a dormir. Son…
5. Laura ha dejado a Carlos sin ni siquiera hablar con él, solo le ha enviado un mensaje. Realmente es…

5. ¿PARA QUÉ? /MÁS EJ. 8-10

A. 01-03 Vas a escuchar a tres personas que hablan de experiencias de estafas en la red. Completa la tabla.

	¿LO / LA ESTAFARON?	¿DE QUÉ TIPO DE ESTAFA HABLA?	¿CÓMO REACCIONÓ?	¿QUÉ VALORACIÓN HACE?
1.				
2.				
3.				

B. Lee estas frases de las personas de A. Escribe el sujeto de los verbos que están en negrita. ¿Se refieren a la misma persona o a personas diferentes? ¿Cuándo se usa el infinitivo en las frases con **para** y cuándo el subjuntivo?

		SUJETO
Usaron mis datos…	→	
para **sacar** dinero de mi cuenta.	→	
Luego te **siguen** enviando mails…	→	
para que **cojas** confianza.	→	
Hice un ingreso…	→	
para que me **enviaran** el material de trabajo.	→	

C. Ahora fíjate en los verbos de las frases con **para** marcados en negrita en B. ¿Cuándo el verbo está en presente de subjuntivo y cuándo en imperfecto de subjuntivo?

D. En grupos, comentad las respuestas a las siguientes preguntas.

- ¿Conoces otros tipos de estafas por internet? ¿En qué consisten?
- ¿Conoces a alguien que haya sido víctima de alguna estafa? ¿Qué ocurrió?

• *Algunas personas reciben un correo anunciándoles que han ganado una fortuna. Y les piden que hagan un pequeño ingreso en una cuenta para poder recibir ese dinero. A un vecino de mis padres le ocurrió.*

○ *Pues un amigo mío conoció a una chica por internet. Ella le pidió que le enviara una foto de él desnudo. Luego, resultó que no era esa chica, sino alguien que quería chantajearlo: le dijo que le hiciera una transferencia de 200 euros; y que, si no lo hacía, publicaría la foto en las redes sociales.*

CÁPSULA DE LENGUA ORAL Y COLOQUIAL 2

Transmitir oralmente una conversación

6. LO HIZO ADREDE /MÁS EJ. 11-12

A. Rosa y Sara son vecinas y han tenido algunos conflictos. Lee las situaciones y, luego, relaciona las frases con su significado (1 o 2).

1. Lo hizo **adrede / a propósito / queriendo**
2. Lo hizo **sin querer / sin darse cuenta**

A

Rosa se marchó de vacaciones y le pidió a Sara que le regara las plantas. A la vuelta, se encontró dos macetas rotas.

Sara dice que **se rompieron** una noche en la que hacía mucho viento.

Rosa cree que Sara **las rompió** porque no la soporta.

B

Sara le prestó a Rosa un vestido para una boda y ella se lo devolvió con una mancha.

Rosa dice que **se le manchó** cuando estaba preparando el café.

Sara cree que **lo manchó** porque le tiene envidia.

C

Sara le dejó el ordenador a Rosa. Cuando se lo devolvió, faltaba un programa.

Sara cree que Rosa **lo borró** para fastidiarla.

Rosa dice que **se le borró** cuando se fue la luz.

B. Fíjate en los verbos en negrita en las frases del apartado A. ¿Cuál es su sujeto? Escríbelo.

1. se rompieron: las macetas
2. las rompió: Sara
3. se le manchó: el vestido
4. lo manchó: Rosa
5. lo borró: Rosa
6. se le borró: el programa

C. ¿A quién se refiere en cada caso el pronombre **le** (de objeto indirecto) en las frases 3 y 6 de B?

D. CORPUS Busca en Linguee frases en las que aparezcan las siguientes expresiones (en **campusdifusión** tienes instrucciones). ¿Cómo las traducirías a tu idioma con el sentido que tienen en A? ¿Has observado si alguna tiene otros significados?

- adrede
- a propósito
- queriendo
- sin querer
- sin darse cuenta

Explorar y reflexionar

7. JUSTIFICACIONES /MÁS EJ. 13-16

A. 04 Vas a escuchar el principio de una mediación entre Fina y Santi, dos compañeros de trabajo. Trabajad en parejas. Uno/a toma notas de la versión de Fina y otro/a, de la de Santi.

- ¿Qué ocurrió hace unos cuatro meses? ¿Qué conflicto tuvieron?
- ¿Cómo es la relación que hay entre ellos? ¿Ha sido siempre así?
- ¿Qué piensa cada uno de su compañero/a?

B. 04 Poned en común las notas que habéis tomado en A. Luego, volved a escuchar y marcad en la tabla con quién relacionáis la siguiente información: con Fina o con Santi.

	FINA	SANTI
1. Cree que a su compañero/a no le gusta que el jefe le esté dando más responsabilidades.	○	○
2. En esa época, no lo estaba pasando bien; por eso, le afectó tanto lo ocurrido.	○	○
3. Le molestó la actitud hipócrita de su compañero/a en la reunión que tuvieron con el jefe.	○	○
4. Cree que en el pasado ayudó mucho a su compañero/a y cubrió errores que había cometido.	○	○
5. No le gustó que lo / la insultara y lo / la mirara mal.	○	○
6. Cree que su compañero/a desconfía de él / ella y que así no se puede trabajar bien.	○	○

C. Fíjate en las estructuras en negrita de estos fragmentos de la conversación de A. ¿Cuáles sirven para desmentir una información? ¿Cuáles para introducir explicaciones?

1. No, no me puse agresiva, y **no es que** me enfadara… **Es que** me molestó tu actitud en la reunión.
2. Bueno, con respecto a la reunión y a lo que me dijo el jefe, **no es verdad que** me sentara mal, **lo que pasa es que** estaba cansada y frustrada.
3. No, **no es que** no se lo haya perdonado. Le dije que lo olvidáramos, **lo que pasa es que** nuestra relación no puede volver a ser igual que antes, porque Fina desconfía de mí.

D. Fíjate en los verbos que aparecen detrás de las estructuras en negrita de C. ¿Están en indicativo o en subjuntivo? Márcalo.

no es que +	○ indicativo	○ subjuntivo	**lo que pasa es que** +	○ indicativo	○ subjuntivo
no es verdad que +	○ indicativo	○ subjuntivo	**es que** +	○ indicativo	○ subjuntivo

E. Imagina que a una persona le hacen los siguientes reproches en el trabajo. Escribe cómo reacciona desmintiendo esas afirmaciones y explicándose.

- "Te dije que me pusieras en copia y no lo hiciste. ¿No te gusta que lea tus mails o qué?".
- "No querías hacer ni una hora extra y al final me tuve que quedar solo yo para terminar el informe".
- "En aquella reunión presentaste ideas que te había dado yo como si fueran tuyas".

EXPRESAR LA INTENCIONALIDAD O LA INVOLUNTARIEDAD DE UNA ACCIÓN /MÁS EJ. 17

*Se dejó la cartera en casa **a propósito** / **adrede** / **aposta** / **queriendo**. No quería tener que pagar él la cena.*

*Tiró la carta a la basura **sin darse cuenta** / **sin querer**. Estaba en medio de unos papeles que no necesitaba.*

- *¿Pero qué ha pasado? ¿Qué hacen estos platos rotos en el suelo?*
- *No lo **hice queriendo**. Se me cayeron…*

ADJETIVOS CON PREFIJOS

Algunos adjetivos toman un valor contrario o negativo al añadirles los prefijos **des-** o **in-** / **im-** / **i-**.

desconfiado/a	**im**presentable	**i**rresponsable
desordenado/a	**in**tolerante	**i**lógico

Otros adjetivos se forman a partir de la unión de dos palabras. Con frecuencia, el adjetivo resultante presenta alteraciones ortográficas con respecto a las palabras originales.

rompecorazones	caradura	drogadicto/a

UN, UNA, UNOS, UNAS + ADJETIVO CALIFICATIVO

Los adjetivos valorativos que dan una opinión sobre una persona admiten la presencia del artículo indeterminado (**un**, **una**, **unos**, **unas**). En esos casos, los adjetivos realizan la función de un sustantivo y por eso se dice que están sustantivados.

*Pablo y Maite son **unos irresponsables**.*

*Tengo un vecino que es **un desconsiderado**. Hace ruido a cualquier hora de la noche, hace obras sin avisar, aparca el coche en la entrada… Horrible.*

*Marta es **una despistada**: no sabe ni qué día de la semana es.*

Este tipo de construcción expresa una valoración subjetiva y personal de quien habla sobre la persona a la que se refiere. Por eso, su uso se observa sobre todo en construcciones exclamativas, enfáticas. La sustantivación no es posible con todos los adjetivos valorativos: la admiten sobre todo los que expresan cualidades que se presentan como negativas.

*¡Este director es **un incompetente**! No se puede trabajar con él.*
(No decimos ~~es un competente~~).

*Juan es **un hiperactivo**: no puede estar quieto ni un momento.*
(No decimos ~~es un activo~~).

! Algunos adjetivos que expresan cualidades positivas también admiten esta construcción:

*Luisa es **una valiente**.* *Este profesor es **un sabio**.*

HABLAR DE CONFLICTOS /MÁS EJ. 18-22

resolver / solucionar	un conflicto · un problema
tener	un conflicto · un problema · discrepancias · diferencias · un malentendido · una discusión
intervenir en	un conflicto · una discusión
llegar a	un acuerdo · un consenso
estar	de acuerdo · en desacuerdo
ir	a juicio
hacer / poner	una reclamación · una denuncia
tergiversar	las cosas · las palabras
sentar	bien · mal · fatal
incumplir / no cumplir	una promesa · las normas
cumplir / no cumplir	con algo
cometer	un error · una locura · una injusticia · una imprudencia
ser víctima de	una estafa · un robo · un delito
relación	complicada · tóxica · tormentosa
custodia	de los hijos · compartida
acoso	laboral · escolar · sexual

ALGUNOS VERBOS CON PREPOSICIÓN

comprometerse (**a** algo / **a** hacer algo)
confiar (**en** algo / alguien)
criticar (algo / **a** alguien)
desconfiar (**de** algo / alguien)
discrepar (**en** algo / **con** alguien)
discutir (**con** alguien)
enfadarse (**con** alguien)
estafar / timar (**a** alguien)
luchar (**por** algo)
malinterpretar (algo / **a** alguien)
mediar (**entre** alguien **y** alguien)
pedirle perdón (**a** alguien **por** algo)
perdonarle (algo **a** alguien)
ponerse de acuerdo (**en** algo **con** alguien)
protestar (**por** algo)
tener un conflicto (**con** alguien)
tratar bien / mal (**a** alguien)

EXPRESAR FINALIDAD: USOS DE PARA P. 161

Uno de los usos de **para** es el de expresar propósito o finalidad.

He estudiado mucho ***para*** *sacar buena nota.*

Estoy ahorrando ***para*** *comprar un coche.*

PARA + INFINITIVO / SUBJUNTIVO

Cuando expresamos finalidad, usamos **para** + infinitivo si el sujeto del verbo principal y el del verbo subordinado (el que va con **para**) son el mismo.

Compré el billete ***para*** *ir a Sevilla.* (Yo compré el billete y yo voy a ir a Sevilla).

Marta y Maite ya han comprado los billetes ***para*** *ir a Sevilla.* (Ellas han comprado el billete y ellas van a ir a Sevilla).

Usamos **para que** + subjuntivo si el sujeto del verbo principal y el del verbo subordinado no coinciden.

Han puesto una reclamación ***para que*** *el propietario del apartamento les devuelva el dinero del alquiler.* (Ellos han puesto la reclamación y el propietario les devuelve el dinero).

En ocasiones, aunque los sujetos de las dos oraciones no coincidan, podemos usar el infinitivo en la subordinada cuando por el contexto está claro cuál es su sujeto.

¿Me prestas un boli un momento ***para*** *apuntar una cosa?* (Tú me prestas un boli y yo apunto una cosa).

PARA QUE + PRESENTE / IMPERFECTO DE SUBJUNTIVO

El verbo de la oración subordinada está en presente de subjuntivo si se alude a un momento presente o futuro.

Ana siempre me presta libros en inglés ***para que*** *practique.*

Te dejo aquí los contratos ***para que*** *los revises luego.*

Julia me prestó su cámara ***para que*** *hagamos fotos en el viaje.*

El verbo de la oración subordinada va en imperfecto de subjuntivo si se alude a un momento pasado.

Los bomberos colocaron una escalera muy alta ***para que*** *los vecinos pudieran salir del edificio.*

También usamos el imperfecto de subjuntivo cuando va después de un verbo en condicional. En esos casos, es posible usar también el presente de subjuntivo.

Me gustaría que les pusieran una multa ***para que*** *no siguieran / sigan timando a la gente.*

En lengua conversacional, se usa **a** (**que**) con el mismo significado que **para** (**que**) cuando hay una idea de movimiento.

Carmen oyó un ruido extraño y se levantó ***a ver*** *qué pasaba.*

He venido ***a que*** *me lo cuentes.*

EXPRESIÓN DE LA INVOLUNTARIEDAD: USO DE LOS PRONOMBRES SE ME / SE TE / SE LE... P. 156

En ocasiones, expresamos la involuntariedad de una acción por medio de verbos pronominales. En estos casos, el sujeto gramatical no es la persona, sino el objeto.

De pequeño, Leo ***rompía*** *los juguetes para ver qué había dentro.*

Acción voluntaria

Para entrar en la casa, los ladrones ***rompieron*** *la ventana del salón.*

Acción voluntaria

A Carlos ***se le rompió*** *la camisa en medio de la fiesta.*

Acción involuntaria

A mí una vez ***se me rompieron*** *los pantalones en una boda.*

Acción involuntaria

A veces, la involuntariedad solamente puede expresarse con un cambio de verbo.

Berto ***tiró*** *las fotos al suelo, estaba muy enfadado.*

A Elena ***se le cayeron*** *las fotos al suelo.* (Sin intención de hacerlo, por descuido).

! Muchos verbos tienen una forma pronominal que se usa para presentar un proceso sin aludir a la intervención de personas (**romper** - **romperse**, **perder** - **perderse**, **estropear** - **estropearse**, **ensuciar** - **ensuciarse**...).

Mira, ***se ha roto*** *la jarra del agua.*

¡Estoy harto! Este ascensor ***se estropea*** *casi cada día.*

Me gusta esta bufanda, pero ***se ensucia*** *un montón porque es blanca.*

El perro ***se ha perdido.***

NO ES QUE... / NO ES VERDAD QUE... / ES QUE... / LO QUE PASA ES QUE... P. 165

No es que o **No es verdad que** desmiente una información mencionada anteriormente. Se usan seguidos de subjuntivo.

- *¿No quieres venir a la fiesta?*
- ***No es que*** *no quiera... Pero es que mañana tengo un examen muy importante.*

- *Julia es muy vaga, no quiso ayudarnos a trasladar los muebles.*
- ***No es verdad que*** *no quisiera... Es que tenía gripe y no podía.*

No es que también puede desmentir una información que está implícita en la mente de quien habla.

***No es que** quiera criticar a Alan, ¿eh? Pero, sinceramente, creo que no se portó muy bien conmigo.*

Es que o **Lo que pasa es que** introducen explicaciones y, con frecuencia, excusas o justificaciones. Se usan con indicativo.

- *Dijiste que me llamarías para salir a tomar algo.*
- *Ya. **Es que** tenía mucho trabajo y no pude llamar. Lo siento.*

- *Parece que no te guste trabajar conmigo.*
- *Eso no es cierto. **Lo que pasa es que** algunas cosas las hago mejor sola.*

ESTILO INDIRECTO

+ P. 190

En el estilo indirecto algunos tiempos verbales pueden cambiar.

PRESENTE Estudias demasiado.	**PRETÉRITO IMPERFECTO** **Le dijo que** estudiaba demasiado.
PRETÉRITO PERFECTO ¿Has terminado ya de trabajar?	**PRETÉRITO PLUSCUAMPERFECTO** **Le preguntó si** había terminado ya de trabajar.
PRETÉRITO INDEFINIDO ¿Al final fuiste a la exposición de fotografía?	**PRETÉRITO PLUSCUAMPERFECTO** **Le preguntó si** había ido a la exposición de fotografía.
PRETÉRITO IMPERFECTO Cuando era pequeña vivía en una casa a las afueras de la ciudad.	**PRETÉRITO IMPERFECTO** **Le contó que** cuando era pequeña vivía en una casa a las afueras de la ciudad.*
FUTURO SIMPLE Nos mudaremos en verano.	**CONDICIONAL SIMPLE** **Le comentó que** se mudarían en verano.
PRESENTE DE SUBJUNTIVO Quiero que me llames más a menudo. Cuando me llegue el correo, te lo reenviaré.	**PRETÉRITO IMPERFECTO DE SUBJUNTIVO** **Le dijo que** quería que la llamara más a menudo. Anteayer **me dijo que** cuando le llegara el correo me lo reenviaría.*
IMPERATIVO Sobre todo, consulta con un abogado antes de firmar el contrato.	**PRETÉRITO IMPERFECTO DE SUBJUNTIVO** **Le sugirió que** consultara con un abogado antes de firmar el contrato.

*Cuando referimos acciones ya pasadas que en su momento estaban en un plano de futuro (y en presente de subjuntivo), usamos el imperfecto de subjuntivo.

*"Cuando **vuelva** hablaremos".* → *Me dijo que cuando **volviera** hablaríamos.*

Cuando queremos expresar que la información que transmitimos sigue vigente, el tiempo verbal no cambia.

*Lola: "**Estoy haciendo** un máster".* → *Ayer me encontré a Lola y me dijo que **está haciendo** un máster.*

*Lola: "Ahora **vivo** en Madrid".* → *Ayer me encontré a Lola y me dijo que ahora **vive** en Madrid.*

*Lola: "**Iré** a Islandia de vacaciones, en el mes de agosto".* → *Ayer me encontré a Lola y me dijo que **irá** a Islandia de vacaciones, en el mes de agosto.*

Lola: "¿Puedes pasarme el teléfono de Laura?". → *Ayer me encontré a Lola y me pidió que le **pase** el teléfono de Laura, pero aún no lo he hecho porque no sé si Laura quiere…*

Si el contexto (tiempo, espacio, personas que hablan…) se modifica, también sufren transformaciones otras palabras que tienen que ver con él.

	Le dijo que… / preguntó si…
"Llega **hoy**".	llegaba **ese** / **aquel día**.
"Llega **mañana**".	llegaba **el** / **al día siguiente**.
"Llega **esta** tarde".	llegaba **esa** / **aquella** tarde.
"Llega **dentro de** cuatro días".	llegaba **al cabo de** cuatro días.
"Puedes quedarte **aquí**". (En Bogotá).	se podría quedar **allí**. (Si la persona que habla no está en Bogotá).
"¿Has visto **esto**?".	había visto **eso** / **aquello**.
"Luis **vendrá** a Buenos Aires".	Luis **iría** a Buenos Aires. (La persona que habla no está en Buenos Aires).
"¿Puedes **traer** las plantas a la oficina?".	podía **llevar** las plantas a la oficina. (La persona que habla no está en la oficina).
"**Mi** marido se llama Manuel".	**su** marido se llama Manuel.

Practicar y comunicar

8. ES ALGUIEN QUE...

A. Vais a jugar a adivinar palabras. Primero, preparad tarjetas como la de la derecha. En cada tarjeta, escribid uno de estos adjetivos. Debajo, entre paréntesis, escribid su correspondiente con valor positivo.

desconsiderado/a | impaciente | desagradecido/a | inmaduro/a | irreverente | descortés | desordenado/a | incompetente | descuidado/a | intolerante | imprudente | inepto/a | deshonesto/a | inconsciente | despistado/a | irresponsable | irrespetuoso/a

B. Ahora, jugad en parejas. Una persona toma una tarjeta y prepara una explicación del significado del adjetivo, para que la otra lo adivine. Podéis describirlo o poner un ejemplo de comportamiento. ¡Atención! No podéis usar el adjetivo correspondiente con valor positivo.

- *Es una persona que hace cosas peligrosas sin pensar en sus consecuencias, porque no tiene miedo o porque no percibe el peligro. Por ejemplo, alguien que conduce por la noche, después de una fiesta en la que ha bebido mucho...*
- *Imprudente.*

9. TE PEDÍ QUE LO HICIERAS

A. En parejas, imaginad que compartís piso. Cada uno/a pidió cosas a su compañero/a, pero este/a no las hizo. Cuando llegáis a casa, se lo reprocháis y la otra persona se justifica. Elegid dos de las situaciones (una persona es A y la otra es B) y preparad la conversación.

Cosas que A le pidió a B:

- devolver a la biblioteca los libros que están en el recibidor
- comprar todo lo necesario para la fiesta del sábado
- quedar con la persona que tiene que venir a arreglar la lavadora

Cosas que B le pidió a A:

- regar las plantas
- limpiar la nevera y quitar el hielo del descongelador
- no traer a nadie a casa ni hacer ruido el jueves por la tarde porque tenía una reunión

Para comunicar

→ te dije que...
→ te pedí que...
→ es que / lo que pasa es que...
→ no es verdad que / no es que...

B. Representad la conversación. Podéis grabaros en vídeo.

10. CARTAS DE LECTORES

A. En grupos, comentad problemas que hayáis tenido con servicios o productos que no os han satisfecho. ¿Qué ocurrió? ¿Reclamasteis? ¿Se resolvió el problema?

- restaurantes y bares
- salas de concierto, cines...
- tiendas
- agencias inmobiliarias
- servicios de venta *online*
- compañías de transporte, de telefonía móvil, de suministro de energía...
- hoteles, cámpings, apartamentos...
- otros

- *Yo una vez descubrí que alguien me había suplantado la identidad y estaba usando mi número de teléfono móvil. Entonces, llamé a la compañía para que dieran de baja a esa otra persona, pero...*

B. Escribe una carta para un periódico (como las de la actividad 2) explicando el problema que tuviste. Primero, prepara la información que vas a dar en cada párrafo.

- **introducción:** explica el motivo de la carta
- **presentación del problema:** servicio o empresa, qué ocurrió, por qué no estás satisfecho/a, queja o reclamación, reacción de la empresa, si se resolvió el conflicto o no...
- **conclusión:** da tu opinión sobre la empresa o el servicio, explica cómo te sientes, pide consejos a otros/as lectores/as...

C. Revisa la carta de otra persona de la clase. ¿Se entiende? ¿Crees que consigue su objetivo? ¿Cuál es el tono: de indignación, de resignación, de desesperación...?

11. ALT | DIGITAL CONFLICTOS EN REDES SOCIALES

A. Aquí tenéis algunos motivos de conflicto en las redes sociales. ¿Conocéis casos concretos de conflictos como estos? Comentadlo en grupos.

- insultos y enaltecimiento de la violencia
- acoso y chantaje
- noticias falsas y engañosas
- suplantación de la identidad
- publicaciones de empleados/as en redes sociales que perjudican a las empresas donde trabajan

- *Yo leí algo sobre el caso de un empleado de una pizzería que había publicado en una red social un vídeo en el que se le veía jugando con la masa de una pizza y...*

B. En grupos, elegid una de las categorías de A y buscad información en internet: de qué se trata, ejemplos de casos... Con toda la información, elaborad un cartel o una infografía.

C. Compartid con el resto de la clase lo que habéis encontrado.

12. ALT|DIGITAL CASOS DE MEDIACIÓN

A. Formad grupos de tres y pensad en algún caso conflictivo que conozcáis y que creáis que podría ser mediado. Si lo preferís, os lo podéis inventar. Aquí tenéis algunos tipos de conflictos.

- Conflicto laboral
- Conflicto familiar
- Conflicto escolar
- Conflicto mercantil (entre empresas y clientes/as)
- Conflicto de convivencia (en una comunidad de vecinos, entre compañeros/as de piso...)
- Otro

- *Yo tengo unos amigos que tuvieron un problema con un vecino que era pianista y ensayaba por la noche hasta tarde; mis amigos no podían dormir y le pedían que insonorizara su piso.*
- *Pues yo tengo unos amigos que tuvieron problemas con la propietaria del piso en el que vivían. Ella había dicho que haría unas reformas en el baño, pero no las hizo y ellos decidieron no pagar el alquiler durante dos meses para protestar. Entonces...*

B. Cada grupo desarrolla su caso. Escribid en qué consiste, quiénes son las partes enfrentadas y qué posición tiene cada una de ellas.

CONFLICTO INMOBILIARIO: el caso de Sonia, Paula y Jorge

→ **Partes enfrentadas:** Paula y Jorge (inquilinos) y Sonia (propietaria)

→ **Conflicto:** Paula y Jorge no pagan el alquiler desde hace dos meses. Sonia amenaza con tomar medidas para echarlos, pero el contrato aún es de dos años más. Paula y Jorge dicen que Sonia no ha cumplido algunas promesas (pintar la casa, ponerles un armario en la cocina, hacer unas reformas necesarias en el baño). Quieren llegar a un acuerdo porque hasta ahora todo ha ido bien. Sonia no quiere buscar otros inquilinos (y perder meses de alquiler, etc.) y Jorge y Paula están a gusto con su piso y tampoco quieren mudarse.

→ **Argumentos de Sonia:**
El mes pasado le dijeron que querían pintar el piso. Ella les perdonó el alquiler del mes siguiente para que lo hicieran, pero no lo pintaron y siguen sin pagar.

→ **Argumentos de Paula y Jorge:**
Dicen que Sonia no ha cumplido algunas promesas (ponerles un armario en la cocina, hacer unas reformas necesarias en el baño, etc.) y que hasta que no las cumpla no pagarán su alquiler.

...

C. Cada grupo presenta al resto de la clase su caso. Luego, toda la clase discute qué podrían hacer las partes enfrentadas para resolver su conflicto. Elaborad una lista con vuestras ideas.

- *Tendrían que encontrar una solución para que Paula y Jorge se puedan quedar en el piso. Por ejemplo, Sonia podría hacer los arreglos y, a cambio, ellos le podrían pagar la mitad del alquiler del mes.*
- *Pero es que ellos no han pintado el piso. Para solucionar el problema creo que deberían pintarlo, ¿no?*

13. EL OFICIO DE LA PALABRA ENTRE LOS WAYÚ

ANTES DE VER EL VÍDEO

A. Busca información en internet sobre lo siguiente.

- La Guajira
- el pueblo wayú
- los *pütchipü'üs* o palabreros

VEMOS EL VÍDEO

B. ▶ 2 Ve el vídeo hasta el minuto 02:38 y responde a estas preguntas.

1. ¿Qué significa *pütchi*? ¿Y *pütchipü'ü*?
2. ¿Qué tipo de palabreros (*pütchipü'üs*) hay?
3. ¿En qué consiste lo que hacen? ¿Qué no hacen?
4. ¿Con qué se compara el discurso de los palabreros? ¿Cuál es el objetivo de ese discurso?
5. ¿Qué características tienen los palabreros?

C. ▶ 2 Ve el vídeo hasta el minuto 05:02. ¿Cuáles son los orígenes del sistema normativo wayú? ¿Cómo funciona? ¿Qué beneficios tiene?

D. ▶ 2 Ve el resto del vídeo. ¿Qué significa que el palabrero es portador de una justicia restitutiva y no punitiva?

DESPUÉS DE VER EL VÍDEO

E. ¿En qué se parece el sistema de resolución de conflictos wayú a la mediación?

F. Resume en unas líneas, en tu idioma, la información esencial del vídeo.

G. ¿Estás de acuerdo con la idea de que "toda falta, por grave que sea, se puede conciliar"?

3 ASÍ PASÓ

El barrio de... Harlem

Su nombre procede del holandés *Nieuw Haarlem*, tal y como lo bautizaron sus primeros colonos en 1658. Seis años después, cayó en manos británicas, que intentaron cambiarle el nombre por el de Lancaster. La idea no cuajó: lo único que se consiguió fue quitar una a al nombre para que sonara más anglosajón. Todavía tierra de granjas a principios del siglo XIX, Harlem fue la primera zona residencial a las afueras de Nueva York cuando Alexander Hamilton, secretario del Tesoro, construyó una casa de campo llamada Hamilton Grange, que aún existe hoy, aunque no en su lugar original. En 1873 la ciudad de Nueva York se anexionó Harlem y poco después se extendieron las líneas de tren, hasta que en 1904 se inauguró el metro de Lenox Avenue. Así, el barrio se hizo mucho más accesible y, a principios del siglo XX, acogió a muchos afroamericanos. Fue entonces cuando Harlem comenzó a florecer

La mítica sala de fiestas Savoy

con maestros como Duke Ellington o Louis Armstrong, que estaban iniciando sus carreras en los años 20 y 30. Fue cuando todos los extranjeros querían conocer las interminables noches del Savoy Ballroom, abierto entre 1936 y 1958. O, años más tarde, las famosas sesiones del restaurante Sherman's Barbeque, donde las Ronettes llevaron a los Beatles en el año 1964 para que los cuatro de Liverpool

Mapa del siglo XIX de las granjas de New Harlem

AUDIOS, VÍDEOS, DOCUMENTOS ALTERNATIVOS, ETC., DISPONIBLES EN **campusdifusión**

EN ESTA UNIDAD VAMOS A

GRABAR UN VÍDEO CON HISTORIAS SOBRE UNA CIUDAD O UN BARRIO

RECURSOS COMUNICATIVOS

- combinar tiempos del pasado
- referir eventos pasados
- transmitir peticiones y advertencias
- contar relatos (cuentos, leyendas…)

RECURSOS GRAMATICALES

- marcadores y construcciones temporales: **justo cuando** / **entonces**…
- usos del pretérito imperfecto de indicativo y de subjuntivo
- usos del gerundio
- la colocación del adjetivo

RECURSOS LÉXICOS

- catástrofes y fenómenos naturales
- léxico relacionado con la historia de las ciudades
- léxico del ámbito del deporte
- recursos para hablar de personajes y acontecimientos históricos

El famoso mercado La Marqueta

despistaran a los fans que rodeaban el Hotel Plaza. (…).

Al este, tiendas, restaurantes y bodegas llevan nombres en español, como El Paso, La Isla, Don Paco o La Paloma. Es el Harlem hispano, donde viven los puertorriqueños, dominicanos y mexicanos que compran en La Marqueta, el mítico mercado de frutas exóticas importadas del Caribe. También hay haitianos en el East Harlem (…).

Establecimiento especializado en la venta de lechón asado

El Museo del Barrio, que alberga una importante colección de arte latinoamericano

El Museo del Barrio, dedicado al arte latinoamericano, y el Museo de la Ciudad de Nueva York también quedan en esta zona cercana al East River.

(Fuente: El Periódico*)*

Empezar

1. ALT|DIGITAL LA HISTORIA DE "EL BARRIO" /MÁS EJ. 1-2

A. ¿Sabes algo del barrio neoyorquino de Harlem? Comentadlo en clase.

B. MAP Lee estos fragmentos de un reportaje sobre Harlem. Luego, entre todos, dibujad en la pizarra una línea del tiempo con los acontecimientos más importantes de la historia del barrio.

Para comunicar

→ Llegaron los colonos a…
→ Se construyó / anexionó…
→ Tuvo lugar…
→ Se produjo…
→ Se convirtió en…

C. En parejas, haced una lista de los diferentes grupos que poblaron y pueblan Harlem. ¿En vuestra ciudad o en vuestro país existe algún barrio con una historia semejante?

Comprender

2. EL ÁGUILA Y EL NOPAL

A. 05 Escucha un programa de radio en el que hablan de la leyenda azteca *El águila y el nopal*, que explica el origen de Ciudad de México. Toma notas y luego resume la historia en unas líneas. Las siguientes palabras te pueden ayudar.

el escudo de México | el dios Huitzilopochtli | Tenochtitlan | un águila | un nopal | una serpiente

B. En grupos de tres, comparad vuestros textos y redactad un resumen más completo. Podéis buscar información complementaria en internet.

3. CRÓNICAS /MÁS EJ. 3-4

A. Vas a leer dos crónicas periodísticas, una sobre una final del Mundial de fútbol y otra sobre una catástrofe natural. En parejas, haced una lista del vocabulario que os evocan esos dos temas. Luego, compartidla con el resto de la clase.

B. MAP Leed los textos y, en parejas, comentad estas cuestiones.

- ¿Informan bien de los hechos?
- ¿En qué se centra la primera crónica: en la derrota de Brasil o en la victoria de Alemania? ¿En qué se centra la segunda?
- ¿Cómo es el estilo de cada crónica: dramático, sencillo, elaborado, recargado, preciso, ameno...? Ejemplifícalo con fragmentos del texto.

CÁPSULA DE LENGUA ORAL Y COLOQUIAL 3

El sufijo **-azo/a**

C. En parejas, ampliad la lista de vocabulario del apartado A con palabras y expresiones de los textos. Luego, haced un mapa mental para organizar el léxico.

D. Estos son algunos de los rasgos distintivos de la crónica periodística. ¿Se cumplen en los dos textos?

- informa sobre un tema de actualidad
- narra los hechos en orden cronológico
- se hacen comentarios y valoraciones personales sobre los hechos
- el estilo es ameno, se alterna la información con anécdotas y curiosidades
- tiene características del lenguaje literario: vocabulario rico, uso de metáforas, etc.

Construimos el LÉXICO

¿Con qué otros sustantivos podrían combinarse estos verbos con el mismo sentido que tienen en estos ejemplos de las crónicas?

- sufrir un shock...
- perder un mundial...
- encajar una derrota...
- asestar un golpe...
- lanzar un contragolpe...

El desplome de la Canarinha

David Luiz se lamenta por la derrota ante la mirada de Özil

Comenzó el partido Brasil con la intensidad que acostumbraba en cada partido, sin embargo, poco tardó Alemania en lanzar un par de contragolpes que serenaron el encuentro. Se cumplía el minuto 10 cuando un córner lo aprovechó Müller para escaparse de David Luiz y marcar a placer con la derecha en el segundo palo.

Los nervios revolucionaron a Brasil, que carecía por completo de sentido de juego. Las únicas opciones eran la fuerza en el contragolpe y los balones largos de los centrales buscando una segunda jugada. No tenía fútbol la Canarinha y la presión de verse por debajo en el marcador los desnortó definitivamente tras el segundo gol. Fue Klose, en el minuto 26, el que tras una fantástica jugada de Khedira y Kross marcó el gol que lo convierte en el máximo goleador de la historia de los mundiales, con 16 tantos. El alemán destrona a Ronaldo precisamente en la noche más negra de Brasil.

El desplome de la Canarinha se agigantó de golpe. Y en uno de los partidos más importantes de la historia de los mundiales Alemania bailó sobre el cadáver de un Brasil descompuesto. Kross fulminó las esperanzas de su rival con dos goles en dos minutos y el estadio Mineirão se convirtió en un cementerio. Khedira asestó el golpe definitivo antes de noquear a su rival con el quinto gol en el minuto 29.

El fútbol brasileño ya tenía un nuevo trauma. Se acababa de construir 'el Mineirazo', la derrota más escandalosa de los mundiales encajada por el equipo más laureado. Muchos aficionados abandonaban el estadio, otros simplemente lloraban desconsoladamente. Todos, excepto los alemanes, sufrían un *shock* ante lo que estaba sucediendo.

Con el 0-5 Alemania bajó el listón y frenó su exhibición. Tras el descanso Brasil intentó salvar su honor y peleó por hacer gol. Su intención duró cinco minutos. Alemania sería capaz de marcar dos goles más por medio de Schürle y terminaría dominando ante un equipo rendido y humillado. Óscar, en el noventa, hizo un gol que los aficionados locales silbaron.

'El Mineirazo' es ya historia del fútbol. Por segunda vez Brasil pierde un mundial como anfitrión con una derrota traumática. En 1950 la victoria de Uruguay creó un fantasma imborrable en la mente de los brasileños en lo que fue llamado 'el Maracanazo'. Alemania, 64 años después, ha fabricado un monstruo que atormentará durante mucho tiempo a un país que vive para el fútbol y cuya pasión por este deporte es, seguramente, lo que les hará regresar al éxito más tarde o más temprano.

(*Fuente*: La Vanguardia)

Las noticias

Internacional

Terrible terremoto en Japón

De repente, tras la calma tensa posterior a la conmoción, las noticias apocalípticas empezaron a llegar, una tras otra, a cada cual más grave. Un tren de pasajeros totalmente desaparecido después de ser arrollado por una ola gigantesca junto a la costa; conductores desesperados huyendo de una lengua de agua de 10 metros de altura, algunos de ellos sin éxito; entre 200 y 300 cuerpos sin vida desperdigados por la playa de Sendai, la ciudad más afectada por el tsunami; una planta petroquímica ardiendo; un reactor nuclear cuyo fallo en el sistema de refrigeración obligaba a declarar el estado de emergencia nuclear y a evacuar a 3000 personas en un radio de dos kilómetros. Y así, hasta el infinito.

Incendio en la central nuclear de Fukushima

Japón ha sufrido este viernes su mayor terremoto en 140 años, el quinto más fuerte del mundo. Unos 500 desaparecidos y 350 muertos confirmados por la Policía a última hora de este viernes. Más de 1000 fallecidos, según la agencia de noticias Kyodo. 14:46 h. Comienza la catástrofe. La gente regresa al trabajo tras la hora del almuerzo. En Tokio las mesas se empiezan a deslizar, los edificios se tambalean como flanes, la gente se marea y pierde el equilibrio. Pronto el pánico se apodera de la capital de Japón, una megaurbe de 36 millones de personas. Pero Tokio es la ciudad mejor preparada del mundo contra los terremotos y apenas se desploman un puñado de edificios.

A 400 kilómetros al noreste de la capital, en las prefecturas de Miyagi y Fukushima, la situación es mucho más dramática. El terremoto, de 8,9 grados de magnitud, ha tenido el epicentro a 130 kilómetros de sus costas, en el océano Pacífico, a una profundidad de 26 kilómetros. El terrible temblor pronto origina un tsunami que se retroalimenta cuanto más se acerca a la costa y es este último, más que el terremoto, la causa de la destrucción masiva.

(*Fuente*: Público)

4. UNA FANTÁSTICA JUGADA

A. Observa las combinaciones de adjetivo y sustantivo marcadas en negrita en estas frases. Luego, trata de responder a las preguntas.

1. Fue Klose, en el minuto 26, el que tras una **fantástica jugada** de Khedira y Kross marcó el gol que lo convierte en el máximo goleador de la historia de los mundiales.
2. Por segunda vez Brasil pierde un mundial como anfitrión con una **derrota traumática**.
3. Tras la **calma tensa** posterior a la conmoción, las noticias apocalípticas empezaron a llegar.
4. Un tren de pasajeros totalmente desaparecido después de ser arrollado por una **ola gigantesca**.
5. Óscar, en el noventa, hizo un gol que los **aficionados locales** silbaron.
6. Un **reactor nuclear** cuyo fallo en el sistema de refrigeración obligaba a declarar el estado de **emergencia nuclear**.
7. El **terrible temblor** pronto origina un tsunami que se retroalimenta.

- ¿Qué adjetivos expresan una valoración personal?
- ¿Cuáles expresan una cualidad objetiva que identifica al sustantivo?

B. Observa la posición en que aparecen los adjetivos de las frases de A y marca la opción correcta en cada caso para completar la regla.

Los adjetivos que expresan una valoración subjetiva van ○ antes / ○ después / ○ antes o después del sustantivo.
Los adjetivos que expresan una cualidad objetiva van ○ antes / ○ después / ○ antes o después del sustantivo.

C. En las siguientes frases aparecen adjetivos que a menudo se colocan antes del sustantivo, aunque no expresan una valoración personal. ¿Qué dirías que tienen en común?

1. Fue Klose, en el minuto 26, el que tras una fantástica jugada de Khedira y Kross marcó el gol que lo convierte en el **máximo goleador** de la historia de los mundiales.
2. La presión de verse por debajo en el marcador los desnortó definitivamente tras el **segundo gol**.
3. Por **segunda vez** Brasil pierde un mundial como anfitrión.
4. Japón ha sufrido este viernes su **mayor terremoto** en 140 años, el **quinto** (**terremoto**) más fuerte del mundo.

D. En parejas, buscad en una de las crónicas de la actividad 3 otras combinaciones de sustantivo y adjetivo, y anotadlas. Luego, intentad responder a las siguientes preguntas.

- ¿Se podría invertir la colocación del adjetivo con respecto al sustantivo? En los casos en los que no se puede, ¿cuál creéis que es la razón?
- Si el adjetivo puede ir antes y después, buscad ejemplos de uso. ¿Hay una posición predominante?

5. SE CUMPLÍA EL MINUTO 10 CUANDO...

A. Vuelve a leer este fragmento de la crónica del partido entre Brasil y Alemania (actividad 3) y relaciona los verbos en imperfecto con sus usos.

Comenzó el partido Brasil con la intensidad que **acostumbraba** en cada partido, sin embargo, poco tardó Alemania en lanzar un par de contragolpes que serenaron el encuentro. **Se cumplía** el minuto 10 cuando un córner lo aprovechó Müller para escaparse de David Luiz y marcar a placer con la derecha en el segundo palo. Los nervios revolucionaron a Brasil, que **carecía** por completo de sentido de juego.

USO	EJEMPLO
Describir cualidades en el pasado.	....
Presentar acciones habituales en el pasado.	....
En textos periodísticos, presentar un hecho puntual pasado, que normalmente se expresaría en indefinido, para producir un efecto de "parar el tiempo".	....

B. Ahora, en parejas, escribid un texto periodístico de unas pocas líneas sobre un suceso que recordéis usando el imperfecto.

- una epidemia
- la final de algún torneo deportivo
- una gala de premios de cine, teatro, música...
- una cumbre internacional
- un evento de tu empresa

La Berlinale premiaba anoche, en su 72.ª edición, el talento y la naturalidad de Carla Simón. La cineasta catalana ganaba el Oso de Oro por su película Alcarràs y se convertía en la primera mujer española en recibir el máximo galardón del festival de cine alemán.

6. INTENCIONES /MÁS EJ. 5

A. Lee estos inicios de dos historias. En parejas, elegid uno y pensad cómo podría continuar. Luego, contádselo al resto de la clase.

B. Lee de nuevo los inicios de A y responde a estas preguntas.

- ¿Dónde se expresa, en cada una de las frases, una intención que no llega a cumplirse? ¿Cuál es el tiempo verbal que se usa para expresarla?
- ¿Dónde se expresa en cada frase la causa por la que no llega a cumplirse esa intención? ¿En qué caso esta causa se presenta como la descripción de una circunstancia y en cuál como un acontecimiento?

C. En las siguientes frases, algunas intenciones no llegaron a cumplirse. Complétalas de manera lógica. Luego, compara tus propuestas con las de otras personas de la clase. ¿Habéis usado los mismos tiempos?

1. iba a casarse con su novia, pero dos semanas antes de la boda Juan tuvo un accidente y tuvieron que posponerla.

2. Pensaba decirle que lo habían despedido, pero le surgió una emergencia familiar; total, que decidió decírselo otro día.

3. Ayer iba a llamar a mi madre, pero me llamaron del trabajo.

4. ...., pero ella enfermó y decidió ir solo.

7. ¿JUSTO A TIEMPO? /MÁS EJ. 6

A. Mira estos tres dibujos y relaciona cada uno de ellos con una de las frases de abajo.

1. Justo cuando salía de casa, se dio cuenta de que no había cogido las llaves.
2. Acababa de salir de casa, cuando se dio cuenta de que no había cogido las llaves.
3. Iba a salir de casa, cuando se dio cuenta de que no había cogido las llaves.

B. Lee estas situaciones descritas en distintos relatos y marca la opción correcta en cada caso.

1. Justo cuando llegaba en taxi al aeropuerto Úrsula se dio cuenta de que se había dejado el pasaporte en casa.

   - ◯ Se dio cuenta cuando aún estaba dentro del taxi.
   - ◯ Se dio cuenta cuando ya había salido del taxi.

2. Vio a la niña con la cámara justo cuando iba a borrar todas las fotos del verano.

   - ◯ Aún podía impedirlo.
   - ◯ Ya no podía impedirlo.

3. Acababan de firmar el contrato del piso y se dieron cuenta de que había un error en las fechas.

   - ◯ Firmaron un contrato que tenía un error.
   - ◯ No firmaron un contrato que tenía un error.

C. Describe algunas situaciones como las de B contando alguna experiencia tuya. Luego, compártelo con el resto de la clase.

8. LA LEYENDA DEL LAGO TITICACA /MÁS EJ. 7

A. MAP ALT Esta es la leyenda fundacional del Imperio inca, conocida como leyenda de Manco Cápac y Mama Ocllo o leyenda del lago Titicaca. Léela; luego cierra el libro e intenta resumirla en 50 palabras como máximo.

La leyenda de MANCO CÁPAC Y MAMA OCLLO

Cuenta la leyenda que antiguamente los hombres que habitaban la zona del lago Titicaca vivían como animales, desnudos, sin religión ni leyes, y sin cultivar la tierra.

El dios Inti (el Sol) **pidió** a sus hijos Manco Cápac y Mama Ocllo **que fueran** a civilizarlos y **que fundaran** un imperio que lo adorara.

Inti le dio a su hijo una vara de oro y le **ordenó que la usara** para buscar la tierra prometida. Para encontrarla, le **recomendó que hundiera** el bastón en los lugares por los que pasara hasta que encontrara un lugar donde se hundiera fácilmente. Ese sería el lugar idóneo para fundar un imperio.

Ese mismo día, Manco Cápac y su hermana salieron en busca de la tierra prometida. Caminaron mucho buscándola, pero no la encontraban, hasta que un día, en un valle rodeado de bellas montañas, la vara se hundió perfectamente en el suelo y, **entonces**, comprendieron que aquel era el lugar. Y allí fue donde fundaron Cusco, una ciudad que acabaría siendo el centro del Imperio inca y cuyo nombre significa "el ombligo del mundo".

Entonces, **pidieron** a los hombres **que acudieran** a esa ciudad. Estos, cuando los vieron vestidos con elegantes trajes luminosos, enseguida pensaron que eran dioses y los obedecieron. Allí Manco Cápac enseñó a los hombres a cultivar la tierra, a pescar, a construir viviendas... Su hermana y esposa, Mama Ocllo, enseñó a las mujeres a coser y a hacerse cargo de las labores domésticas. **Desde ese momento**, los hombres tuvieron una religión y conocieron las ciencias y las normas de convivencia en sociedad.

Y así fue como Manco Cápac y Mama Ocllo fundaron un imperio. **A partir de entonces**, sus descendientes fueron reyes: los emperadores del Imperio inca.

B. ¿Te ha gustado la leyenda? ¿Te recuerda a alguna otra que conozcas? Coméntalo con tus compañeros/as.

C. Fíjate en las expresiones marcadas en negrita. ¿Con qué tiempo verbal se transmiten las peticiones e instrucciones en los relatos de hechos pasados?

D. En los textos que narran sucesos se usan expresiones para referirse a la fecha o al momento en el que sucedieron. Fíjate en las que están marcadas en verde en la leyenda. ¿Entiendes qué expresan? ¿Cómo las traducirías a tu idioma?

E. En el texto aparece el conector **entonces** dos veces. ¿En qué caso tiene un valor únicamente temporal y en qué caso tiene también un valor de consecuencia?

LÉXICO RELACIONADO CON LA HISTORIA DE LAS CIUDADES

El nombre *'Uruguay'* ***procede de*** *la lengua aborigen guaraní, aunque existen varias versiones en torno a su significado.*

Bolivia ***debe su nombre a****l militar y político Simón Bolívar.*

La Casa Milà, también ***conocida con el nombre de*** *'La Pedrera',* ***fue construida / se construyó*** *entre los años 1906 y 1910.*

La torre de San Martín de Teruel, de estilo mudéjar, ***data de*** *1316.*

La fundación de Veracruz (México) ***se remonta a*** *1519.*

Trinidad, que ***fue fundada por*** *la Corona española en Cuba, probablemente a principios de 1514,* ***está situada en*** *la región central de la isla.*

La ciudad de Mérida ***se ubica en*** *la provincia de Badajoz (España). Según la tradición historiográfica,* ***fue fundada en*** *el año 25 a. C.*

En el centro de la Plaza de Mayo, la más antigua de Buenos Aires, ***se encuentra*** *la Pirámide de Mayo,* ***obra de****l artista Prilidiano.*

LÉXICO DEL ÁMBITO DEL DEPORTE

DEPORTE

PUNTUACIÓN Y RESULTADO

- el triunfo
- la victoria
- el empate
- la derrota
- el punto
- el gol
- el final

ACCIONES

- atacar
- remontar
- marcar
- anotar
- fallar
- ganar
- derrotar
- empatar

CATÁSTROFES Y FENÓMENOS NATURALES

un suceso — dramático, catastrófico

una catástrofe — nuclear, natural, aérea, ambiental, ecológica

originarse — un incendio, una explosión

declararse — un incendio, una pandemia

desplomarse — un edificio, un puente, el techo

VERBO	PARTICIPIO	SUSTANTIVO
arrollar	arrollado/a	el arrollamiento
conmocionar	conmocionado/a	la conmoción
desalojar	desalojado/a	el desalojo
desaparecer	desaparecido/a	la desaparición
desplomarse	desplomado/a	el desplome
destruir	destruido/a	la destrucción
evacuar	evacuado/a	la evacuación
fallecer	fallecido/a	el fallecimiento
morir	muerto/a	la muerte

HABLAR DE PERSONAJES Y ACONTECIMIENTOS HISTÓRICOS

legendario/a	irrepetible	extraordinario/a
mítico/a	decisivo/a	insólito/a
emblemático/a	crucial	histórico/a
inolvidable	clave	relevante

un hito — histórico, memorable, irrepetible, deportivo, científico, espacial

un hallazgo / un descubrimiento — histórico, determinante, insólito, extraordinario, científico, arqueológico

un personaje / una figura — **ilustre**

una obra / una jugada / una actuación — **magistral**

Gramática y comunicación

USOS DEL IMPERFECTO /MÁS EJ. 8-11 P. 176-178

Cuando relatamos acciones pasadas, en español podemos elegir entre varios tiempos verbales. Esto no depende tanto de cuándo ocurrieron los hechos que se cuentan, sino de cómo se construye el relato y del punto de vista que queramos adoptar.

Los principales usos del imperfecto son:

- Describir cualidades en el pasado.

*Hace pocos años, el barrio **era** mucho más tranquilo.*

- Presentar acciones como habituales en una etapa del pasado.

*De pequeña, **pasaba** los veranos en Francia, en casa de mis abuelos.*

- Describir la situación en torno a unos acontecimientos que relatamos (normalmente en pretérito indefinido o en pretérito perfecto). Solemos describir cosas como la fecha, la hora, el lugar, el estado o el aspecto de las personas, el ambiente, etc.

SITUACIÓN	ACCIÓN
***Estaba** en la cocina*	*y oí un ruido que venía de la escalera.*
***Estaba** tan cansado*	*que no he oído el despertador.*

- Referirnos a acciones que se interrumpen durante su desarrollo.

***Salía** de la oficina, pero llamó una clienta importante y me tuve que quedar una hora más.* (No salí).

- Expresar la intención de llevar a cabo una acción que finalmente no llega a tener lugar. Habitualmente lo hacemos mediante verbos como **pensar**, **querer** o **ir a** + infinitivo.

***Pensaba** ir al cine, pero me llamó Pablo y me fui a cenar con él.*

*Este fin de semana **queríamos** ir de excursión, pero ayer se nos estropeó el coche y no vamos a poder ir.*

***Iba a** ir a la sierra la semana que viene, pero, como mi novia no puede ir, me quedaré en casa.*

- En textos periodísticos y literarios, a veces se usa el imperfecto para presentar un hecho puntual pasado (que normalmente se expresaría en indefinido o pretérito perfecto) para "detener el tiempo" y poner un énfasis especial en esa acción.

*En el minuto 5 de la primera parte, Martínez **recibía** un pase de Roig y **marcaba** el primer gol.*

USOS DEL GERUNDIO /MÁS EJ. 12-13 P. 172

El gerundio puede expresar simultaneidad entre acciones.

*Me lo dijo **yendo** por la calle* (= mientras íbamos por la calle).

*Yo no puedo trabajar **escuchando** música: me distrae* (= mientras escucho música).

! Son incorrectas las frases en las que el gerundio expresa posterioridad: ~~*Abrió la carta, leyéndola*~~. *Abrió la carta y la leyó.*

PRECISAR CUÁNDO SUCEDE UNA ACCIÓN P. 170-171

JUSTO EN AQUEL MOMENTO / JUSTO ESE DÍA...

Justo aporta un sentido de mayor precisión a otros indicadores de tiempo.

Se dio cuenta de que no tenía las llaves.
En aquel momento se dio cuenta de que no tenía las llaves.
***Justo** en aquel momento se dio cuenta de que no tenía las llaves.*

A veces, **justo** añade un matiz que intensifica lo oportuno o lo inoportuno de un acontecimiento.

*El otro día, en el trabajo, salí un momento y **justo** ese día vino la inspectora. ¡Qué rabia!* (No era un buen día).

REFERENCIAS A MOMENTOS YA MENCIONADOS

Aquel día fue inolvidable.
Todo el mundo recordará **aquella jornada** histórica.
En esa ocasión, el vencedor fue el equipo argentino.
En aquel momento, llegó la policía y lo descubrió todo.
A partir de aquel instante, todo cambió entre los dos Gobiernos.
Hasta ese día, no supo nada de su hermano.
A esas alturas, las negociaciones estaban ya muy avanzadas.

ENTONCES P. 171

*Estábamos comiendo tan tranquilos y, **entonces**, entró Marcos dando gritos como un loco.* (VALOR TEMPORAL)

*Ana y yo trabajábamos juntos y nos llevábamos muy bien. **Entonces**, un día decidí invitarla a ir al cine y empezamos a salir.* (VALOR TEMPORAL Y CONSECUTIVO)

! A veces, **entonces** no establece una relación temporal, sino que añade una nueva información consecuencia de la anterior.

- *Tengo que ir a centro, pero hoy hay huelga de autobuses.*
- ***Entonces** llévate mi coche.*

COLOCACIÓN DE LOS ADJETIVOS

/MÁS EJ. 14-15 P. 160

Los adjetivos suelen colocarse después del sustantivo. Los que tienen un sentido clasificador o especificativo (es decir, la característica expresada sirve para diferenciar el sustantivo de otros que pertenecen a clases diferentes) van siempre pospuestos. Esto ocurre con los que expresan procedencia, forma, tipo y color:

un escritor ***español*** → ~~un español escritor~~

el queso ***manchego*** → ~~el manchego queso~~

una catástrofe ***medioambiental*** → ~~una medioambiental catástrofe~~

unos zapatos ***rojos*** → ~~unos rojos zapatos~~

un concurso ***literario*** → ~~un literario concurso~~

una mesa ***cuadrada*** → ~~una cuadrada mesa~~

Sin embargo, algunos adjetivos pueden colocarse antes o después. La posición varía en función del tipo de adjetivo y del sentido que se le quiera dar a la oración. Esa doble posición es posible con aquellos adjetivos que tienen sentido caracterizador o explicativo (expresan una característica del sustantivo). En esos casos se percibe un cambio de registro. El adjetivo antepuesto corresponde a un registro culto, a un tipo de expresión más personal y subjetiva.

... un ***extraordinario*** *gol de Fernanda Suárez.*

→ *Fernanda Suárez metió un gol extraordinario.*

... su ***impresionante*** *fuerza en el escenario.*

→ *Cuando actúa, tiene una fuerza extraordinaria.*

A veces, el cambio de posición puede aportar matices de sentido.

Es un ***gran*** *coche.* (Hablamos del valor, del aprecio que sentimos).

Es un coche ***grande***. (Hablamos del tamaño del coche).

! Con algunos adjetivos, el contraste de sentido según la posición es tan grande que incluso puede decirse que el significado cambia.

un ***pobre*** *hombre* (= un hombre con poca suerte, que inspira pena)
un hombre ***pobre*** (= un hombre con poco dinero)

una ***auténtica*** *pesadilla* (sentido intensificador: grave, triste...)
un Picasso ***auténtico*** (= la identidad del autor del cuadro está certificada, no se trata de una falsificación)

Los adjetivos que expresan una propiedad relativa (como orden o cantidad) admiten la doble posición, aunque es frecuente la anteposición.

La vez ***primera*** */ La* ***primera*** *vez*

! Algunos adjetivos cambian de forma según su posición con respecto al sustantivo.

ANTES	*buen*	*gran*	*mal*	*cualquier*	*primer*
DESPUÉS	*bueno*	*grande*	*malo*	*cualquiera*	*primero*

DISCURSO REFERIDO /MÁS EJ. 20

P. 190-192

En las narraciones de sucesos, con frecuencia incluimos frases que dijeron las personas relacionadas con los hechos.

Se perdieron por la montaña, pero afortunadamente consiguieron llamar con el móvil y pidieron que los fueran a rescatar.

En los relatos de hechos pasados, las peticiones, instrucciones, invitaciones, etc., suelen referirse en imperfecto de subjuntivo.

Atención: desalojen el edificio inmediatamente.

→ *La jefa de la brigada ordenó que* ***se desalojara*** *el edificio.*

Queremos que se respeten los horarios pactados.

→ *Las trabajadoras reclamaron que* ***se respetaran*** *los horarios pactados.*

Cuando transmitimos lo dicho por alguien, no solemos repetir exactamente sus mismas palabras, sino que comunicamos lo esencial del mensaje.

ENUNCIADO ORIGINAL	DISCURSO REFERIDO
¿Me compras el periódico? *¿Puedes comprarme el periódico?* *Cómprame el periódico, por favor.* *Necesito que me compres el periódico.* *¿Te importaría comprarme el periódico?*	***Me pidió que le comprara*** *el periódico.*

En los textos periodísticos y literarios, para introducir las palabras de otra persona, se usan diferentes verbos para evitar repetir **decir**.

aclarar	declarar	manifestar
afirmar	destacar	negar
agradecer	exponer	precisar
anunciar	expresar	prometer
asegurar	insistir	rechazar

La jefa de prensa ***afirmó*** *que la empresa había obtenido unos resultados excelentes.*

! Cuando el contexto espacio-temporal es diferente al del momento en el que se dijo el texto original, numerosos elementos deben cambiar.

Venid *sobre las nueve y media.*
→ *Nos pidió que* ***fuéramos*** *sobre las nueve y media.*

Traed *algo para beber. Yo pondré el postre.*
→ *Nos pidió que* ***lleváramos*** *bebida, que él pondría el postre.*

¿Te gusta vivir ***aquí****?*
→ *Me preguntó si me gustaba vivir* ***allí****.*

Practicar y comunicar

9. CON LA A

A. Entre toda la clase, poned ejemplos para cada una de estas categorías.

- un animal doméstico
- un instrumento musical
- un medio de transporte
- un/a deportista legendario/a
- un ave rapaz
- un objeto punzante

B. 06 ALT Escucha estos fragmentos de un concurso que consiste en adivinar, a partir de una definición, una palabra que empieza o contiene determinada letra del alfabeto. ¿Sabes a qué se refieren en cada caso? Comentadlo en grupos de tres.

- *Yo creo que es...*

C. Haced el concurso en clase. En grupos, preparad cinco definiciones y luego leédselas a otro/s grupo/s. Podéis elegir algunas de las categorías de A o pensar en otras.

Con la A: apellido de la prolífica escritora chilena autora de La casa de los espíritus, Paula o Violeta.
Empieza por C: peligroso animal con escamas y grandes mandíbulas que suele vivir en zonas tropicales.
D: pequeño objeto muy utilizado en juegos de mesa y que cabe en la palma de la mano.

10. UN ELEFANTE ROSA COMÍA EN EL SALÓN

A. En una web sobre escritura creativa han publicado algunos consejos para escribir microrrelatos (relatos muy breves). Léelos y luego lee el microrrelato de Alberto Piernas Medina. ¿Se cumplen las claves que da la página web? Coméntalo con otras personas de la clase.

CLAVES PARA ESCRIBIR UN MICRORRELATO

1. Sorprender. Ese debe ser siempre el objetivo.
2. Evitar que pase mucho tiempo entre el inicio y el final de la historia.
3. Contar solo lo esencial. Cada palabra cuenta.
4. Pocos personajes (nunca más de tres) y un escenario o dos.
5. El título es importante. No resume la historia, pero sí es parte de ella.
6. El principio es importante para ubicar rápidamente al lector, pero lo primordial es el final, que debe ser sorprendente.

B. Ahora escribe las dos primeras frases de un microrrelato.

C. En grupos vais a escribir un microrrelato. Poned en común las frases que habéis escrito en el apartado B, elegid las más sugerentes, modificadlas si es necesario y cread un relato siguiendo las claves de A. Luego, compartidlo con el resto de la clase.

11. EVENTOS /MÁS EJ. 16-19

A. ¿Hay algún evento que hayas vivido y que recuerdes especialmente? ¿Podrías escribir una crónica sobre él? Primero, prepara lo que vas a decir.

- Qué tipo de evento: una competición deportiva, una boda, un concierto, una manifestación, una fiesta...
- Palabras que vas a necesitar
- Cuándo, dónde, quién
- Qué pasó
- Declaraciones de las personas implicadas, valoraciones, conclusión

Evento: la manifestación global contra el cambio climático.
Palabras: manifestante, protesta, marcha, convocar, marea, calentamiento global...

B. Cuéntale a otra persona de la clase lo que has anotado en A. Tu compañero/a te hará preguntas para que la crónica sea lo más completa posible.

- *Quiero hablar de una manifestación contra el cambio climático en Nueva York a la que fui. Había mucha gente, más de 300 000 personas.*
- *¿Cuándo fue? ¿Y en qué zona de la ciudad?*

C. Ahora escribe la crónica. Después lee y valora la de tu compañero/a. Ten en cuenta estos criterios.

Para evaluar

→ ¿Está claro de qué tipo de evento se trata, cuándo ocurrió y dónde?
→ ¿Se entiende bien qué pasó?
→ ¿Se narran los acontecimientos respetando la cronología de los hechos?
→ ¿Usa palabras adecuadas al registro?
→ ¿Se usan los tiempos verbales adecuadamente?
→ ¿Hay riqueza de adjetivos? ¿Están bien combinados con los sustantivos a los que acompañan?
→ Si hay declaraciones, ¿están bien transmitidas?

12. UN VIDEORREPORTAJE

A. Vais a grabar un vídeo dedicado a un tema relacionado con la ciudad donde estáis estudiando español. Formad grupos y elegid qué tema os parece más interesante: un barrio, una calle, un personaje histórico, un lugar emblemático (un monumento, un edificio, una universidad...).

- *¿De qué podemos hablar? La Trinity College es un lugar emblemático y existen algunas leyendas sobre la universidad...*
- *También podemos hablar de algún escritor, de James Joyce o de Oscar Wilde.*
- *A mí me parece buena idea hacer el reportaje sobre Oscar Wilde. Podemos ir al parque y grabar su estatua y también su casa natal.*

B. Decidid cuál va a ser el formato del reportaje y buscad la información que necesitéis. Tened en cuenta que el vídeo durará como máximo 10 minutos.

¿Qué vais a contar relacionado con el tema?
- Una historia
- Un descubrimiento
- Una leyenda

¿Qué personas pueden participar?
- Un/a presentador/a
- Una persona que muestra el lugar

¿Qué estructura va a tener?
- Una presentación del tema
- Entrevistas
- Una visita al lugar

C. Redactad el guion del reportaje y decidid qué rol va a desempeñar cada estudiante.

D. Ahora lo vais a grabar con vuestro móvil o tableta.

E. Ved los vídeos de los otros grupos y anotad preguntas o comentarios para hacerles.

13. TU EDIFICIO FAVORITO

ANTES DE VER EL VÍDEO

A. Vas a ver el inicio de un reportaje sobre dos edificios de la ciudad de San Sebastián, en España. Investiga en internet cuáles son los más emblemáticos y busca imágenes.

B. Comparte con otras personas de la clase las imágenes y la información que has encontrado en A. ¿Cómo diríais que es la ciudad? Si la has visitado, explica qué impresión te causó.

VEMOS EL VÍDEO

C. ▶ 3 Ve el vídeo hasta el minuto 01:12. ¿Cuál es el origen del nombre de cada uno de los edificios? ¿Qué relación había entre las dos mujeres que les dan nombre?

D. ▶ 3 Sigue viendo el vídeo hasta el minuto 01:55. ¿Qué relación establece el entrevistado entre los dos edificios y el turismo?

E. ▶ 3 Ahora ve hasta el minuto 03:29. ¿Qué relación tiene el director del Festival Internacional de Cine de San Sebastián, José Luis Rebordinos, con el Teatro Victoria Eugenia?

F. ▶ 3 Termina de ver el fragmento del reportaje y responde a estas preguntas.

- ¿Por qué se construyeron los dos edificios? ¿Cuándo se inauguraron?
- ¿Cómo ha cambiado la zona en la que se encuentran los dos edificios desde su inauguración?
- ¿Qué se dice en el vídeo sobre el diseño y la construcción de los dos edificios?

DESPUÉS DE VER EL VÍDEO

G. Busca en internet qué relación tienen con el Festival Internacional de Cine de San Sebastián los dos edificios presentados en el reportaje.

4 ANTES DE QUE SEA TARDE

AUDIOS, VÍDEOS, DOCUMENTOS ALTERNATIVOS, ETC., DISPONIBLES EN **campusdifusión**

EN ESTA UNIDAD VAMOS A

CREAR UNA CAMPAÑA DE CONCIENCIACIÓN SOCIAL SOBRE ALGÚN PROBLEMA MEDIOAMBIENTAL

RECURSOS COMUNICATIVOS

- hacer predicciones sobre el futuro
- analizar y exponer problemas relacionados con el medioambiente (sus causas y sus consecuencias)
- cohesionar textos

RECURSOS GRAMATICALES

- el futuro compuesto
- construcciones temporales con **mientras**, **hasta (que)**, **en cuanto**, **antes de (que)**, **después de (que)**
- recursos para cohesionar textos

RECURSOS LÉXICOS

- medioambiente
- recursos para cohesionar textos: uso de sinónimos, hiperónimos, hipónimos…
- nominalización

Empezar

1. CONTAMINACIÓN

A. Mira la imagen y describe lo que ves. ¿Qué crees que ha sucedido? Comentadlo en grupos.

B. La imagen es del desastre medioambiental del Prestige. En parejas, buscad información sobre lo que sucedió. Luego, compartid en clase lo que habéis encontrado. ¿Conocéis otros casos parecidos más recientes?

C. En grupos, haced un mapa conceptual con palabras y expresiones relacionadas con la contaminación.

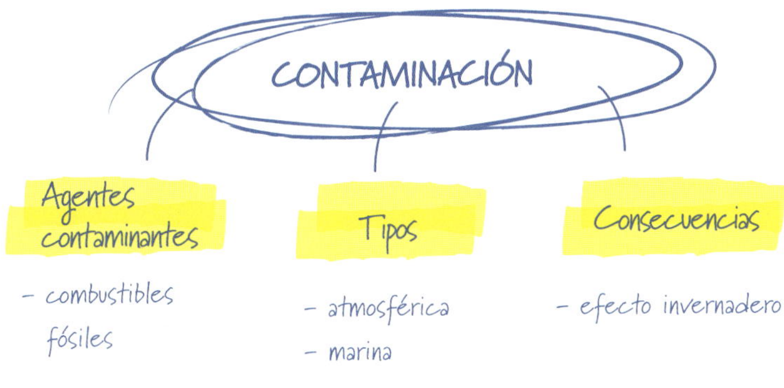

D. ¿Habéis realizado alguna vez un voluntariado relacionado con el medioambiente? ¿En qué consistía?

2. LA CIUDAD DEL CUARTO DE HORA

A. ¿Cómo te desplazas tú en tu ciudad? ¿Cuánto duran esos desplazamientos? ¿Tienes todo lo que necesitas a un cuarto de hora de tu casa? ¿Te gustaría tenerlo?

B. MAP Lee el artículo y contesta a estas preguntas. Comentad las respuestas en grupos.

- ¿En qué consiste el modelo de la ciudad de los 15 minutos?
- ¿Cuáles pueden ser los beneficios de este tipo de modelo de ciudad?
- Expresa con tus propias palabras qué medidas tienen que tomar las administraciones que quieran adoptar este modelo urbano.

MEDIOAMBIENTE

REPENSAR LA VIDA URBANA

En las grandes ciudades se producen miles de desplazamientos diarios en coche privado, que saturan las calles y provocan altos niveles de contaminación ambiental, además de generar un gran estrés en las personas que viven en ellas. Por eso, reducir la movilidad y repensar la ciudad en términos de proximidad se ha convertido en un objetivo de muchos municipios.

LA CIUDAD DE LOS 15 MINUTOS

El urbanista colombiano Carlos Moreno, asesor de la alcaldesa de París, es el autor de una propuesta que está dando mucho que hablar, especialmente después de la pandemia de covid-19. Se trata de la ciudad de los 15 minutos, un nuevo modelo urbano en el que todos los ciudadanos tendrían a 15 minutos andando, en bicicleta o en transporte público todos los servicios que necesitan en su día a día: trabajo, escuela, tiendas, centros de salud, lugares de ocio, zonas verdes...

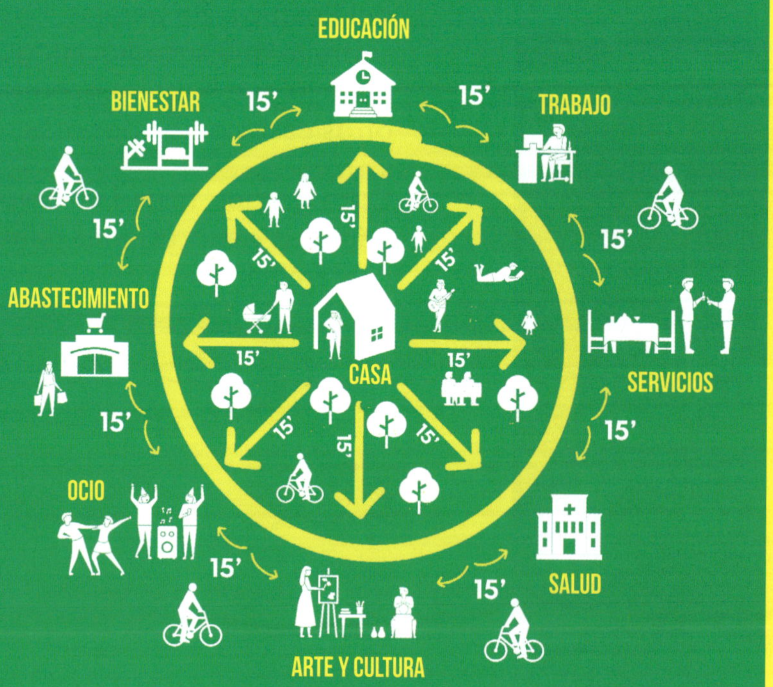

¿CÓMO LOGRARLO?

Pero para lograrlo es necesario que las administraciones tomen varias medidas. Estas son algunas de ellas:

- Ofrecer alternativas a los desplazamientos en coche: facilitar el uso de la bicicleta y aumentar la frecuencia del transporte urbano.
- Fomentar la creación de negocios de proximidad, especialmente en los barrios que cuentan actualmente con menos servicios. Para ello, el ayuntamiento puede alquilar edificios que son de su propiedad a empresas (librerías, tiendas, empresas culturales...) a precios más asequibles.
- Ganar espacio para los peatones. Para ello, es imprescindible que haya más zonas peatonales restringidas al tráfico.
- La transformación de edificios monofuncionales en edificios multifuncionales, que puedan servir para varias actividades.

C. ¿En tu ciudad o en otras que conoces se están tomando algunas de las medidas mencionadas en el artículo u otras parecidas? ¿Cuáles? ¿Hay alguna que no te parezca bien? ¿Por qué?

3. ¿CONTAMINAN LOS VEHÍCULOS ELÉCTRICOS? /MÁS EJ. 1

A. Cada vez se utilizan más vehículos eléctricos en todo el mundo. Aquí tienes algunas opiniones sobre ellos. ¿Estás de acuerdo? ¿Qué información tienes tú al respecto? Coméntalo con otra persona de la clase.

1. Fabricar baterías es más caro que extraer petróleo porque se necesita más materia prima.
2. La electricidad necesaria para que los coches eléctricos funcionen también contamina.
3. Las baterías son muy contaminantes.
4. Cuando las baterías de los vehículos ya no rinden, hay que tirarlas y eso genera muchos residuos.
5. En muchos países las baterías se importan. Eso genera costes y, además, el transporte contamina.
6. En una mina de litio se produce una gran contaminación medioambiental.

B. 07 Vas a escuchar una grabación basada en una entrevista de radio a Carlos Sánchez Criado, un experto en movilidad eléctrica. ¿Qué datos aporta para matizar o argumentar en contra de las opiniones de A? Toma notas.

4. LA BASURA MARINA /MÁS EJ. 2-3

A. 4 Vas a ver una campaña de concienciación sobre el impacto que tiene la acumulación de basura en el mar. Ve el vídeo y anota la información que da.

- descripción y causas
- impacto medioambiental
- datos y cifras
- qué se puede hacer para combatir este problema

B. ¿Qué te parecen las diez claves que se dan en el vídeo? ¿Añadirías otras? ¿Hay algún aspecto en el que tendrías que mejorar tu actuación? Coméntalo en clase.

Construimos el léxico

A. Buscad en las transcripciones de la grabación de la actividad 3 y del vídeo de la actividad 4 con qué palabras se combinan estos verbos para hablar de medioambiente.

reducir | reciclar | emitir | producir | prevenir | generar

B. CORPUS Buscad esos verbos en el CORPES XXI (en campusdifusión tienes las instrucciones). Añadid las combinaciones que encontréis relacionadas con el medioambiente.

Explorar y reflexionar

5. CUANDO SE HICIERON CAMPAÑAS /MÁS EJ. 4

A. En parejas, relacionad las frases de la izquierda con su continuación más lógica. A veces existen varias combinaciones.

1. La gente empieza a reciclar más	**a. cuando** se hagan campañas en las escuelas.
2. La gente empezará a reciclar más	**b. cuando** se hacen campañas en las escuelas.
3. La gente empezó a reciclar más	**c. cuando** se hicieron campañas en las escuelas.
4. No se puede usar el coche	**a. hasta que** bajan los índices de contaminación atmosférica.
5. No se podrá usar el coche	**b. hasta que** bajen los índices de contaminación atmosférica.
6. No se pudo usar el coche	**c. hasta que** bajaron los índices de contaminación atmosférica.
7. Hay que permanecer en casa	**a. mientras** duren las fuertes lluvias.
8. Habrá que permanecer en casa	**b. mientras** duraron las fuertes lluvias.
9. Hubo que permanecer en casa	**c. mientras** duran las fuertes lluvias.
10. La contaminación del aire en las ciudades desciende	**a. en cuanto** se toman medidas como la prohibición de entrar en el centro urbano en coche.
11. La contaminación del aire en las ciudades descenderá	**b. en cuanto** se tomen medidas como la prohibición de entrar en el centro urbano en coche.
12. La contaminación del aire en las ciudades descendía	**c. en cuanto** se tomaban medidas como la prohibición de entrar en el centro urbano en coche.

B. Ahora, fíjate en las frases temporales de la columna de la derecha en el apartado A y contesta a estas preguntas.

- ¿En cuáles hablamos del presente habitual? ¿Con qué tiempo verbal?
- ¿En cuáles hablamos del futuro? ¿Con qué tiempos verbales?
- ¿En cuáles hablamos del pasado? ¿Con qué tiempos verbales?
- ¿Qué conector tiene un matiz de inmediatez?

C. En parejas, preparad en cada caso tres inicios de frases usando los siguientes elementos. Luego, otra pareja tiene que escribir las continuaciones.

1. accidentes de tráfico • **disminuir** • **en cuanto**
2. salud pública • **mejorar** • **cuando**
3. residuos • **reducir** • **hasta que**
4. nivel del mar • **seguir subiendo** • **mientras**

Los accidentes de tráfico disminuyeron en cuanto...
Los accidentes de tráfico disminuyen en cuanto...
Los accidentes de tráfico disminuirán en cuanto...

6. UN INCENDIO /MÁS EJ. 5

A. MAP ALT Lee la siguiente noticia sobre un incendio y contesta las preguntas.

- ¿Quién o qué provocó el accidente? • ¿Hubo personas heridas? • ¿Se ha extinguido el incendio? ¿Cómo?

Accidente con incendio en Castejuelo del Campo

JORGE MARTÍNEZ, Castejuelo del Campo

Hacia las 3 h de la madrugada pasada se declaró un incendio en Castejuelo del Campo. Al parecer, el fuego se inició en un coche que sufrió un accidente en la carretera comarcal K-233. El vehículo chocó contra un árbol y, **antes de que** el conductor pudiera evitarlo, el motor prendió fuego. Afortunadamente, las llamas comenzaron **después de que** el único ocupante del turismo lograra salir por su propio pie del interior del automóvil. El incendio se propagó rápidamente y alcanzó una zona boscosa de difícil acceso.

Un dispositivo del cuerpo municipal de bomberos de Castejuelo, alertado por el propio accidentado, se dirigió al lugar del siniestro, pero, **antes de** llegar, sufrió una grave avería, lo que obligó a acudir a los bomberos de la cercana localidad de Pinilla. Las condiciones meteorológicas, sin embargo, fueron favorables a la extinción: el viento era casi inexistente y, poco **después de** llegar la dotación de bomberos de Pinilla, una fuerte lluvia ayudó a que el fuego no se propagara. Esta madrugada, antes de la salida del sol, se dio por extinguido el incendio.

El ministro de Agricultura, Alimentación y Medioambiente ha pedido la colaboración de todos, ya que, según ha dicho, "debemos ser prudentes y actuar **antes de que** se produzcan incendios de gran gravedad, como los del año pasado".

B. Subraya en la noticia las palabras y expresiones relacionadas con los incendios. Luego, ponlo en común con el resto de la clase. ¿Entendéis qué significan?

prendió fuego (prender fuego)

C. Fíjate en las estructuras destacadas en negrita. ¿Qué tiempos verbales las acompañan?

D. ¿Sabías que en España los incendios representan un grave problema medioambiental? ¿Pasa lo mismo en tu país? ¿Qué medidas se pueden tomar para evitarlos?

7. UNA AMENAZA PARA EL MEDIOAMBIENTE /MÁS EJ. 6-7

A. MAP Lee el texto y comenta estas cuestiones con tus compañeros/as.

- ¿Por qué la ganadería es una amenaza para el medioambiente según el artículo?
- ¿Qué soluciones propone el texto? ¿Qué otras se te ocurren para ese problema?
- ¿Conoces a vegetarianos/as que lo son por este motivo?
- ¿Qué piensas tú sobre el asunto? ¿Te convence lo que dice el artículo? ¿Harías lo que propone?
- ¿En tu país existe algún debate sobre esta cuestión?

Comer carne, un peligro para el medioambiente

¿Sabíais que un bistec de 170 gramos consume unas 16 veces más energía de combustibles fósiles que un plato de verdura y cereales? Parece increíble, pero es así. Y es que la ganadería contamina. Así lo afirma un informe de la FAO, según el cual el sector ganadero contamina un 18 % más que el del transporte.

El **citado** informe es el resultado de un estudio en el que se calcularon las emisiones generadas en cada paso de la cadena de producción cárnica: la fabricación de piensos, la cría animal, la preparación de productos animales y el transporte de **dichos** productos. Y resulta que **esta actividad económica** genera el 65 % del óxido nitroso de origen humano, que interviene en el calentamiento global de la Tierra (gran parte de ese gas proviene del estiércol), y produce el 64 % del amoníaco, que contribuye a la lluvia ácida.

La crianza de animales provoca problemas medioambientales graves. Aparte del calentamiento global, tiene efectos negativos sobre la Tierra, ya que más de un 30 % de su superficie está destinada a pastizales y se prevé que esa cifra aumente. De hecho, esa es una de las principales causas de la deforestación (¡el 7 % de los bosques de América Latina ha desaparecido en los últimos años por destinar las tierras a pastos!). Además, en las zonas más áridas, esas tierras destinadas a la ganadería a menudo están degradadas. Todo eso pone en peligro la biodiversidad, ya que un gran número de especies silvestres propias de las tierras ahora destinadas a **pastizales** ha desaparecido.

Lo mismo ocurre en los ecosistemas marinos, cuya biodiversidad está en peligro debido, en gran parte, a la contaminación por fósforo y nitrógeno que produce la ganadería. Y es que, según la FAO, **las actividades pecuarias** también contaminan el agua y agravan el problema de la escasez de recursos hídricos. Pensemos en la cantidad de agua destinada a la producción de pienso y al ganado.

¿Qué podemos hacer en **tales** circunstancias? La FAO advierte del gran peligro que esto supone para el medioambiente y sugiere algunas medidas para solucionar el problema. Pero muchas de ellas dependen de decisiones políticas en las que poco podemos intervenir. Sin embargo, sí podemos reducir el consumo de carne e incluso eliminarla de nuestra dieta. En este momento, en el que la FAO prevé que la producción mundial de carne llegará a 465 millones de toneladas en 2050, el vegetarianismo se convierte en una medida necesaria para proteger el planeta.

B. Fíjate en las palabras marcadas en negrita en el texto de A y contesta a las preguntas.

- ¿Cuáles son sinónimos de otras palabras que aparecen anteriormente en el texto? ¿A qué palabras equivalen en cada caso?
- ¿Cuáles sirven para señalar que el sustantivo que las sigue se refiere a algo que ya ha sido citado anteriormente?

C. ¿Qué otras palabras del texto de A sirven para referirse a cosas citadas anteriormente?

8. EN 2070, SE HABRÁ FUNDIDO EL HIELO DEL ÁRTICO /MÁS EJ. 8

A. En grupos, haced predicciones sobre el futuro relacionadas con estos temas.

- el Polo Norte
- los vehículos de combustibles fósiles
- las plantas y los animales del planeta
- el envejecimiento de las personas

B. 08-11 Vais a escuchar a algunas personas hablando de los temas de A. ¿Qué predicciones hacen? ¿Os parecen probables? Comentadlo en clase.

C. Fíjate en estas frases de la transcripción del audio de B. Los verbos marcados en negrita están en futuro compuesto y los verbos subrayados, en futuro simple. ¿Entiendes qué expresa el futuro compuesto? ¿Y cómo se forma? Comentadlo en grupos.

1. En 2070, **se habrá fundido** el hielo de los casquetes polares.
2. El nivel del mar crecerá unos dos centímetros desde ahora hasta 2050.
3. En 2070, **habremos dejado de usar** coches que funcionan con combustibles fósiles.
4. En 2035, se dejarán de vender en Europa los coches de combustión, pero no en todo el mundo.
5. Yo creo que se **habrá logrado** derrotar al envejecimiento.
6. Habrá más gente mayor de 65 años y quizás parecerán más jóvenes que los mayores de ahora.
7. Yo he leído que al menos dos de cada diez plantas y animales **se habrán extinguido**.

D. En grupos, haced otras predicciones para el futuro usando el futuro compuesto. Luego, leedlas a los otros grupos. ¿Os parecen probables? Aquí tenéis algunas ideas de temas.

- el consumo de alimentos
- los recursos naturales de otros planetas
- las energías limpias
- los bosques y los mares
- el agotamiento de los recursos naturales
- la población en las ciudades
- las enfermedades y las epidemias

- *Creemos que en 2070 habremos dejado de comer carne.*
- *¿Sí? Yo creo que habrá mucha más gente vegetariana, pero...*

9. LA ESCASEZ DE PRODUCCIÓN Y SU VIABILIDAD /MÁS EJ. 9

A. En los lenguajes técnico y divulgativo es frecuente sintetizar ideas gracias a la sustantivación. Fíjate en el ejemplo y reescribe las frases sin usar los sustantivos en negrita.

1. La **escasez de** alimentos provoca una **subida de** los precios.
Los alimentos son escasos; eso hace que los precios suban.
2. El **crecimiento de** la población dificulta la **recuperación de** las zonas naturales.
3. La **viabilidad de**l proyecto depende de la **aprobación de** la ley.
4. La **respuesta de** las ONG a algunos problemas suele ser más rápida gracias a su **flexibilidad**.
5. La **rapidez de** la respuesta ante el fuego es esencial para evitar la **quema de** grandes extensiones.
6. La **realización de** este estudio ha sido muy costosa.

B. Ahora, completa este cuadro con los sustantivos, verbos y adjetivos correspondientes.

VERBO	SUSTANTIVO DE PROCESO / ACCIÓN
	la realización
	la subida
	la quema
crecer	
cambiar	
	la decisión
actuar	
suprimir	
	el aumento
	el reciclaje

ADJETIVO	SUSTANTIVO DE CUALIDAD / PROPIEDAD
viable	
	la flexibilidad
rápido/a	
escaso/a	
capaz	
	la regularidad
	la certeza
	la hondura
alto/a	
bello/a	

C. Haz una lista de palabras formadas con los siguientes sufijos y escribe de qué género son y de qué palabra derivan. Puedes buscarlas en los textos de las actividades 2, 6 y 7.

SUSTANTIVOS QUE DERIVAN DE VERBOS	SUSTANTIVOS QUE DERIVAN DE ADJETIVOS
-ción (femenino): producción – producir...	-idad:
-sión:	-ez:
-aje:	-eza:
-miento:	-ura:
-ida:	

MEDIOAMBIENTE /MÁS EJ. 10

- contaminación: atmosférica / acústica / del agua
- energía: renovable / eléctrica / nuclear
- desastre / daño: medioambiental
- escasez de: agua / alimentos / recursos
- vertido de: petróleo / aguas residuales
- patinete / vehículo: eléctrico
- calentamiento: global
- cambio: climático
- incendio: forestal / intencionado
- gastar ≠ ahorrar: energía / dinero / agua
- proteger / cuidar: el planeta
- provocar: un incendio / enfermedades / problemas medioambientales
- generar: emisiones / residuos
- extinguir(se): un incendio / una especie
- poner en peligro / dañar: la biodiversidad / la salud / el planeta
- reciclar: baterías / plástico / residuos / papel

NOMINALIZACIÓN /MÁS EJ. 11-15

NOMBRES DERIVADOS DE VERBOS

Estos nombres pueden sustituir a una frase en la que la acción es la designada por el verbo de origen. Muchos sustantivos se forman a partir de verbos añadiendo un sufijo a su raíz. Los más frecuentes son los siguientes.

-CIÓN / -CCIÓN / -SIÓN

***La actuación** de los equipos sanitarios tras el accidente fue enormemente eficaz.* (Los equipos sanitarios actuaron muy eficazmente tras el accidente).

Los sustantivos terminados en **-ción** / **-cción** / **-sión** son femeninos y normalmente indican el proceso o el resultado de una acción.

fabricar → **la fabricación** reducir → **la reducción**
prohibir → **la prohibición** decidir → **la decisión**

-ADO / -ADA / -IDO / -IDA

***El etiquetado** de los productos alimenticios debería estar más controlado.* (Los productos alimenticios se etiquetan sin el suficiente control).

envasar → **el envasado** verter → **el vertido**
retirar → **la retirada** salir → **la salida**

-MIENTO

***El descubrimiento** de nuevas enfermedades que afectan a los bosques es una señal de la degradación del medio.* (Se descubren nuevas enfermedades que afectan a los bosques...).

levantar → **el levantamiento**

! A veces, el sustantivo presenta algún cambio con respecto al verbo.
disolver → **la disolución** pedir → **la petición**
inscribir → **la inscripción** crecer → **el crecimiento**

-AJE

***El reciclaje** del papel permite ahorrar grandes cantidades de agua.* (Reciclar permite ahorrar grandes cantidades de agua).

drenar → **el drenaje** embalar → **el embalaje**

! Otros sustantivos emparentados con verbos no presentan los sufijos anteriores: consumir → **el consumo**, cultivar → **el cultivo**, transportar → **el transporte**, quemar → **la quema**, usar → **el uso**.

NOMBRES DERIVADOS DE ADJETIVOS

Estos nombres pueden sustituir a una frase en la que se expresa una cualidad (en general, frases con **ser** y **estar**).

-EZ / -EZA

*Parece que las administraciones no son sensibles a **la belleza** de nuestros paisajes naturales.* (Nuestros paisajes naturales son bellos).

cálido → **la calidez** escaso → **la escasez** firme → **la firmeza**

-URA

***La altura** de aquellos árboles indica que el bosque es muy antiguo.* (Aquellos árboles son más o menos altos).

fino → **la finura** hondo → **la hondura**

-IDAD

*Nuestros ríos dependen de nuestra **capacidad** para defenderlos.* (Somos capaces de defenderlos o no).

oscuro → **la oscuridad** regular → **la regularidad**

CONSTRUCCIONES TEMPORALES

P. 169-170

CUANDO

***Cuando** se prohibió fumar en restaurantes y bares, mucha gente dejó de estar expuesta al humo.*

***Cuando** hay aviones contra incendios de forma permanente en los bosques, se evitan muchos desastres de este tipo.*

*Solo **cuando** se prohíba la circulación de vehículos podremos disminuir la contaminación acústica y atmosférica en las ciudades.*

EN CUANTO

***En cuanto** dejen de venderse coches que funcionan con combustible fósil, el coste de los coches eléctricos bajará.*

***En cuanto** se instalan radares, los accidentes se reducen.*

*La gente empezó a reciclar botes de vidrio **en cuanto** decidieron dar unos céntimos por cada envase devuelto en las tiendas.*

MIENTRAS

***Mientras** en Europa los hombres vivían en cuevas, en Egipto florecía una sofisticada civilización.*

***Mientras** pudieron, los bomberos evitaron que el fuego se extendiera.*

***Mientras** el petróleo ha sido barato, no hemos buscado otras alternativas.*

*¿Por qué los Gobiernos no hacen nada **mientras** los bosques desaparecen?*

*El cambio climático continuará avanzando **mientras** no tomemos conciencia del peligro que supone.*

HASTA QUE

*Habrá restricciones **hasta que** esté vacunada toda la población.*

*No se pudo circular en coche por la ciudad **hasta que** no bajó el nivel de contaminación atmosférica.*

*No se puede acceder a la zona **hasta que** el incendio esté completamente extinguido.*

*No se puede usar el coche **hasta que** no bajan los índices de contaminación atmosférica.*

DESPUÉS DE QUE

*El consumo de agua disminuyó mucho **después de que** empezamos / empezáramos a usar agua de lluvia para regar.*

*Cada año, el consumo de agua disminuye **después de que** el Gobierno amenaza con restricciones.*

***Después de que** el Parlamento apruebe la ley, los hospitales deberán reciclar sus residuos.*

ANTES DE QUE

*Los dinosaurios se extinguieron **antes de que** pobláramos la Tierra.*

*Las aves comienzan a emigrar **antes de que** empiece el invierno.*

*¿Sabremos solucionar los problemas energéticos **antes de que** sea demasiado tarde?*

Recuerda que cuando coincide el sujeto de la oración principal con el de una oración temporal introducida por **antes de** o **después de**, el verbo de esta aparece en infinitivo.

*Nos marchamos a casa **antes de** / **después de** cenar.*

Cuando el sujeto de la oración principal y el de la subordinada no coinciden, lo más frecuente es que el verbo de la subordinada vaya en subjuntivo. Sin embargo, admite también el infinitivo, que puede tener sujeto explícito. Ese sujeto aparece, por lo general, después del infinitivo (no antes).

*El incendio se extinguió **antes de que** llegaran los bomberos.*

*El incendio se extinguió **antes de** llegar los bomberos.*

Si el sujeto de la oración temporal está claro por el contexto, el verbo puede estar en infinitivo y sin sujeto explícito, aunque no sea el mismo que el de la oración principal.

*María tomó la decisión de cambiar de trabajo porque era incompatible con su situación familiar. **Antes de** dejar la empresa, la advirtieron varias veces de que no podía seguir llegando tarde.* (El contexto nos indica que la persona que deja la empresa es María y no quienes formulan la advertencia).

FUTURO SIMPLE

P. 178-179

Usamos el futuro simple cuando queremos hacer predicciones o suposiciones sobre acciones o situaciones futuras. También podemos usarlo para expresar conjeturas sobre hechos presentes.

*Dentro de unos años, mucha más gente **se desplazará** en bicicleta por las ciudades.*

*En el futuro, **comeremos** menos carne que ahora.*

- *¿Dónde está María? ¿Por qué no ha venido?*
- *No sé, **estará** a punto de llegar, no te preocupes.*

El futuro simple se forma añadiendo las siguientes terminaciones al infinitivo: hablar**é**, hablar**ás**, hablar**á**, hablar**emos**, hablar**éis**, hablar**án**. Todos los verbos que tienen la raíz irregular en futuro simple tienen estas mismas terminaciones.

FUTURO COMPUESTO

P. 180

Usamos el futuro compuesto para hacer referencia a una acción o situación futura, pero realizada antes de otra situación futura. También podemos usarlo para expresar conjeturas sobre situaciones anteriores al presente, pero relacionadas con él.

*Cuando se agote el petróleo ya **habremos encontrado** una fuente de energía mejor.* (Primero encontraremos una fuente de energía mejor. Después, se agotará el petróleo).

- *¿Por qué no ha venido María? ¿Se le **habrá olvidado** nuestra cita?*
- *No creo. Ya verás como llega enseguida.*

FUTURO SIMPLE DE HABER + PARTICIPIO		
(yo)	**habré**	
(tú, vos)	**habrás**	hablado
(él / ella, usted)	**habrá**	comido
(nosotros/as)	**habremos**	vivido
(vosotros/as)	**habréis**	
(ellos/as, ustedes)	**habrán**	

COHESIONAR TEXTOS

RECURSOS LÉXICOS

En muchos textos, es necesario retomar partes del discurso ya mencionadas y, en numerosas ocasiones, no queremos repetir con las mismas palabras aquello que ya hemos dicho. Para ello, podemos usar varios recursos.

SINÓNIMOS

*El **incendio** se propagó rápidamente. Las causas del **fuego**...*

NOMBRES QUE DESIGNAN UNA CATEGORÍA A LA QUE PERTENECE EL NOMBRE CITADO O UNA CARACTERÍSTICA DEL MISMO

*El accidente destrozó el **coche**. No obstante, los ocupantes abandonaron el **vehículo** por su propio pie.*

*Hará frío en **Madrid**: las temperaturas en la **capital** no pasarán de los cero grados.*

***Jane Goodall** ha tenido una vida apasionante. La **etóloga inglesa**...*

***Greta Thunberg** hizo un desafiante discurso en la Cumbre del Clima de la ONU. La **adolescente sueca**...*

DICHO/A/OS/AS, EL / LA / LOS / LAS CITADO/A/OS/AS Y TAL/ES

En textos formales, estos nombres pueden ir acompañados de adjetivos como **dicho/a/os/as** o expresiones como **el / la / los / las citado/a/os/as**.

Rayuela, *de Cortázar, es un clásico de la narrativa del siglo XX. **Dicha** obra es, además, una de las más vendidas...*

Cuando se usan estos recursos, no es extraño repetir el mismo nombre.

*Un informe sobre el estado de la red ferroviaria ha desatado la polémica. En **el citado** informe se recogen datos que...*

Algunos nombres (como **circunstancia**, **caso**, etc.) tienen un significado muy general y, por eso, pueden usarse para retomar y resumir una parte del discurso dicha anteriormente. Es frecuente que el nombre que se usa para resumir vaya acompañado de **tal(es)**.

- *¿Vais a ir a la montaña? ¿Sabéis que se prevén fuertes lluvias para este fin de semana?*
- *Sí, sí, pero hemos decidido ir igualmente.*
- ***En tal** caso, llevaos el móvil y baterías de repuesto...*

*Las temperaturas seguían subiendo y la humedad era muy baja. En **tales** circunstancias, un gran incendio podía ser devastador.*

RECURSOS GRAMATICALES

+ P. 158

Como ya sabes, los pronombres personales átonos (**lo**, **la**, **le**...) se usan para referirse a personas, cosas y frases ya citadas que reaparecen en función de objeto directo o de objeto indirecto.

*Estuve con Eva; **la** encontré muy cambiada.*

*Me dijeron que están dando subvenciones a las personas que quieren instalar placas fotovoltaicas en sus casas. ¡No **lo** sabía!*

*Ayer vi a Juan y a Marta y **les** di tu recado.*

Cuando el elemento que se retoma no tiene función de objeto directo ni de objeto indirecto, pueden usarse los pronombres personales tónicos (**él**, **ella**, **ellos**...) para hacer referencia a personas que ya han sido mencionadas.

*Llevé a Pedro a la escuela y me despedí de **él** en la puerta de entrada.*

*Como no vi a mis compañeras en el restaurante, pregunté por **ellas** a un camarero.*

En textos elaborados (sobre todo, de registros elevados), los pronombres tónicos también pueden hacer referencia a objetos o enunciados completos mencionados previamente. En esos mismos registros más elevados, usamos el pronombre tónico **ello**, en lugar de **eso** o **esto**, para retomar una frase o una parte del discurso.

*Los fondos recaudados se usarán con fines humanitarios: con **ellos** se comprarán medicamentos y alimentos que serán enviados a zonas castigadas por conflictos bélicos.*

*El ayuntamiento debe decidir hoy si se aprueba el nuevo plan urbanístico: de **ello** depende el futuro de muchas familias de la zona.*

En estos casos, el pronombre tónico solo puede usarse si no hay ambigüedad, es decir, si hay un único referente posible. En cambio, si hay más de un referente, necesitamos un demostrativo (normalmente, **este** o **aquel**, dependiendo de si el referente es el elemento más cercano en el texto o el más alejado).

*Las jugadoras del equipo argentino sabían que podían ganar. Además, el público estaba con **ellas**.*

*Los argentinos sabían que podían ganar a los españoles. **Estos** estaban desmoralizados por su última derrota.* ("Estos" = el referente más cercano en el texto, es decir, los españoles).

Practicar y comunicar

10. ESO SOLO PASARÁ CUANDO...

A. Aquí tienes una serie de afirmaciones que pueden resultar polémicas. En parejas, poned en común vuestros conocimientos sobre estos asuntos. Podéis buscar información en internet.

> "Mientras la gente no reciba dinero por cada envase reciclado, no se conseguirá que todo el mundo recicle bien."

> "En cuanto se prohíbe la venta de bebidas azucaradas o se suben los impuestos de esos productos, disminuye su consumo y mejora mucho la salud pública."

> "Cuando las reservas de petróleo se acaben, el planeta entrará en una enorme crisis energética y todo cambiará."

> "Hasta que no se decida cerrar todas las centrales nucleares, seguirá habiendo accidentes nucleares e incluso es posible que haya una catástrofe de este tipo."

B. En clase, discutid sobre las afirmaciones de A. ¿Estáis de acuerdo con ellas? ¿Por qué?

- *Yo estoy de acuerdo. En Alemania, por ejemplo, después de que el Gobierno pusiera en los supermercados máquinas que dan unos 15 o 20 céntimos por cada envase devuelto, la gente empezó a reciclar mucho más.*

Para comunicar

→ Cuando...
→ En cuanto...
→ Tan pronto como...
→ Hasta que...
→ Mientras...
→ Después / Antes de (que)...

11. CAMPAÑAS

A. Busca en internet una campaña o una infografía en tu idioma sobre algún tema medioambiental que te parezca interesante.

B. Ahora muéstrasela a tus compañeros/as. Explícales en español cuál es el tema, en qué país se ha hecho, qué dice, por qué te parece interesante...

- *Es una campaña de WWF, una organización internacional que lucha por la defensa de la naturaleza. Su objetivo es combatir el tráfico ilegal de especies. Denuncia la caza no regulada de rinocerontes...*

Para comunicar

→ Su objetivo es promover / fomentar / denunciar / luchar contra / combatir / hacer frente a / informar sobre / concienciar sobre...

12. ALT | DIGITAL PELIGROS Y AMENAZAS /MÁS EJ. 16, 17

A. Los peligros que amenazan el medioambiente son muchos y muy variados. En parejas, pensad en cuáles son los que afectan a los siguientes ámbitos y haced, en una hoja, una pequeña lista. Podéis buscar información en internet.

Los mares y los ríos	Los bosques y las selvas	Otros ecosistemas	El aire
- la acumulación de plástico - los vertidos de petróleo			

B. Compartid vuestra lista con el resto de la clase y ampliadla con lo que hayan escrito las otras parejas. Comentad todo lo que sepáis sobre estos temas.

C. Cada pareja elige uno de los temas de la lista y busca información en internet. Vais a escribir un texto en un registro culto en el que plantearéis el problema y ofreceréis soluciones.

- causas y consecuencias
- zonas del mundo más afectadas
- datos estadísticos
- fuentes (informes, declaraciones, artículos...)
- ejemplos concretos
- qué se está haciendo para solucionarlo y qué más se podría hacer

LA CONTAMINACIÓN ATMOSFÉRICA EN CIUDAD DE MÉXICO

Ciudad de México, con casi 9 millones de habitantes, es una de las ciudades del mundo con peor calidad del aire. Los índices de contaminación atmosférica superan considerablemente los límites que la OMS considera peligrosos para la salud. Los motivos de esos elevados niveles de contaminación son varios...

D. Otra pareja va a leer vuestro texto y os va a ayudar a mejorarlo. Podéis tener en cuenta estos criterios.

☑ Para evaluar

- → ¿En el texto se explican claramente cuáles son los problemas y se plantean soluciones?
- → ¿Se emplean recursos adecuados para cohesionar el texto?
- → ¿El texto se adecúa al registro?
- → ¿Se usa un léxico rico y apropiado para este tipo de texto?

13. CREAR CONCIENCIA

A. En grupos de tres o cuatro, vais a crear el vídeo de una campaña de concienciación ciudadana sobre un problema que os parezca importante. Primero, escoged una de estas posibilidades o pensad otra. También podéis elegir uno de los temas sobre los que habéis trabajado en la actividad 12.

- Una ciudad o un barrio más silenciosos
- Ahorrar agua o energía
- Una ciudad más limpia, armoniosa y elegante
- Solucionar el problema de los residuos electrónicos

- *Podemos hacer una campaña para luchar contra la contaminación acústica, ¿no?*
- *Sí, para concienciar a la gente de que tienen que contribuir a crear un entorno menos ruidoso.*
- *Sí, es interesante. Un vídeo que explique a la ciudadanía qué medidas tomar para evitar que las personas, los transportes o los establecimientos hagan demasiado ruido.*

B. Definid cómo será el vídeo y luego preparadlo.

- título de la campaña
- eslogan
- imágenes
- información que vais a dar
- texto, subtítulos...
- voz en *off*
- música
- otros

C. Presentad vuestra campaña ante el resto de la clase y mostradles el vídeo.

- *El título de nuestra campaña es "Basta de ruidos en la ciudad". Es una campaña de concienciación sobre la contaminación acústica, que es la presencia en el ambiente de ruidos que resultan dañinos para la salud.*
- *Sí, según algunos estudios, el ruido ambiental causa 72 000 hospitalizaciones y 16 600 muertes prematuras en Europa al año. Por ello, pensamos que se debe informar sobre este tema y hacer algo para solucionarlo.*

D. Comentad vuestras impresiones sobre las campañas de los demás grupos.

- ¿El tema de la campaña os parece interesante?
- ¿Teníais información sobre ese tema? ¿Qué habéis aprendido?
- Evaluad la calidad de los vídeos: ¿llaman la atención? ¿La información que se da es clara y está bien documentada? ¿Qué os parecen el título y el eslogan? ¿Destacaríais algo más (las imágenes, la voz en *off*, la música...)?

CÁPSULA DE LENGUA ORAL Y COLOQUIAL 4

Recursos para expresar desacuerdo

14. EN LA CUMBRE DEL CLIMA COP25 /MÁS EJ.18

ANTES DE VER EL VÍDEO

A. Vas a ver una entrevista realizada en la cumbre del clima COP25 a dos personas expertas en medioambiente. Busca información sobre ese evento: dónde y cuándo tuvo lugar, qué actividades hubo...

VEMOS EL VÍDEO

B. ▶ 5 Ve el vídeo hasta el minuto 02:08 y responde a las preguntas.

1. Israel Herrera: ¿dónde trabaja y qué hace? ¿En qué consiste el proyecto ClimACT?
2. Ana Barroso: ¿dónde trabaja y qué hace? ¿Qué es la Red Española de Ciudades por el Clima?

C. ▶ 5 Ve el vídeo hasta el minuto 04:45. ¿Qué dice el entrevistado sobre el papel de la educación en el cuidado del medioambiente? ¿Qué se puede hacer para evitar que se produzca una tragedia climática?

D. ▶ 5 Ve el resto del vídeo y responde a las preguntas.

- ¿Qué pueden hacer las ciudades en la lucha por el clima?
- ¿Qué pasaría si no se pusieran en marcha las medidas que ya se están tomando?
- ¿Cómo tienen que ser las ciudades del futuro?

DESPUÉS DE VER EL VÍDEO

E. En grupos, haced un esquema conceptual de la lucha contra el cambio climático con la información del vídeo.

F. ¿Qué haces tú para contribuir a la sostenibilidad del lugar en el que vives? Coméntalo con otras personas de la clase.

5 / VIVIR PARA TRABAJAR

Despega
Proyectos creativos

Despega es una plataforma de *crowdfunding* que reúne proyectos creativos de todo tipo (cine, literatura, ciencia, fotografía, pintura, etc.) enviados por personas de todas partes del mundo. Junto con su propuesta, cada autor elige qué recompensas desea ofrecer a quienes apoyen el proyecto.

» Conoce algunos

UNA IDEA DE:
Mateo Serrano Galán

La Vida Dulce

- Obrador de pasteles artesanales tradicionales.
- Repostería creativa y tartas para eventos.
- Dulces saludables para quienes padecen alergias e intolerancias.

PARA ESTE PROYECTO NECESITAN
13 000 €

UNA IDEA DE:
Cicerón Quintana Pastor

Hotel El Peregrino

(Hotel rural en la "España vaciada")

El hotel, con decoración mudéjar, está dirigido principalmente a turistas del Camino de Santiago a su paso por la provincia de Palencia.

PARA ESTE PROYECTO NECESITAN
50 000 €

UNA IDEA DE:
Jimena Mendoza Yarza

Ruta agroeco-turística del cacao

Proyecto agroecoturístico que gira en torno al chocolate y al cultivo del cacao, y protege la biodiversidad.

PARA ESTE PROYECTO NECESITAN
50 000 €

UNA IDEA DE:
Paula Llama Montenegro

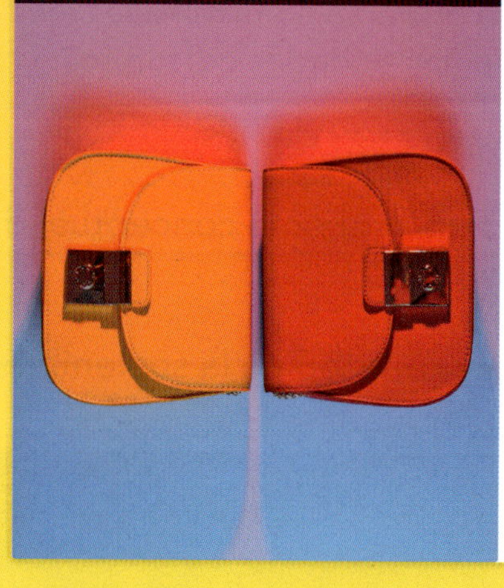

Creación de prototipo

Cartera, monedero o bolso con iluminación integrada para facilitarte la búsqueda de objetos en su interior.

PARA ESTE PROYECTO NECESITAN
4 500 €

AUDIOS, VÍDEOS, DOCUMENTOS ALTERNATIVOS, ETC., DISPONIBLES EN **campusdifusión**

EN ESTA UNIDAD VAMOS A

ESCRIBIR UNA PÁGINA DE PRESENTACIÓN PARA LA WEB DE UNA EMPRESA

RECURSOS COMUNICATIVOS

- hablar de un trabajo: cualidades, funciones, problemas…
- describir una empresa
- algunas características de los textos escritos formales

RECURSOS GRAMATICALES

- las subordinadas concesivas: **aunque**, **a pesar de**, **por mucho que**…
- reformular: **es decir**, **esto es**, **o sea**…
- ejemplificar: **un ejemplo**, **por ejemplo**…

RECURSOS LÉXICOS

- verbos y expresiones del ámbito laboral
- características de jefes/as y empleados/as
- significados de la palabra **experiencia**

Inicia sesión   Regístrate   Buscar…

UNA IDEA DE:
AFAAEM
(Asociación de Familiares y Amigos de los Asesinados y Enterrados en Magallón)

Elisa Garrido, una aragonesa en la Resistencia

Se precisa financiación para investigar y crear un *podcast* sobre Elisa Garrido, mujer destacada de la lucha republicana y de la resistencia francesa.

PARA ESTE PROYECTO NECESITAN
6 500 €

UNA IDEA DE:
Rinker Books

Novela: *Paraguas de seda*

Dos mujeres se protegen de la lluvia bajo un inmenso paraguas. Una figura al otro lado de la calle las mira fijamente. Las dos mujeres, sin decir palabra, cruzan la calle.

PARA ESTE PROYECTO NECESITAN
950 €

Empezar

1. FINANCIACIÓN COLABORATIVA

A. ¿Has oído hablar de la financiación colectiva o *crowdfunding*? ¿En qué consiste?

B. MAP Mira los proyectos. ¿Con qué ámbito o ámbitos relacionas cada uno de ellos? Comentadlo en clase.

- el medioambiente
- la salud
- la alimentación
- la tecnología
- la solidaridad
- el arte
- la moda
- la historia
- el turismo
- la literatura
- otros

C. ¿Cuáles te parecen más interesantes? ¿Participarías en la financiación de alguno?

- *A mí me encanta el de la ruta del cacao…*
- *Sí, no está mal, aunque para mí el mejor es…*

2. EL OCIO HA MUERTO /MÁS EJ. 1-2

A. ¿Qué valor tiene para ti el tiempo libre? ¿En qué te gusta ocuparlo? ¿Crees que tienes suficiente tiempo de ocio?

B. MAP Lee este texto sobre la "muerte del ocio" en Estados Unidos y responde.

1. ¿Cuáles son las causas, según la autora, de la "muerte del ocio"?
2. ¿A qué dedica la gente el tiempo que antes dedicaba al ocio?
3. ¿De qué presume ahora la gente?
4. ¿La situación es igual en todo el mundo?

La muerte del ocio

Por Carmen Soriano

El ocio ha muerto. Aunque teóricamente somos una sociedad que disfruta de más oportunidades de entretenimiento que la de nuestros predecesores, lo que realmente queda bien es quejarse ("no-tengo-tiempo-para-nada", "trabajo-más-horas-que-un-reloj", etc.). Vivir estresado está de moda y quien sufre estrés tiene más estatus. Vivimos como un gran honor el "estar de trabajo hasta las cejas" a pesar de que nos lamentemos de ello constantemente.

Ese es al menos el panorama que describe Brigid Schulte en un libro titulado *Overwhelmed: work, love and play when no one has time*. La autora parte de la constatación de que no solo ninguno de sus colegas tiene tiempo para nada, sino de que ha habido un cambio social en la percepción del ocio y del trabajo. Como consecuencia de este cambio, los momentos de ocio han sido devorados por la vorágine laboral. Para Schulte, si alguien dice "últimamente no hago gran cosa", tendemos a pensar que es un fracasado porque vivimos en una sociedad en la que muchas personas se definen a sí mismas por su trabajo, por lo que hacen y sobre todo por lo que hacen más que los demás. La autora ha constatado que muchos de sus compatriotas en las grandes urbes americanas se sienten ansiosos si no tienen su agenda llena de cosas a cada minuto. Los sociólogos hablan incluso de "ocio intencional"; es decir, la tendencia a hacer algo en tu tiempo libre que "valga la pena", que implique aprender algo, mejorar...

¿Está en peligro el tiempo libre? Para la autora, la respuesta es sí. "El ocio se ve como algo tonto, sin importancia, improductivo". Además, nos gusta alardear de que estamos demasiado ocupados como para dedicarnos a ello. Hemos sustituido una semana de vacaciones en la playa, sin hacer nada, por un fin de semana en el que aprovechamos para hacer un cursillo de buceo de 10 horas.

El panorama quizás es menos desolador en Europa. En países como España se sigue valorando el "ocio puro" y aún se considera importante tener tiempo para descansar y para compartir unas horas con amigos y familia, sin hacer nada especial: comiendo, tomando algo, charlando.

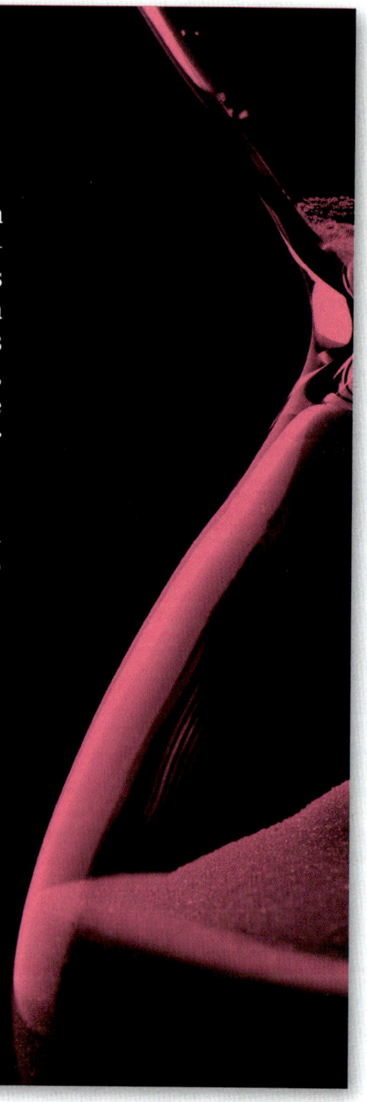

C. ¿Te sientes identificado/a con lo que expone el texto? ¿Has observado el mismo fenómeno en tu entorno? ¿Qué diferencias observas con generaciones anteriores? Coméntalo con tus compañeros/as.

3. Y TÚ, ¿CONCILIAS? /MÁS EJ. 3-4

A. En parejas, mirad estos carteles sobre la conciliación. ¿De qué aspectos habla cada uno? ¿Hay alguna información que os sorprenda especialmente?

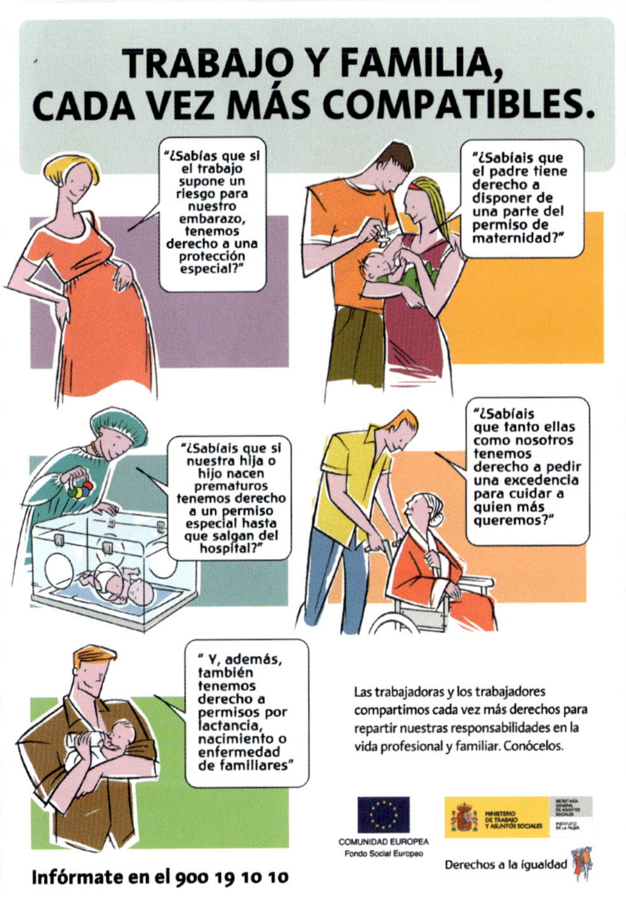

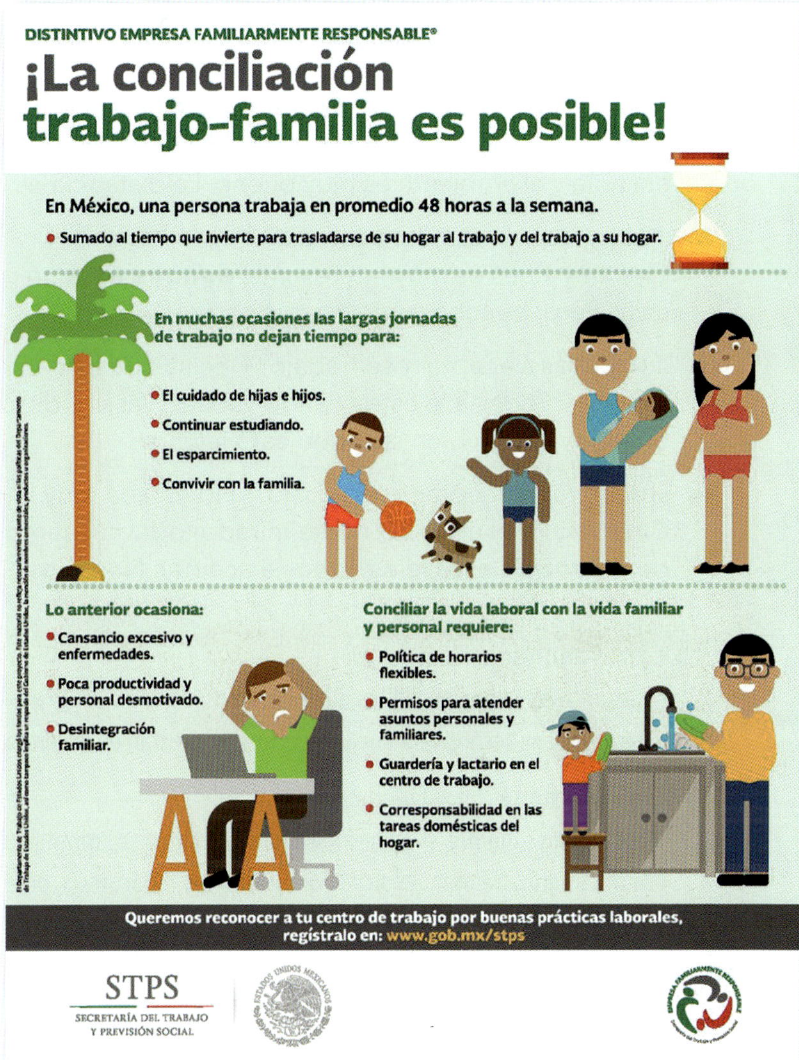

B. Basándoos en lo que habéis leído en A, ¿qué es la conciliación?

C. 12-14 Tres personas cuentan experiencias relacionadas con la conciliación. Escucha y toma notas de lo que dicen.

D. ¿Se te ocurren otras medidas para facilitar la conciliación?

- *Yo creo que una buena medida para ayudar a los trabajadores a conciliar puede ser...*

Construimos el LÉXICO

A. CORPUS Busca en el CORPES XXI con qué se combinan normalmente las siguientes palabras (en **campusdifusión** tienes instrucciones).

jornada | horario | baja | permiso

B. Escribe frases sobre ti usando las combinaciones que has encontrado en A.

4. AUNQUE /MÁS EJ. 5

Lee los diálogos y fíjate en lo destacado en negrita. Luego, relaciona cada ejemplo (1-4) con la explicación correspondiente.

1. JUAN: ¿Qué tal tu nuevo trabajo? Está bastante lejos de tu casa, ¿no?
CARLOTA: Pues es muy interesante. Y, **aunque esté** lejos, el trabajo me encanta y el ambiente es muy bueno. La distancia es lo de menos.

2. JUAN: ¿Qué tal tu nuevo trabajo?
CARLOTA: Pues es muy interesante, **aunque está** un poco lejos de mi casa. Pero, bueno, ya me acostumbraré.

3. JUAN: ¿Vas a aceptar ese trabajo? Decías que está un poco lejos...
CARLOTA: Todavía le estoy dando vueltas. Las condiciones son buenas y pagan bien, **aunque está** lejos, sí.

4. JUAN: ¿Vas a aceptar ese trabajo? ¿No estaba muy lejos?
CARLOTA: Pues no lo sé, no he mirado todavía cuánto tardaría en llegar, pero **aunque esté** lejos, lo voy a aceptar. Necesito el trabajo.

Utilizamos **aunque** con indicativo:
- ◯ Para introducir hechos de los que queremos informar a nuestro/a interlocutor/a.
- ◯ Para retomar hechos ya mencionados (o que ya están en el contexto), resaltando su importancia y su validez.

Utilizamos **aunque** con subjuntivo:
- ◯ Cuando no sabemos si un hecho se ha cumplido o se cumplirá, o cuando no sabemos si algo es cierto.
- ◯ Si nos interesa retomar lo dicho por nuestro/a interlocutor/a, pero queremos restarle importancia como argumento.

5. FUE UN ÉXITO A PESAR DEL CALOR /MÁS EJ. 6

A. En estas frases se usa el conector **a pesar de**, que tiene un valor parecido a **aunque**. ¿En cuáles **a pesar de** se podría sustituir por **aunque** sin modificar nada?

1. El congreso fue un éxito **a pesar de**l calor.
2. La despidieron **a pesar de** haber trabajado más de 20 años en la empresa.
3. A pesar de tener mucha experiencia, no le dieron el puesto.
4. No encuentra trabajo **a pesar de que** tiene un currículum excelente.
5. A pesar de que hayan rechazado nuestra propuesta, seguiremos intentándolo.

B. Fíjate en las frases del apartado A que no admiten la sustitución por **aunque**. ¿Qué tipo de palabras aparecen después de los conectores en negrita?

C. Transforma las otras frases de A usando **aunque** y haciendo las modificaciones necesarias.

6. POR MÁS QUE LO INTENTEMOS /MÁS EJ. 7

A. MAP Lee la entrevista. Luego, en grupos, comentad estas cuestiones.

- ¿En qué consiste el proyecto de la entrevistada? ¿Qué destacarías de él?
- ¿Conoces iniciativas parecidas?
- ¿Crees que en tu entorno un/a extranjero/a puede tener las mismas dificultades que Rachida? ¿Puede tener otras?

ENTREVISTA

UN SUEÑO hecho realidad

Rachida Houri, 34 años, fundadora de la asociación La Multilingüe, una ONG que enseña a niños las lenguas maternas de sus compañeros nacidos en otros países.

Rachida, has puesto en marcha tu sueño, unir tu interés por los idiomas con tu vocación solidaria. ¿Cómo se te ocurrió?
Bueno, yo soy profesora en un centro al que acuden, después de clase, hijos de arabófonos para aprender a escribir el idioma de sus padres. Un día, un alumno de ocho años me preguntó si podía invitar a una compañera suya porque le hacía ilusión que aprendiera árabe. De repente, surgió la idea. Se lo comenté a mi marido y juntos hemos empezado todo esto…

Y ha funcionado. Estás recaudando dinero para abrir un centro…
Sí, la idea ha gustado y hemos tenido suerte, porque a veces, **por mucho que** tu idea sea genial y hagas promoción de tu proyecto, la gente no lo entiende o, lo que es peor, te encuentras con otro tipo de barreras…

¿Quieres decir que es más difícil para un extranjero empezar un proyecto en España?
Por supuesto. Sí, porque hay un montón de cosas que son nuevas para ti, no tienes las referencias de los demás… Y a veces hay prejuicios. **Por muy** bien **que** te vaya, siempre te sientes extranjero, sientes que no lo tienes tan fácil como los demás. Pero eso es una de las cosas que pretendemos cambiar con nuestro proyecto. Los niños entenderán mucho mejor a sus compañeros si aprenden su idioma y se acercan a su cultura. No solo aprenden una lengua, aprenden mucho más.

Llevas ya diez años en Madrid. ¿Volverías a tu país?
No, y **por más que** quisiera, ahora no puedo… Me debo a este proyecto. Quiero que funcione y que algún día se empiece a hacer lo mismo en otras ciudades.

B. Las expresiones marcadas en negrita en el apartado A tienen un significado similar al de **aunque**, pero expresan un matiz. ¿Cuál crees que es este matiz?

- ◯ Expresan insistencia o intensidad en la acción.
- ◯ Se refieren a algo que se ha dicho anteriormente.
- ◯ Son propios de un registro más elevado.

7. ES UNA CONSULTORÍA QUE... /MÁS EJ. 8

A. MAP Lee este texto de presentación de una consultoría y trata de identificar la siguiente información.

1. Puntos fuertes
2. Presentación de la actividad de la empresa
3. Metodología
4. Exposición general del problema

Stress Management

Stress management es una consultoría que ofrece servicios de prevención, evaluación y tratamiento del estrés laboral. Acompañamos y asesoramos a empresas teniendo en cuenta sus características específicas y las de sus trabajadores. Esto es, no nos ceñimos a un modelo único, sino que nos adaptamos a lo que necesita tu compañía.

Soluciones para tu empresa

En una sociedad industrializada se sufre cada vez más estrés laboral. Cuando el trabajador no puede hacer frente a todas las exigencias de su entorno, empieza a manifestar síntomas tales como cansancio físico y mental, irritabilidad, ansiedad o incluso depresión. Todo eso afecta a su salud, a su productividad y al ambiente de trabajo. Es decir, una empresa en la que hay estrés no está sana. Por eso, cada vez más compañías se preocupan por el estrés de sus empleados e intentan tomar medidas para prevenirlo o encontrar formas de solucionarlo.

Ventajas de trabajar con nosotros

Nuestro modelo de evaluación y tratamiento del estrés se basa en estudios realizados por nuestro equipo en colaboración con varios grupos de investigación europeos y cuyos resultados han sido publicados en prestigiosas revistas científicas como, por ejemplo, *BMC Public Health*, *BMC Medical Education* o *BMC Psychiatry*. Gracias a nuestro desarrollado sistema de evaluación del síndrome podemos hacer un diagnóstico muy detallado de las fuentes del problema, lo que facilita la posterior intervención. Así, una de las principales ventajas de trabajar con Stress Management es, sin duda, la atención a la particularidad, nuestra capacidad de adaptación al contexto. No hay solución si no se conocen las causas del malestar: nosotros le ayudamos a descubrirlas.

Actividades preventivas

Realizamos formaciones y conferencias sobre el estrés, tanto a directivos como a trabajadores.

Actividades de evaluación y tratamiento del estrés

En una primera fase, realizamos encuestas para medir el nivel de estrés de los trabajadores de la empresa y, gracias a esto, determinamos cuáles son los principales factores. En una segunda fase, desarrollamos programas de intervención ajustados a las necesidades específicas de ese contexto y de cada sujeto.

B. Si trabajaras en una empresa, ¿te daría confianza esta consultoría? ¿Contratarías sus servicios? ¿Crees que en su página web debería aparecer más información? ¿De qué tipo?

C. Observa estos recursos para cohesionar textos. Luego, completa la tabla con otros ejemplos del texto del apartado A.

USO DE SINÓNIMOS	USO DE RELATIVOS	USO DE POSESIVOS
empresa - compañía trabajadores - empleados	una empresa **en la que** hay...	**su** entorno (del trabajador)

NOMINALIZACIÓN	SUPRESIÓN DE SUSTANTIVOS REDUNDANTES
la prevención (prevenir)	prevenir**lo**: uso de pronombres

D. Fíjate en los recursos en negrita de estas frases y completa la tabla.

- Acompañamos y asesoramos a empresas teniendo en cuenta sus características específicas y las de sus trabajadores. **Esto es,** no nos ceñimos a un modelo único, sino que nos adaptamos a lo que necesita tu compañía.
- Cuando el trabajador no puede hacer frente a todas las exigencias de su entorno, empieza a manifestar síntomas **tales como** cansancio físico y mental, irritabilidad, ansiedad o incluso depresión.
- Todo eso afecta a su salud, a su productividad y al ambiente de trabajo. **Es decir,** una empresa en la que hay estrés no está sana.
- Los resultados han sido publicados en prestigiosas revistas científicas **como, por ejemplo,** *BMC Public Health, BMC Medical Education* o *BMC Psychiatry*.

CÁPSULA DE LENGUA ORAL Y COLOQUIAL 5

O sea, (que)

USO	EJEMPLOS
Sirve para decir de otra manera algo que ya se ha dicho antes.	....
Sirve para introducir ejemplos.	....

E. Esto y **eso** son formas neutras que hacen referencia a información mencionada anteriormente. Lee estas frases del texto en las que aparecen. ¿Cómo traduces a tu lengua las expresiones en negrita? ¿Existen recursos parecidos?

1. Cuando el trabajador no puede hacer frente a todas las exigencias de su entorno, empieza a manifestar síntomas tales como cansancio físico y mental, irritabilidad, ansiedad o incluso depresión. **Todo eso** afecta a su salud, a su productividad y al ambiente de trabajo.
2. Una empresa en la que hay estrés no está sana. **Por eso**, cada vez más compañías se preocupan por el estrés de sus empleados, e intentan tomar medidas para prevenirlo.
3. En una primera fase, realizamos encuestas para medir el nivel de estrés de los trabajadores de la empresa y, **gracias a esto**, determinamos cuáles son los principales factores.

Explorar y reflexionar

8. TIENE MUCHA EXPERIENCIA /MÁS EJ. 9

A. 15 Pedro y Marisa se han presentado a una entrevista de trabajo para un puesto directivo en una empresa editorial. Escucha los comentarios de dos personas que participan en el proceso de selección y marca a quién corresponden las siguientes informaciones.

		Pedro	Marisa
1.	Tiene mucha experiencia en *marketing*.		
2.	Ha trabajado en una pequeña editorial.		
3.	Gracias a su gestión, la empresa llegó a ser líder en el sector.		
4.	Tiene poca experiencia en el sector editorial.		
5.	Su punto débil es el inglés.		
6.	En menos de dos años asumió la dirección de su departamento.		
7.	Empezó promocionando novedades editoriales y logró ser jefe/a de proyectos.		
8.	Sabe dirigir equipos.		
9.	Entre sus tareas se incluía la de coordinar a todo el equipo de redactores.		
10.	Tiene muy buenas referencias y un currículum brillante.		
11.	Tiene muy buena formación académica.		

B. 15 Vuelve a escuchar y toma nota de cómo perciben a Pedro y a Marisa. ¿Cómo dicen que son? Luego, compara tus notas con las de otra persona de la clase. ¿Entendéis el significado de todas las palabras que habéis anotado?

C. Busca en las frases de A y en la transcripción del audio qué palabras y expresiones se usan con estos verbos para describir cómo es un/a candidato/a. Escríbelas en tu cuaderno.

tener | saber | estar | ser / parecer

Tener > mucha / poca experiencia...

D. Fíjate de nuevo en las frases de A y en la transcripción. ¿Qué otros recursos se usan para hablar de los candidatos? En grupos, ampliad vuestra lista de recursos del apartado C. Luego, podéis crear un mapa mental para ordenarlos y añadir otros que sepáis.

Se ha formado en...
Entre sus tareas estaba la de...

E. ¿Quién crees que obtendrá el trabajo? ¿Por qué? Si lo necesitas, escucha de nuevo el audio.

- *Para mí, Marisa tiene la ventaja de que...*

EXPERIENCIA

La palabra **experiencia** puede tener distintos significados.

Circunstancia o acontecimiento vivido por una persona:
La pandemia de covid-19 ha sido una ***experiencia*** *traumática para mucha gente.*

Conocimiento o habilidad adquiridos a base de práctica:
Tiene una amplísima ***experiencia*** *en el sector hotelero.*

VERBOS Y EXPRESIONES DEL ÁMBITO LABORAL

/MÁS EJ. 10-11

- **cobrar**: dinero / un sueldo
- **incorporarse a**: un puesto / una empresa
- **pedir / solicitar**: una baja / un permiso / una excedencia
- **conceder / dar**: una baja / un permiso / una excedencia
- **denegar**: una solicitud / una petición / un permiso
- **un permiso**: de / por maternidad / paternidad / de / por lactancia / por enfermedad / por el fallecimiento de un familiar
- **una baja**: temporal / definitiva / médica / maternal / de / por maternidad / paternidad
- **un puesto**: de trabajo / fijo / provisional
- **horario**: laboral / escolar / de verano / invierno / flexible / reducido / intensivo / continuado / partido
- **la falta de**: personal / recursos / medios
- el ajuste / el recorte **de personal**

CARACTERÍSTICAS DE JEFES/AS Y EMPLEADOS/AS

Es → accesible, ambicioso/a, arrogante, creativo/a, dinámico/a, emprendedor/a, fiable, respetuoso/a, seguro/a, tolerante, válido/a, **capaz de** trabajar en equipo / desenvolverse en varios idiomas / manejar programas informáticos

Está → disponible para, capacitado/a para, dispuesto/a a, acostumbrado/a a

Tiene →
- experiencia (en), una buena formación académica, don de gentes, un buen currículum / un currículum brillante, buenas referencias
- capacidad → organizativa / de mando / liderazgo / para asumir el cargo / para liderar un equipo
- disponibilidad para → viajar / desplazarse / trabajar de noche
- facilidad para → adaptarse / encontrar soluciones / tomar decisiones / trabajar en equipo

Sabe reconocer sus errores / transmitir entusiasmo / motivar

Da la cara por sus empleados/as / sus compañeros/as

Inspira confianza / respeto / calma / miedo

Transmite seguridad / tranquilidad

Domina varias lenguas / el entorno Office / Adobe Photoshop

Trabaja bien en equipo / bajo presión

Gramática y comunicación

ORACIONES CONCESIVAS /MÁS EJ. 12 P. 168

Las oraciones concesivas sirven para expresar una dificultad o una oposición que no impide el cumplimiento de lo que dice la oración principal.

AUNQUE + INDICATIVO / SUBJUNTIVO

Aunque es el conector más frecuente para introducir este tipo de oraciones.

***Aunque** Carlos no tiene mucha experiencia, consiguió el trabajo.*

Con el indicativo presentamos una información que consideramos cierta. Por eso, cuando utilizamos **aunque** para introducir hechos sobre los que queremos informar a quien nos escucha, el verbo va en indicativo.

*He comprado una casa preciosa, **aunque** está un poco lejos del centro.*

***Aunque** le dije que era un secreto, se lo ha contado a todo el mundo.*

*No he podido hablar con Jaime, **aunque** lo he llamado varias veces.*

***Aunque** mañana estaré / voy a estar muy cansado, hoy voy a trabajar hasta muy tarde.*

A veces, nos interesa retomar lo dicho por nuestro/a interlocutor/a, o algo que se entiende por el contexto, resaltando su importancia y su validez. En esos casos, usamos también los tiempos del indicativo.

- *¡Cómo han subido los precios de los pisos! ¿Has visto?*
- *Sí, sí. Es un horror. La verdad es que, **aunque** necesitamos un lugar donde vivir, no sé si es un buen momento para comprar.*

Cuando queremos presentar hechos que no sabemos si se han cumplido o se cumplirán, utilizamos el presente de subjuntivo.

***Aunque** mañana haga frío, iremos de excursión.*
(No sé si hará frío, pero no importa).

*Aceptaré el trabajo **aunque** me paguen poco dinero.*
(No sé si me pagarán poco o mucho, pero no importa).

El subjuntivo permite mencionar una información sin afirmar ni negar que se trate de algo cierto. Por eso, utilizamos el subjuntivo para retomar lo dicho por nuestro/a interlocutor/a quitándole importancia como argumento.

- *Los pisos están carísimos, ¿no?*
- *Sí, pero, **aunque** estén muy caros, tenemos que comprarnos uno, ¿no? Necesitamos un lugar donde vivir.*

A PESAR DE (QUE)

Este conector tiene un valor semejante al de **aunque**, pero se diferencian en que **a pesar de** (**que**) puede combinarse con sustantivos, pronombres o infinitivos. Cuando se combina con verbos conjugados, estos suelen ir en indicativo.

- **A pesar de** + sustantivo / pronombre

***A pesar de**l ruido, el piso está muy bien.*

***A pesar de** ti y de tu falta de interés, conseguiré terminar el proyecto a tiempo.*

- **A pesar de** + infinitivo

***A pesar de** no tener un trabajo estable, nunca he tenido problemas económicos.*

***A pesar de** haber ido a la universidad, a Luis no le resulta fácil encontrar un trabajo.*

- **A pesar de que** + verbo conjugado

***A pesar de que** los precios suben, el consumo no baja.*

*No es muy conocido, **a pesar de que** lo han entrevistado en muchos programas de televisión.*

OTROS CONECTORES

Algunos conectores concesivos introducen un matiz de insistencia o intensidad. Es decir, hacen énfasis en la acción.

- **Por mucho/a/os/as** (+ sustantivo) + **que** + indicativo / subjuntivo

*Mis padres no me dejaron estudiar teatro, **por mucho que** se lo pedí.*

***Por mucho que** me prepare la entrevista, no voy a conseguir el trabajo porque piden tres años de experiencia…*

***Por mucho que** me gustara mi trabajo, no estaría dispuesto a sacrificar tiempo en detrimento de mi familia.*

*Siempre disfruto de la playa, **por mucha** gente **que** haya.*

- **Por más** (+ sustantivo) + **que** + indicativo / subjuntivo

***Por más que** le dijimos a Paula que podía quedarse en casa el fin de semana, no nos hizo caso; irá a un hotel.*

***Por más que** me prepare la entrevista, no voy a conseguir el trabajo porque piden tres años de experiencia…*

*No pagaría más de 300 euros por un móvil, **por más** dinero **que** tuviera.*

- **Por muy** + adjetivo / adverbio + **que** + subjuntivo

***Por muy** seguro de sí mismo **que** esté, creo que no está preparado para este puesto de trabajo.*

***Por muy** bien **que** nos vayan las cosas, no podríamos acabar de pagar este piso en diez años. Es muy caro…*

*Ya os dije que **por muy** pesados **que** os pusierais, no iría al concierto, así que dejad de insistir.*

ESTO, ESO, AQUELLO

P. 158

Los demostrativos **este**/**a**, **ese**/**a**, **aquel** / **aquella** tienen una forma neutra: **esto**, **eso**, **aquello**. Sin embargo, en español no hay nombres neutros: todos son masculinos o femeninos. Por eso, los demostrativos neutros no pueden referirse a una palabra concreta, sino que siempre se utilizan para hacer referencia a una información mencionada anteriormente, a una frase o a parte de una frase.

- *María ya ha llegado, ¿verdad?*
- *Sí. ¿Cómo sabes eso?* (**Eso** = que ha venido María).
- *Porque **ese** es su coche.* (**Ese** = el coche que veo).

*En 2018 terminó su tesis doctoral, se fue al extranjero y consiguió un buen trabajo. **Todo aquello** la convenció de que había tomado las decisiones correctas.* (**Todo aquello** = *terminar la tesis, irse al extranjero y conseguir un buen trabajo el mismo año*).

! La forma neutra de los demostrativos solo existe en singular.

REFORMULAR

P. 162

El horario de trabajo en la empresa es continuo,	
es decir, (que) **o sea, (que)** **esto es,** **en otras palabras, (que)** **dicho de otra manera / forma,** **dicho de otro modo,**	no tenemos pausa para comer.

EJEMPLIFICAR /MÁS EJ. 13-14

P. 165

como **(como) por ejemplo** **un ejemplo:** **a modo de ejemplo**	**entre otros** **entre otras cosas** **tales como**

*Actividades tan sencillas como, **por ejemplo**, ir al trabajo a pie o utilizar las escaleras en lugar del ascensor resultan muy saludables.*

*Reducir el consumo energético está en nuestras manos. **Un ejemplo:** apagar la luz cuando salimos de una estancia.*

*Muchas especies protegidas siguen en peligro de extinción; podemos citar, **a modo de ejemplo**, el caso del lince ibérico.*

*Muchos oficios tradicionales como el pastoreo o la ebanistería, **entre otros**, están desapareciendo.*

*En mi nuevo trabajo voy a encargarme, **entre otras cosas**, del mantenimiento de los ordenadores.*

*La universidad ofrece cada semestre ayudas **tales como** becas de movilidad o para cursar estudios en el extranjero.*

DAR COHERENCIA Y COHESIÓN A UN TEXTO

P. 162-164

Para escribir un buen texto, debemos tener en cuenta una serie de aspectos.

LA COHESIÓN LÉXICA

A menudo debemos retomar varias veces un mismo concepto, por lo que, en ocasiones, es conveniente utilizar sinónimos, reformulaciones o palabras de un mismo campo semántico.

*Este año los termómetros van a registrar **las temperaturas más bajas** de los últimos 10 años. **Este descenso** se debe a una ola de frío polar que nos visitará hasta el próximo mes de febrero y que...*

LA COHESIÓN GRAMATICAL

En un texto bien cohesionado, aparecen diversos mecanismos que permiten hacer referencia a elementos que ya han aparecido antes o que aparecerán después: artículos, demostrativos, posesivos, relativos, pronombres, elipsis (palabras que se omiten porque todavía permanecen presentes en el contexto inmediato del texto), etc.

*Diseñamos para cada empresa una encuesta personalizada que realizamos y analizamos cuidadosamente. Los resultados **(de la encuesta)** se comparten con los responsables de Recursos Humanos y con **sus** equipos, ya que serán **ellos** los responsables de introducir en la compañía las recomendaciones que **les** hacemos. **Esas** recomendaciones se recogen siempre en un documento abierto **que** va evolucionando a lo largo del proceso y **que** se hace público. **Eso** facilita la transparencia d**el** proceso y la motivación de **sus** auténticos protagonistas: las personas que forman los diferentes equipos.*

Además, es necesario establecer relaciones entre las diferentes partes del texto mediante conectores, que pueden ser de diferente tipo:

Causales: **porque**, **como**, **puesto que**, **ya que**, **debido a**, **a causa de**, **con motivo de**...;

Temporales: **primero**, **luego**, **entonces**, **en ese momento**, **más tarde**, **mientras**, **hasta que**, **antes** (**de**), **después** (**de**), **cuando**, **en cuanto**, **tan pronto como**...;

De oposición y contraste: **pero**, **aunque**, **a pesar de** (**que**), **sin embargo**, **aún y así**, **por más que**, **por mucho que**...;

Consecutivos (de la información o de la argumentación): **es por eso que**, **así** (**pues**), **por tanto**, **de manera que**...

9. POR MUCHO QUE ME PAGARAN UNA FORTUNA

A. Lee estas opiniones relacionadas con el trabajo. ¿Estás de acuerdo? Piensa en argumentos a favor o en contra y toma notas para comentarlo con otras personas de la clase.

Fede: "Lo que le interesa a la gente es ganar dinero, por eso la mejor forma de motivar a los empleados es pagarles más".

Marta: "Trabajar menos horas aumenta la satisfacción personal del trabajador y hace que produzca más. Por eso, se deberían crear más puestos de trabajo de media jornada".

Ana: "El trabajo es el mejor lugar para establecer relaciones. De hecho, muchas parejas se han conocido ahí".

Alba: "Poca gente sabe organizarse trabajando desde casa. Casi nunca es buena idea que las empresas favorezcan el teletrabajo".

Sonia: "Las plataformas como Glassdoor, donde los empleados 'se desahogan' sobre su trabajo, empresa o jefes, en realidad no sirven para nada. Estoy convencida de que algunas compañías falsean las puntuaciones o chantajean a los empleados".

B. Comenta con otras personas de la clase tu postura sobre las opiniones de A.

- *Yo no estoy del todo de acuerdo con lo que dice Fede. Creo que subir el sueldo no es la única forma de motivar a la gente. Depende de las condiciones, ¿no?*
- *Desde luego. Yo, por ejemplo, nunca aceptaría un trabajo que no me gustara o que me obligara a pasarme horas y horas en la oficina, por mucho que me pagaran una fortuna.*

10. JEFES /MÁS EJ. 15-16

A. 16-17 Rosa y Juan Luis comentan sus experiencias laborales con sus jefes. Escucha y anota en tu cuaderno lo que dicen.

B. Y tú, ¿tienes buenos o malos recuerdos de tus superiores o profesores/as? Piensa en uno/a. Coméntalo con otras personas de la clase. ¿Quién tuvo el / la jefe/a o profesor/a más liberal, cercano/a, agradable...?

- *Yo tuve un jefe supersimpático que nos invitaba a menudo a tomar algo después del trabajo. Supongo que era una compensación por nuestro esfuerzo.*

C. En pequeños grupos, elaborad una lista con las seis características más importantes de un/a buen/a jefe/a.

Para comunicar

- Ser dinámico/a / ambicioso/a...
- Estar acostumbrado/a a dirigir equipos / delegar...
- Estar disponible para...
- Tener capacidad para comunicar...
- Saber escuchar / hacerse respetar...

11. ALT|DIGITAL TRABAJÉ COMO REPARTIDOR /MÁS EJ. 17

A. Imagina que quieres conseguir uno de estos trabajos. Prepara una presentación oral de tu experiencia lo más atractiva posible (exagera todo lo que quieras).

- organizador/a de fiestas de cumpleaños infantiles
- profesor/a de tenis de un club privado
- entrenador/a de un equipo de fútbol local
- repartidor/a de comida a domicilio
- chef de un restaurante de lujo

B. Formad grupos con las personas de la clase que han escogido las mismas profesiones, realizad vuestras presentaciones y escoged a quien mejor lo haga.

- *Yo trabajé como repartidor de comida a domicilio para una cadena de restaurantes. Entre otras cosas, mi trabajo consistía en...*

12. ¿ESTÁ BIEN ESCRITO?

Lee el texto de presentación de una empresa (ficticia). ¿Crees que está bien escrito? Haz las correcciones que consideres necesarias y reescribe el texto.

NovoLogo
Marketing y Publicidad

Home | Quiénes somos | Nuestros proyectos | Contacto

Nuestra historia

NovoLogo es una agencia de *marketing* y publicidad que tiene más de 20 años de experiencia en *marketing* y publicidad. Más de 60 personas forman parte del equipo de NovoLogo. Todas las personas que trabajan en NovoLogo están altamente cualificadas y comparten nuestros valores y nuestra filosofía de empresa.

Trabajamos con más de 100 empresas nacionales e internacionales. Esas empresas operan en diferentes sectores: el sector inmobiliario, el sector informático y, especialmente, el sector de la alimentación. En NovoLogo contamos con clientes fieles desde hace 20 años. Esa fidelidad demuestra que esos clientes están muy satisfechos. La calidad y la cercanía de los trabajadores y las trabajadoras de NovoLogo son incomparables.

Nuestra principal característica es que los servicios de NovoLogo son totalmente personalizados. O sea, que nos adaptamos a la marca e intentamos transmitir la esencia de cada marca. Esto también nos hace destacar mucho entre la competencia en el sector del *marketing* y la publicidad.

Básicamente lo que hacemos es lo siguiente: crear o renovar la identidad visual de una marca o de un nuevo producto de una marca; crear diseños para envases de productos; crear productos promocionales y otros productos; crear campañas publicitarias atractivas; asesorar sobre cómo introducir al mercado productos nuevos; seleccionar las redes sociales más adecuadas para promover la marca o el producto nuevo, y asesorar a los equipos de venta de las marcas.

¿Crees que nos necesitas? ¿Crees que podemos hacer algo por tu empresa? ¡Contacta con NovoLogo! Ya te llamaremos.

Practicar y comunicar

13. VENDE TU PROYECTO EN 15 LÍNEAS

A. ¿Qué características debe tener el texto de presentación de una empresa para llamar la atención? Comentadlo en grupos y, luego, elaborad una lista con consejos básicos. Podéis buscar información y ejemplos en internet.

- *Yo creo que es muy importante saber transmitir qué es lo que hace especial a la empresa o al proyecto.*
- *Sí, ser original, diferente... Eso ayuda a captar la atención.*

- Mostrar las ventajas competitivas de la empresa.
- Una frase impactante que resuma el proyecto.
- ...

B. En los mismos grupos, imaginad que habéis montado una empresa y que tenéis que escribir un texto para presentarla. Anotad vuestras ideas y haced un esquema de lo que queréis decir. Podéis hacerlo de alguno de estos proyectos o inventar otro.

COOCINA. Habéis abierto un espacio de *coworking* para profesionales de la cocina. Además de ser un espacio de encuentro, se organizarán charlas y cursos de formación y los autónomos que trabajen allí dispondrán de todos los utensilios necesarios.

BIORROPA. Habéis abierto una tienda de ropa ecológica, hecha con materiales reciclables. Tenéis que montar la página web y anunciar promociones con el objetivo de atraer un máximo de clientes posibles.

TALES, CUENTOS CONTRA ENFERMEDADES. Tenéis una pequeña editorial que publica libros ilustrados para niños con enfermedades u hospitalizados. Necesitáis financiación para que vuestro producto llegue a hospitales y centros de cuidado. Periódicamente hay convocatorias de concursos literarios infantiles, tanto para adultos como para pequeños escritores.

C. Ahora vais a redactar el texto en grupos. Tened en cuenta estos criterios.

Para evaluar

→ ¿Llama la atención? ¿Se han seguido los consejos que habéis escrito en A?
→ ¿Tiene una estructura clara?
→ ¿Está bien cohesionado?
→ ¿Hay muchas repeticiones? ¿Se podrían evitar? ¿Cómo?
→ ¿Hay conectores?

D. Entregadle a otro grupo el texto que habéis escrito. Vuestro grupo también recibirá uno: analizad la corrección gramatical y la distribución de la información, e incluid las notas que creáis convenientes para mejorarlo. Luego, devolvédselo al grupo que lo ha escrito.

E. Cuando recibáis vuestro texto, reelaboradlo y escribid la versión definitiva.

14. HAZTE MECENAS

ANTES DE VER EL VÍDEO

A. Vas a ver un vídeo en el que aparecen estas palabras y expresiones. ¿Las entiendes?

copos | nevada | nieve virgen | tormenta | temporal

VEMOS EL VÍDEO

B. ▶ 6 Ve el vídeo y responde a estas preguntas.

1. ¿Cuál es el objetivo del vídeo? ....

2. ¿Quién es la persona que habla? ....

3. ¿En qué consiste el proyecto? ¿Con qué acontecimiento está relacionado? ....

4. ¿Qué personas crees que podrían estar interesadas en tener el libro? ....

C. ▶ 6 Vuelve a ver el vídeo. ¿Qué te parece la campaña? ¿Crees que es atractiva? Comparte tu opinión con el resto de la clase y justifica tu respuesta.

DESPUÉS DE VER EL VÍDEO

D. En grupos, investigad en internet cómo evolucionó el proyecto. ¿Consiguió financiación?

E. ¿Te gustaría participar en un proyecto parecido sobre tu ciudad?

6 COMO NO LO SABÍA...

De no haber sido lo que eres, ¿A QUÉ TE HABRÍAS DEDICADO?

Óscar Isaac

"Me habría gustado ser fotógrafo de guerra".

David DeMaría

"Habría seguido los pasos de mi padre, que fue bombero, o algo relacionado con el salvamento".

Úrsula Corberó

"Si no hubiese sido actriz, creo que habría pertenecido a la generación nini. No sé hacer nada más".

AUDIOS, VÍDEOS, DOCUMENTOS ALTERNATIVOS, ETC., DISPONIBLES EN **campusdifusión**

EN ESTA UNIDAD VAMOS A

PRESENTAR UN EVENTO HISTÓRICO HIPOTÉTICO Y SUS CONSECUENCIAS EN LA HISTORIA

RECURSOS COMUNICATIVOS
- valorar hechos pasados
- hablar de hechos hipotéticos en el pasado y de sus consecuencias
- hacer reproches

RECURSOS GRAMATICALES
- combinaciones de pronombres
- el pretérito pluscuamperfecto de subjuntivo
- el condicional compuesto
- algunos conectores de causa y consecuencia

RECURSOS LÉXICOS
- vocabulario del ámbito de la educación
- los verbos **arrepentirse**, **lamentarse**, **dejar** y **pasar**
- vocabulario de eventos y recorridos vitales

Empezar

1. OTRAS VIDAS POSIBLES

/MÁS EJ. 1

A. ¿Conoces a alguna de las personas de las imágenes? En parejas, buscad información en internet y compartidla en clase.

- de dónde son y a qué se dedican
- por qué son conocidos/as

B. Lee ahora sus testimonios. ¿Te parecen realistas sus respuestas? ¿Cuál te parece más curiosa? ¿Coincides con alguien?

C. ¿Y tú? De no tener la profesión que tienes, ¿qué te hubiera gustado ser?

- *A mí, escritora. De pequeña siempre lo decía.*
- *Pues a mí me hubiera gustado ser...*

Comprender

2. LA LETRA JUGANDO ENTRA /MÁS EJ. 2, 18

A. Lee el titular del reportaje de la página de la derecha. ¿Cómo te imaginas que funciona el tipo de escuela al que se refiere? Coméntalo con otras personas de la clase.

B. MAP Ahora lee el reportaje sobre las escuelas Waldorf y anota qué características tienen. Ten en cuenta las siguientes cuestiones.

- decoración de la escuela
- materiales con los que trabajan
- relación entre profesores/as y estudiantes
- contenidos y asignaturas
- valores, qué fomenta este tipo de escuela
- papel de la familia en la educación
- alimentación
- otras características

C. ¿Qué opina Maite sobre la escuela Waldorf a la que lleva a Bruno? ¿Por qué lo llevó y qué efecto ha tenido en la vida de su hijo y en la familia?

D. Busca en el reportaje cómo se expresan las siguientes ideas.

1. Como Maite veía muy mal a su hijo, decidió buscar otro tipo de escuela. (párrafo 1)
2. Bruno le dice a su madre que desearía haber ido a esta nueva escuela antes. (párrafo 1)
3. Bruno se pasa el día hablando de su nueva escuela, ya que le encanta. (párrafo 1)
4. Cuando los/as niños/as son pequeños/as lo más importante en este tipo de escuelas es que jueguen libremente y que sean imaginativos/as y creativos/as. (párrafo 5)
5. Bruno comunica mucho a sus padres lo que hace en clase porque ellos están muy involucrados y en casa fabrican muchísimos objetos juntos, para la escuela. (párrafo 8)

E. En pequeños grupos, comentad las respuestas a estas preguntas.

- ¿La escuela que se describe en el texto se parece en algo a la escuela a la que fuiste tú o a otras escuelas que conoces? ¿En qué?
- ¿Qué ventajas e inconvenientes tiene para ti la escuela que se describe en el artículo?
- ¿Llevarías a tu hijo/a a una de estas escuelas? ¿Por qué?

Construimos el LÉXICO

A. Subraya las palabras y expresiones relacionadas con la enseñanza que aparecen en el texto de la actividad 2. Luego, haz un pequeño glosario y tradúcelas a tu lengua.

B. Usa esas palabras y expresiones y otras parecidas para escribir frases sobre la escuela o las escuelas a las que fuiste de pequeño/a. Luego, coméntalo en clase.

EDUCACIÓN

Método Waldorf

por Cristian Chamorro

NI EXÁMENES, NI DEBERES, NI LIBROS DE TEXTO... otro tipo de escuela es posible

Aula de una escuela Waldorf

Pintura

Trabajos artesanales

El hijo de Maite tiene 10 años y hasta los 8 estuvo acudiendo a un centro de enseñanza privada en Madrid. "Sacaba buenas notas, pero yo lo veía muy triste, muy deprimido", afirma la madre. "Lo veía tan mal que empecé a buscar otras alternativas y un día me hablaron de esta metodología. Así que en octubre, con el curso iniciado, cambié al niño de cole y lo llevé a una escuela Waldorf. "Mi hijo, cuando salió de clase el primer día, me dijo: 'Mamá, tendrías que haberme traído aquí desde el principio'. ¡Le gusta tanto que no para de hablar de la escuela!".

Al entrar en el centro, el hijo de Maite, Bruno, notó muchas diferencias con respecto a su anterior escuela: aulas pintadas en tonos pastel, profesores que saludaban uno por uno a cada alumno de la clase al entrar, canciones interpretadas por toda la clase con acompañamiento instrumental o lecciones donde nunca se alzaba la voz. "Como en sus aulas ni se grita ni se castiga, mucha gente piensa que los alumnos Waldorf no tienen disciplina, pero es una disciplina que nace del propio niño", afirma Maite.

Desde que empezó en el nuevo cole, Bruno ya no prepara su cartera como antes. "Antes miraba el horario de clases y cada mañana metía en la cartera los tres o cuatro libros de texto de las asignaturas del día (Lengua, Matemáticas, Conocimiento del Medio o lo que fuera) y sus cuadernos", comenta Maite. Hoy solo ha metido en su mochila las ceras de colores, la flauta y un juguete de madera que hicieron juntos sus padres y él. Además, lleva su delantal, puesto que esta mañana le toca hacer pan en clase.

Y es que si algo diferencia al método Waldorf —ideado por el filósofo austríaco Steiner a finales del siglo XIX— es, que además de impartir los contenidos de cualquier otro centro oficial, incluye también asignaturas artísticas (Música, Danza y Movimiento, Teatro, Pintura...) y trabajos artesanales con diferentes materiales (lana, hilo, barro, madera...).

"En los primeros años, lo que hace este método es propiciar el juego libre, la creatividad y la imaginación, trabajando en todo tipo de artes para que los niños puedan expresar sus emociones, sus sentimientos, y para que vayan aprendiendo de la forma más natural posible sin necesidad de estar sentados en una silla", afirma Luis Melero, educador del método Waldorf. "La formación humana que defendemos no sale de los libros de texto, que solo se utilizan a modo de consulta. Concebimos la enseñanza en función del desarrollo de cada niño. Tenemos en cuenta la evolución del alumno, su proceso de maduración, y aplicamos los contenidos de las materias en función de esta evolución".

"Mi hijo es feliz en el colegio. Es un método que crea personas solidarias, comprensivas, relajadas, seguras y que conocen sus puntos positivos", afirma Maite.

En las escuelas Waldorf el alumno y el maestro desarrollan un vínculo muy fuerte. Los tutores acompañan a una misma clase durante seis años, creando una estrecha relación que permite que el maestro preste especial atención al momento evolutivo de cada niño para darle tiempo en su proceso de desarrollo.

Es muy común que los niños de una escuela Waldorf se diviertan con los juguetes que les han hecho sus padres, ya que otra característica de estos centros es que los padres están decididos a implicarse varias horas a la semana en la educación de sus hijos. Gracias a eso, los chavales entienden que tanto los maestros como la comunidad educativa trabajan juntos en la misma dirección. "Hemos hecho tantas cosas con él que ahora nos cuenta todo lo que hace en clase porque siente que también es asunto nuestro. Esta tarde llegará y nos contará qué han dicho sus compañeros de la flauta de madera que fabricamos juntos", cuenta Maite. "Ahora está más unido a nosotros que antes y estamos muy contentos. Si hubiera conocido antes esta escuela, seguro que lo habría matriculado aquí ya a los tres años".

Otro aspecto importante de este método es la enorme importancia que confiere a la alimentación de los alumnos y al respeto por el medioambiente. Así, dentro de las aulas todos los juguetes están hechos con materiales respetuosos con la naturaleza y en el comedor solo se sirve comida ecológica.

Sin embargo, hay algo que este método no ve con buenos ojos: todo lo relacionado con la televisión, los videojuegos, los móviles, etc. "Depende de cada escuela, pero es cierto que se recomienda que no vean la tele", explica uno de los maestros de un centro Waldorf. "La televisión mata la imaginación y nosotros intentamos fomentarla".

22

Explorar y reflexionar

3. UNA ESPINITA CLAVADA /MÁS EJ. 3-5

A. CORPUS En parejas, buscad en Linguee (en **campusdifusión** tenéis instrucciones) la expresión "espinita clavada" y leed las frases que encontréis. ¿Entendéis qué significa? ¿Con qué verbos se puede combinar? ¿Cómo traduciríais esa expresión en vuestro idioma?

B. 18-21 En un programa de radio han preguntado a sus oyentes cuál es su espinita clavada. Escucha y anota lo que cuentan las personas entrevistadas.

	¿CUÁL ES SU ESPINITA CLAVADA?	¿POR QUÉ MOTIVOS NO LO HIZO?
1.		
2.		
3.		
4.		

C. Fíjate en esta frase de la transcripción. La estructura marcada en negrita sirve para hablar de situaciones hipotéticas en el pasado (**si** + pretérito pluscuamperfecto de subjuntivo). ¿Entiendes cómo se forma ese tiempo del subjuntivo?

- **Si** lo **hubiera hecho** antes**,** justo después de mis prácticas, habría sido más fácil.

D. Aquí tienes otras frases de la transcripción. ¿Con qué dos tiempos verbales podemos expresar las consecuencias pasadas de una situación hipotética en el pasado?

1. (Si hubiera podido,) **me hubiera gustado** cantar en un grupo.
2. (Si hubiera sido profesor), creo que **se me habría dado** bien e incluso quizás me hubiera gustado más.
3. (Si hubiera vivido un tiempo en el extranjero,) **habría aprendido** bien un idioma, habría conocido a un montón de gente.
4. Supongo que si hubiera tenido un montón de fracasos amorosos, eso tampoco me **habría hecho** feliz.

E. Fíjate en estas otras frases. En ellas, la consecuencia se expresa en condicional simple. La consecuencia es irreal, pero ¿dónde se sitúa: en el pasado o en el presente?

- Si hubiera estudiado para ser profesor, quizás **tendría** un trabajo estable.
- Si hubiera vivido un tiempo en el extranjero, creo que ahora **hablaría** mejor inglés.

F. Completa las frases con información sobre ti y coméntalas con un/a compañero/a.

1. Si hubiera nacido en ...., ...

2. Habría sido el / la niño/a más feliz del mundo si ....

3. No habría ido nunca a .... si no ....

4. Mi vida sería muy diferente si ....

4. TENDRÍA QUE HABERLO HECHO ANTES

A. Estas son cosas que dicen las personas de la grabación de la actividad 3. Los recursos subrayados sirven para lamentarse de algo que no sucedió en el pasado. Los verbos marcados en negrita están en infinitivo compuesto. ¿Entiendes cómo se forma?

1. "Podría **haber seguido** buscando trabajo en institutos".
2. "Podría **haber conocido** a gente de ese mundillo...".
3. "Tendría que **haberme marchado** cuando tenía veinte años, para estudiar".
4. "Podría **haber disfrutado** más y conocerme mejor".
5. "Debería **haber tenido** más parejas antes de conocer a mi pareja definitiva".
6. "No tenía dinero y mis padres no podían ayudarme, pero podría **haber buscado** trabajo por las tardes...".

B. Y tú, ¿te lamentas de algo que sucedió en el pasado? Escribe tres frases usando las estructuras que has analizado en el apartado A.

Debería haber estudiado otra carrera, quizás Derecho.

Para comunicar

→ Debería...
→ Podría...
→ Tendría que...

haber ido / haber hecho / haber aprendido...

→ Me arrepiento de no...

C. Ahora, cuéntale a otra persona de la clase de qué te lamentas, por qué y qué crees que tendrías que haber hecho.

5. REPROCHES /MÁS EJ. 6-8

A. Lee lo que cuentan algunas personas sobre decisiones propias o de otras personas. Relaciona cada intervención con la reacción que consideres más adecuada.

1. Al final, decidí no decirle a mi madre que me iba de vacaciones.
2. Mi hijo quería comprarse una chaqueta de marca, pero no tenía dinero y no se la compró.
3. Mira, es que mañana no podré venir a trabajar porque tengo un examen en la universidad.
4. Le pedí a mi hermano unas fotos mías de cuando era pequeña porque él guarda todas las fotos de la familia, para un álbum que estoy haciendo. Pues no me las quiso dar. ¿A ti te parece normal?
5. Encontré un piso no muy caro y muy céntrico, pero, al final, no lo compré. La verdad es que ahora me arrepiento.

○ Hombre, pues no. **Te las** tendría que haber dado, ¿no?
○ Bueno, no pasa nada, pero **me lo** podrías haber dicho antes. Ahora tengo poco tiempo para encontrar una sustituta.
○ Y con razón, porque ahora están carísimos. Tendrías que haber**lo** comprado...
○ Sinceramente, creo que deberías habér**selo** dicho.
○ Pues podrías habér**sela** comprado, ¿no? ¡Pobrecillo!

B. Observa las palabras de A marcadas en negrita. Son pronombres. ¿A qué o a quién se refiere cada uno de ellos? ¿Podrían ir en otro lugar de esas frases?

C. ¿Qué reproches podría hacer Lola en estas situaciones? Escríbelo usando frases como las de A y, luego, compara tus respuestas con las de tus compañeros/as.

1. A los 20 años, sus padres no le dejaron irse de casa para compartir piso con unas amigas. Ella lamenta no haber vivido esa experiencia.
   Lola a sus padres: ....
2. Su hermano estuvo enfermo durante un tiempo, pero no le dijo nada para que no se preocupara. Ella cree que podría haberlo ayudado.
   Lola a su hermano: ....
3. Su pareja quería apuntarse a clases de alemán, pero como no tenía dinero no lo hizo. A ella no le parece lógico porque ella sí tenía dinero.
   Lola a su pareja: ....
4. Una amiga suya le aconsejó que dejara la carrera. Ella estaba muy perdida y lo hizo, pero ahora cree que fue una mala decisión.
   Lola a su amiga: ....

6. ¿SE ARREPIENTEN? /MÁS EJ. 9

A. En las siguientes conversaciones, algunas personas comentan decisiones que tomaron en algún momento de su vida. ¿Crees que se alegran de haberlas tomado o se arrepienten? ¿Por qué? Coméntalo con tus compañeros/as.

1

- No hay mal que por bien no venga. Mira, si Juana no me hubiera dejado, nunca habría conocido a Luisa, el amor de mi vida...
- ¡Es verdad!

2

- Uf, el piso nuevo me está dando un montón de problemas...
- ¿Sí?
- Sí, si lo sé no lo compro.

3

- Hombre, de haber aceptado el trabajo en Singapur, estaría ganando un montón de dinero, pero no sería feliz.
- Claro. Estás mejor aquí.

4

- Me encanta este piso y este barrio.
- Pues si llegamos a ir a vivir al campo, como tú querías, no estaríamos aquí...
- Sí, tienes razón, suerte que no lo hicimos.

5

- Jo, no sabía que había huelga de controladores aéreos... Si lo llego a saber, voy en tren.
- ¿Qué pasó?
- Pues que el vuelo se retrasó un montón y no llegué a tiempo a la inauguración del congreso...

6

- Si ese día le dices a tu madre que te van a echar del trabajo, tiene un ataque. ¡Menos mal que al final no se lo dijiste!
- Sí, ¡y menos mal que no me echaron!

B. Además de la estructura que ya conoces (situación 1 de A), ¿qué otras estructuras se usan para hablar de situaciones hipotéticas en el pasado? Anótalas. ¿Cuáles te parecen más coloquiales?

- Si lo sé, + presente de indicativo...
- ...

C. ¿Te sientes identificado/a con alguna de las situaciones de A? ¿Con cuál? ¿Por qué?

7. CAUSAS Y CONSECUENCIAS /MÁS EJ. 10-13

A. Esto es lo que cuentan algunas personas sobre su experiencia educativa. Relaciona los principios de cada frase con su continuación más lógica.

1 

"**Juan:** Gracias a lo buen estudiante que era de joven, ..."

2 

"**Ana:** Me costaba tanto estudiar, ..."

3 

"**Elisa:** Tuve que ponerme a trabajar para pagarme los estudios..."

4 

"**Pablo:** Pasé varios meses sin ir a la escuela..."

5 

"**Roberto:** Aprobaba casi sin estudiar..."

6 

"**Javi:** La carrera de Medicina me pareció tan aburrida, ..."

7 

"**Arturo:** Al ser mi madre la directora de la escuela, ..."

8 

"**Eli:** Debido a que había plazas limitadas..."

9 

"**Marta:** Pasé tantos años estudiando en un colegio muy pequeño, ..."

10 

"**Nieves:** No pude entrar en la carrera que quería..."

- ◯ que no lo hacía y no aprobaba nunca.
- ◯ a causa de una hepatitis.
- ◯ gracias a mi gran memoria.
- ◯ no me pude matricular en la escuela de Arquitectura.
- ◯ que me costó adaptarme a la universidad.
- ◯ que la dejé en el segundo curso.
- ◯ pude empezar Medicina a los 16 años.
- ◯ no podía faltar nunca a clase.
- ◯ debido a que mis padres tenían poco dinero.
- ◯ por culpa de mi mala nota en la prueba de acceso a la universidad.

B. ¿Alguna de las situaciones de A te recuerda una experiencia tuya? Coméntalo en clase.

- *Pues a mí me pasó algo parecido a lo de Javi, porque empecé a estudiar Informática, pero como el primer año me pareció muy difícil, lo dejé.*

C. Los siguientes conectores sirven para informar sobre causas. Busca ejemplos de uso en A y en el texto de la actividad 2, y apúntalos en tu cuaderno. ¿Entiendes qué significan?

- **debido a que** + oración / **debido a** + sustantivo o pronombre
- **gracias a que** + oración / **gracias a** + sustantivo o pronombre
- **por culpa de que** + oración / **por culpa de** + sustantivo o pronombre
- **a causa de** + sustantivo o pronombre
- **ya que / puesto que** + oración
- **tan** + adjetivo + **que**
- **tanto/a/os/as** + sustantivo + **que**
- verbo + **tanto** + **que**
- **al** + infinitivo

EDUCACIÓN

- **enseñanza**: pública / privada / concertada
- **escuela / centro**: público/a / privado/a / religioso/a / internacional
- **sacar**: buenas / malas notas
- **aprobar / suspender**: los exámenes / el curso
- **repetir**: curso
- **estudiar para (ser)**: médico/a / profesor/a
- **proceso**: de desarrollo / de aprendizaje
- **propiciar / fomentar**: la creatividad / el juego libre / la competencia
- acoso / abandono / fracaso: **escolar**
- **libro**: de texto
- **cambiar de**: escuela / colegio / carrera
- **impartir**: clases / contenidos / una asignatura
- **matricularse en**: una carrera / un curso
- **apuntarse a (clases de)**: italiano / yoga
- **hacer**: una carrera / un máster / exámenes / la selectividad
- **tener**: memoria / imaginación
- **dejar**: la carrera / los estudios / la escuela
- **faltar a**: clase

VERBOS /MÁS EJ. 15-16

ARREPENTIRSE DE ALGO: Significa sentir pena por haber hecho algo o no haberlo hecho.

Me arrepiento de *no haber estudiado Traducción. Ahora me dedico a ello, pero no tener el título me cierra puertas.*

- *¿**Te arrepientes de** no haber comprado aquel piso que viste?*
- *No, porque el piso en el que estoy ahora me gusta más.*

*Tendría que haber llevado a mis hijos a otra escuela. La verdad es que me equivoqué. **Me arrepiento de** la decisión que tomé.*

REPROCHAR ALGO A ALGUIEN: Decir a alguien lo que se piensa que no ha hecho bien.

*La oposición **reprocha** al Gobierno la subida de los impuestos.*

*Anoche estuve hablando con mi hermano y me **reprochó** que no le hubiera hablado de mi enfermedad.*

LAMENTAR ALGO, LAMENTARSE DE ALGO: Sentir pena, contrariedad, arrepentimiento, etc., por alguna cosa.

***Lamento** no haber podido pagarles clases de piano a mis hijos.*

*No **me lamento de** nada. Lo que pasó pasó; no hay nada que hacer.*

*Mi madre **se lamenta de que** al final yo no haya ido a la universidad.*

***Lamento que** tengas que quedarte todo el verano aquí trabajando.*

DEJAR A ALGUIEN: Terminar una relación con alguien.

*Está muy triste porque su novia lo **ha dejado**.*

DEJAR DE HACER ALGO O DEJAR ALGO: No continuar alguna actividad que se estaba haciendo.

***Dejé de** salir los fines de semana para poder estudiar mejor.*

*Marco **ha dejado** los estudios, pero aún no sabe qué va a hacer.*

DEJAR A ALGUIEN HACER ALGO: Permitir a alguien que haga algo.

*Tendrías que **haberme dejado** irme unos días con mis amigas, mamá.*

PASAR UN TIEMPO EN UN LUGAR

*Cuando tenía 18 años, **pasé** seis meses en Buenos Aires.*

PASAR UN TIEMPO HACIENDO ALGO

*El año pasado, **pasé** dos meses viajando por México.*

PASAR UN TIEMPO SIN HACER ALGO

*Mi hermano **pasó** un año **sin** ir a la escuela a causa de una enfermedad.*

EVENTOS Y RECORRIDOS VITALES /MÁS EJ. 14

- **comprar / alquilar / vender** un piso / una casa…
- **compartir piso con** un/a amigo/a…
- **mudarse**
- **conocer** a alguien
- **marcharse de** casa / la ciudad…
- **ir a vivir a**l campo / la ciudad…
- **estar en el paro**
- **quedarse en paro**
- **abrir** un negocio / un bar / un restaurante / una tienda…
- **despedir a** un/a trabajador/a
- **montar una empresa**
- **dar / pedir** una beca / un préstamo / una hipoteca…

Gramática y comunicación

PRETÉRITO PLUSCUAMPERFECTO DE SUBJUNTIVO

P. 185

	IMPERFECTO DE SUBJUNTIVO DE HABER	+ PARTICIPIO
(yo)	**hubiera / hubiese**	
(tú, vos)	**hubieras / hubieses**	
(él / ella, usted)	**hubiera / hubiese**	**trabajado**
(nosotros/as)	**hubiéramos / hubiésemos**	**comido**
(vosotros/as)	**hubierais / hubieseis**	**vivido**
(ellos/as, ustedes)	**hubieran / hubiesen**	

CONDICIONAL COMPUESTO

	CONDICIONAL DE HABER	+ PARTICIPIO
(yo)	**habría**	
(tú, vos)	**habrías**	
(él / ella, usted)	**habría**	**trabajado**
(nosotros/as)	**habríamos**	**comido**
(vosotros/as)	**habríais**	**vivido**
(ellos/as, ustedes)	**habrían**	

ESTRUCTURAS CONDICIONALES

P. 181, 185

CONDICIONES IRREALES EN EL PASADO CON CONSECUENCIAS REFERIDAS AL PASADO

*Si me **hubieras** / **hubieses** llamado al móvil,* (No me llamaste al móvil).

→ *me **habrías** encontrado.*
→ *me **hubieras** / **hubieses** encontrado.* (No me encontraste).

También podemos usar esta estructura:

***De haberme llamado al móvil**, me hubieras / hubieses / habrías encontrado.*

No siempre es necesario expresar la condición; en muchas ocasiones se sobreentiende o está implícita en el contexto.

- *Al final, decidí no decirle a mi padre lo del divorcio.*
- *Pues yo* (si eso me hubiera pasado a mí) *se lo **hubiera dicho**.*

CONDICIONES IRREALES EN EL PASADO CON CONSECUENCIAS REFERIDAS AL PRESENTE

*Si **hubiera** / **hubiese** aprobado el examen,* (No aprobé el examen).

→ *no me **tendría** que pasar el verano estudiando.* (Ahora tengo / tendré que pasarme el verano estudiando).

***De haber aprobado** el examen, no **tendría** que pasar el verano estudiando.*

OTRAS MANERAS DE EXPRESAR CONDICIONES IRREALES

SI LO SÉ, ...

*Uf, el cine de ayer, fatal. La película me pareció aburridísima. **Si lo sé,** no voy.* (Si hubiera sabido que era tan aburrida...).

*Me han tocado 4000 euros en la lotería. ¡**Si lo sé,** compro varios décimos!* (Si hubiera sabido que ese décimo iba a ser premiado...).

SI LLEGO A...

*Ayer llamé a Marcos para disculparme por no haberlo invitado a la fiesta y me habló mal y me colgó. Me sentí muy mal. **Si** lo **llego a** saber, no lo llamo.* (Si hubiera sabido que reaccionaría así).

*Iba a pasar por casa, pero al final decidí no ir. **Si llego a** estar en casa en ese momento, me hubiera encontrado con los ladrones. ¿Te imaginas?* (Si hubiera estado en casa en ese momento).

En la lengua oral, se puede usar el presente para expresar condiciones irreales:
*Si **me entero** antes de que no venías, **me quedo** en casa.*

REPROCHAR

P. 172, 180

Para hacer reproches sobre algo que ha sucedido, disponemos de diferentes recursos.

CONDICIONAL	INFINITIVO COMPUESTO
Debería/s	**haber llegado** un poco antes.
Tendría/s que	**habérselo dicho** a tu familia.
Podría/s	**habérnoslo comentado** antes.

* El infinitivo compuesto se forma con el infinitivo del verbo **haber** + el participio del verbo principal.

Los recursos anteriores sirven también para lamentarse de algo que ha hecho (o no hecho) uno mismo.

*El examen me ha salido fatal. **Debería haber estudiado** más.*

USO Y POSICIÓN DE LOS PRONOMBRES

P. 157

El orden de los pronombres es OI + OD. Con los verbos conjugados, los pronombres se colocan siempre delante del verbo.
*Ay, me he dejado tu libro en casa. **Te lo** traigo mañana.*

Con el infinitivo, el gerundio y la forma afirmativa del imperativo, los pronombres se colocan después del verbo y forman una sola palabra.

*Está claro que tenéis un problema y lo mejor sería discutir**lo**.*

! Con perífrasis y con estructuras como **poder** / **querer** / **ir a** + infinitivo, los pronombres pueden ir delante del verbo conjugado o detrás del infinitivo, pero nunca entre ambos.

- *Quería comprar**le a mi marido la última novela de Haruki Murakami**, pero era muy cara.*
  - *Pues **se la** tendrías que haber comprado; es buenísima.**
  - *Pues tendrías que haber**sela** comprado; es buenísima.**
  - *~~Pues tendrías que se la haber comprado~~.*

* **le / les + lo / la / las / los → se + lo / la / las / los**

INFORMAR SOBRE CAUSAS Y RAZONES P. 166, 167

CONSECUENCIA + PORQUE + CAUSA (EXPRESADA CON UNA ORACIÓN EN INDICATIVO)

*Siempre sacaba buenas notas **porque** era muy responsable.*

CONSECUENCIA + POR + CAUSA (EXPRESADA CON UN SUSTANTIVO O CON UN INFINITIVO)

*Le han dado el trabajo **por** su experiencia en este sector.*

*El otro día me multaron **por** aparcar en doble fila.*

DEBIDO A + SUSTANTIVO / DEBIDO A QUE + ORACIÓN EN INDICATIVO

***Debido a** las fuertes lluvias, la organización decidió suspender el partido.*

*Los vecinos tuvieron que abandonar el edificio **debido a que** los bomberos estaban comprobando la seguridad.*

A CAUSA DE + SUSTANTIVO

Muy a menudo, con este conector se da a entender que la causa ha tenido un efecto negativo.

*Iván Gómez no jugará el mundial **a causa de** una lesión.*

GRACIAS A + SUSTANTIVO / GRACIAS A QUE + ORACIÓN EN INDICATIVO

Se usa si la causa se presenta como algo que tiene efectos positivos.

*Hemos logrado superar la crisis **gracias al** esfuerzo de toda la empresa.*

*Hoy en día, la comunicación es mucho más rápida que antes **gracias a que** existe internet.*

POR CULPA DE + SUSTANTIVO / POR CULPA DE QUE + ORACIÓN EN INDICATIVO

Se usa si la causa se presenta como algo que tiene efectos negativos.

*He vuelto a llegar tarde al trabajo **por culpa de**l tráfico.*

*Llegamos tarde al cine **por culpa de que** tú quisiste entrar en aquella tienda de discos.*

REFERIRNOS A CAUSAS CONOCIDAS

Cuando queremos presentar la causa como algo conocido, podemos colocarla antes de la consecuencia con los siguientes conectores: **como**, **dado que**, **ya que**, **puesto que**.

COMO

El uso de **como** obliga normalmente a colocar la causa antes de la consecuencia.

***Como** el niño no se encuentra muy bien, es mejor que anulemos la cena.*

En la lengua oral, es frecuente añadir la causa de algo con **como** después de una información. En este caso, la entonación de la oración causal queda en suspenso.

*Te he comprado flores. **Como** sé que te gustan tanto...*

AL + INFINITIVO

Tiene un valor similar al de las construcciones con **como**.

*No creo que me den el trabajo. **Al no hablar inglés,** lo tengo muy difícil, la verdad.* (Como no hablo inglés, …)

YA QUE, PUESTO QUE, DADO QUE + ORACIÓN EN INDICATIVO

Estos conectores tienen un sentido explicativo: hacen referencia a un hecho que se entiende como explicación o justificación de otra cosa. Es muy frecuente que las explicaciones introducidas por estos conectores aparezcan al principio de la oración. En estos casos, las causas se presentan como hechos ya conocidos.

***Ya que** esta tarde vas a ver a Rosario, ¿le puedes dar este currículum?*

En un registro más cuidado (prensa, informes, etc.) es frecuente el uso de **dado que** y **puesto que**.

***Dado que** la obra ha tenido tanto éxito, van a mantenerla en cartel un mes más.*

***Puesto que** se investiga muy poco sobre esta enfermedad, todavía no se dispone de un tratamiento eficaz.*

CONSTRUCCIONES ENFÁTICAS CON VALOR CAUSAL

Cuando la causa se asocia a la intensidad de algo, disponemos de varios recursos para expresarla.

- Tan + adjetivo + que

*Era **tan** alto **que** en los hoteles nunca tenían camas adecuadas para él.*

- Tanto/a/os/as + sustantivo + que

*Tenía **tanto** dinero **que** decidió darle una parte a una ONG.*

*He comido **tanta** tarta **que** creo que no voy a comer nada más en tres días.*

*Tenía **tantos** problemas con el jefe **que** al final tuve que dejar el trabajo.*

*Tuve que tomar **tantas** pastillas **que** me puse fatal del estómago.*

- Verbo + tanto + que

*Me gustaban **tanto** aquellos pantalones **que** al final me los compré.*

8. ESTABA TAN CANSADO QUE...

A. Las frases de estos recuadros cuentan la historia de cuatro personas, pero no tienen conectores de causa. Reescribe sus historias usando esos conectores y haciendo las modificaciones necesarias.

1. ANDY

Andy salía cada noche hasta las tantas. // No dormía bien. // Llegaba tarde a clase cada día y estaba muy cansado. // No participaba mucho y no seguía bien las clases. // Suspendió los exámenes. // Tuvo que repetir curso.

2. VANESA

Se habían puesto de moda las casas en el campo. // Vanesa compró una para después venderla y ganar dinero. // El mercado inmobiliario perdió mucho valor. // Tuvo que venderla por menos dinero del que costó. Se arruinó.

3. PAULA

Paula no tenía claro qué quería estudiar. // Sus padres tenían una farmacia y le insistieron mucho para que estudiara la carrera de Farmacia. // Lo hizo, pero no le gustaba. // Cuando terminó la carrera, estuvo unos años trabajando en la farmacia de sus padres. // No se sentía feliz. // Lo dejó y se puso a estudiar Filosofía.

4. ENRIQUE

En su pueblo no había trabajo. // Se fue a vivir a la capital. // No encontraba trabajo. // Todo era muy caro. // Se fue a vivir a un piso compartido. // Su compañera de piso cocinaba muy bien. // Decidieron abrir un restaurante juntos. // El restaurante tuvo mucho éxito. // Abrieron dos más en otras ciudades.

Andy no dormía bien debido a que salía cada noche hasta las tantas. Llegaba tarde a clase cada día y estaba tan cansado que...

+ Para comunicar

- → como...
- → gracias a... / gracias a que...
- → debido a... / debido a que...
- → a causa de...
- → ya que / puesto que / dado que...
- → tan... que... / tanto/a/os/as... que...

B. Comparte con la clase tu punto de vista sobre cada una de las situaciones anteriores.

+ Para comunicar

- → (no) debería/n haber hecho / ido / decidido...
- → (no) tendría/n que haber hecho / ido / decidido...
- → de haber hecho / ido / decidido...

- *Andy tendría que haber estudiado más.*
- *Ya, pero estaba demasiado cansado. Como salía tanto y no dormía...*

CÁPSULA DE LENGUA ORAL Y COLOQUIAL 6

Como en oraciones causales

9. GRANDES DECISIONES

A. En pequeños grupos, comentad con qué temas están relacionadas las grandes decisiones que tomamos en la vida.

B. 22-24 ALT Vas a escuchar una serie de testimonios de personas que hablan sobre decisiones que tuvieron que tomar. Escucha y anota las respuestas a estas preguntas.

1. ¿Cuál era el problema? **2.** ¿Cuál fue la decisión? **3.** ¿Fue una buena o una mala decisión? ¿Por qué?

C. Piensa en decisiones importantes que has tenido que tomar en la vida. Prepara individualmente lo que vas a contar y coméntalo con tus compañeros/as.

- *A mí una vez me surgió la posibilidad de comprar una casa muy vieja. La compré, la arreglé y la vendí por el triple de lo que me había costado. Ahora me dedico a rehabilitar casas. Si no hubiera sido por esa primera compra...*

- ¿De qué decisión estás más contento/a?
- ¿Cuál crees que ha cambiado más tu vida?
- ¿Crees que alguna decisión que tomaste fue equivocada? ¿Por qué?
- ¿Qué personas te han ayudado más a tomar decisiones?

10. IMAGINA OTRA VIDA /MÁS EJ. 17

A. En grupos, comentad las respuestas a estas preguntas y argumentadlas: por qué, cómo crees que hubiera cambiado tu vida...

- ¿En qué otro país habrías querido nacer?
- ¿En qué otra época te habría gustado vivir?
- De no haber sido una persona, ¿qué te habría gustado ser?

- *Yo hubiera querido nacer en Singapur porque así seguramente habría hablado varias lenguas (chino, inglés...) y habría tenido más oportunidades laborales. Además...*

B. En parejas, preparad preguntas parecidas a las de A para entrevistar a otras dos personas.

- ¿Qué persona famosa te hubiera gustado ser? ¿Qué podrías haber hecho?
- ¿Qué te hubiera gustado aprender de niño/a? ¿En qué habría cambiado tu vida?

C. Hacedles a vuestros/as compañeros/as las preguntas y grabad la entrevista en vídeo. Luego, ved los vídeos que han hecho las demás personas de la clase. ¿Coincidís en algo? ¿Os ha sorprendido algo?

11. ALT|DIGITAL UTOPÍAS /MÁS EJ. 19

A. Vais a imaginar la historia de otra manera. ¿Qué habría pasado si cierto hecho histórico no se hubiera producido en vuestro país o en el mundo? En grupos, pensad en acontecimientos que habrían podido ser distintos y elegid el que os parezca más interesante.

¿Qué hubiera pasado si…

- no se hubieran extinguido los dinosaurios?
- no se hubiera descubierto el fuego?
- Colón no hubiera llegado nunca a América?
- no se hubiera inventado el cine?
- no se hubiera inventado la imprenta?
- las mujeres no hubieran podido acceder nunca a la educación superior?
- …

B. Primero, haced una lista de posibles consecuencias de esa situación hipotética. Si lo necesitáis, podéis buscar en internet.

Si no se hubieran extinguido los dinosaurios, …

- hubieran gobernado el mundo.
- los humanos nunca habrían existido.
- los humanos habrían entrado en guerra con ellos.
- …

C. Ahora vais a preparar una presentación sobre la situación que habéis imaginado.

D. Mostrad vuestro trabajo a la clase. ¿Qué equipo ha imaginado historias más originales?

- *Nosotros tenemos varias hipótesis de lo que habría podido suceder si los dinosaurios no se hubieran extinguido. La primera es que, como habrían continuado siendo los animales más poderosos de la Tierra, habrían dominado el planeta y…*

E. ¿Qué os hubiera gustado más que pasara? ¿Qué creéis que es mejor que no haya pasado?

- *Yo creo que suerte que se extinguieron. Gracias a eso, hemos podido hacer un montón de películas sobre ellos y…*

Vídeo

DISPONIBLE EN **campusdifusión**

12. LOS COLORES DE LAS FLORES

ANTES DE VER EL VÍDEO

A. ¿Qué escribirías tú si tuvieras que hacer una redacción titulada "Los colores de las flores"? Anota algunas ideas y, luego, compártelo con otras personas de la clase.

B. Busca información sobre la ONCE: qué es, desde cuándo existe, a qué se dedica...

VEMOS EL VÍDEO

C. ▶ 7 Ve el vídeo hasta el minuto 01:53. ¿Qué dificultad puede tener Diego para hacer la redacción? ¿Cómo intentan ayudarlo las personas de su entorno?

D. ▶ 7 Ve hasta el minuto 03:46. ¿Qué dice Diego sobre los colores de las flores en su redacción? ¿Qué le ha ayudado a hacer la redacción?

E. ▶ 7 En parejas, comentad cuál creéis que es el objetivo de este cortometraje. Luego, ved el resto del vídeo y leed lo que aparece escrito. ¿Coincide con lo que pensabais?

DESPUÉS DE VER EL VÍDEO

F. ¿Qué beneficios crees que tiene para Diego poder hacer la misma tarea que los/as demás estudiantes a pesar de su discapacidad? ¿Qué beneficios crees que tiene para el resto de la clase?

G. Buscad información sobre la educación inclusiva. ¿Qué es y qué ventajas puede tener? ¿Con qué dificultades pueden encontrarse los/as docentes para llevar a cabo este tipo de educación?

H. Cuando ibas a la escuela, ¿te hubiera gustado que prestaran más atención a tus necesidades particulares? ¿En qué?

Más ejercicios

Este es tu cuaderno de ejercicios. En él encontrarás actividades diseñadas para fijar y entender mejor cuestiones **gramaticales** y **léxicas**. Estos ejercicios pueden realizarse individualmente, pero también los puede usar el / la docente en clase cuando considere oportuno reforzar un determinado aspecto.

También puede resultar interesante hacer estas actividades con otras personas de la clase. Piensa que no solo aprendemos cosas con el profesor o la profesora; en muchas ocasiones, reflexionar con otro/a estudiante sobre cuestiones gramaticales te puede ayudar mucho.

EL CUERPO EN MOVIMIENTO 1

1. ¿Con qué palabras están relacionados estos verbos? Escríbelo.

a. Mirar: la mirada
b. Acariciar: ....
c. Alisar: ....
d. Manosear: ....
e. Respirar: ....
f. Parpadear: ....

2. Escribe los adjetivos que corresponden a estos sustantivos.

SUSTANTIVO	ADJETIVO
(la) coherencia	Coherente
(la) concentración	Concentrado/a
(la) confianza	Confiado/a
(la) contradicción	Contradictorio/a
(la) convicción	Convencido/a certainty
(la) credibilidad	Creíble
(la) falsedad	falso/a
(la) inseguridad	inseguro/a insecure
(la) irritación	irritado/a
(la) moderación	moderado/a moderate/calm
(el) miedo	miedoso/a coward
(la) naturalidad	natural
(el) nerviosismo	nervioso/a
(la) tranquilidad	tranquilo/a
(la) vergüenza	vergonzoso/a

3. Escribe los nombres de las partes del cuerpo señaladas.

a

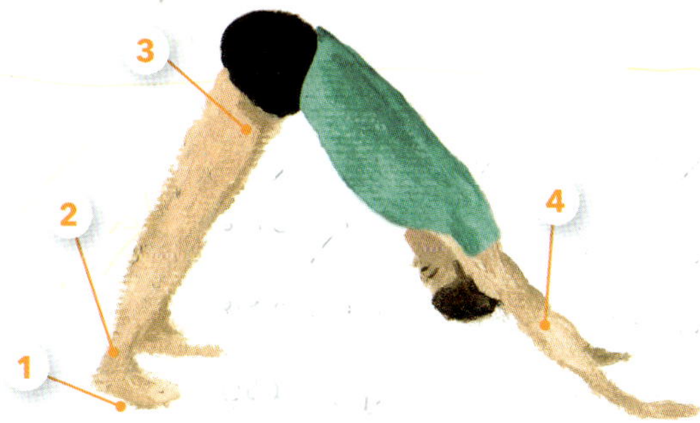

1. p .... del pie
2. t ....
3. m ....
4. c ....

b

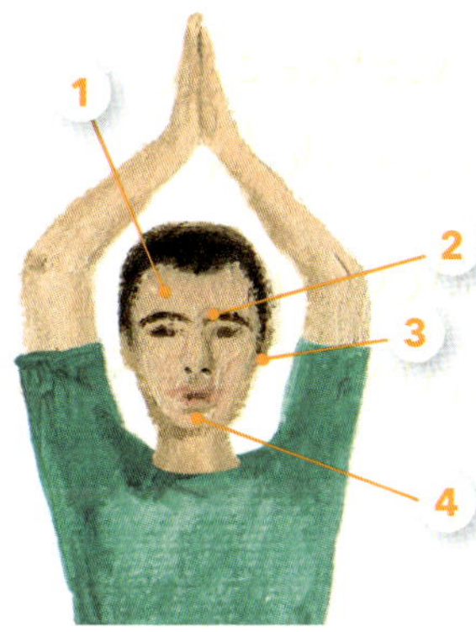

1. f ....
2. c ....
3. l .... de la oreja
4. m ....

c

1. h ombros
2. m uñeca
3. c ebra
4. p alma de la mano

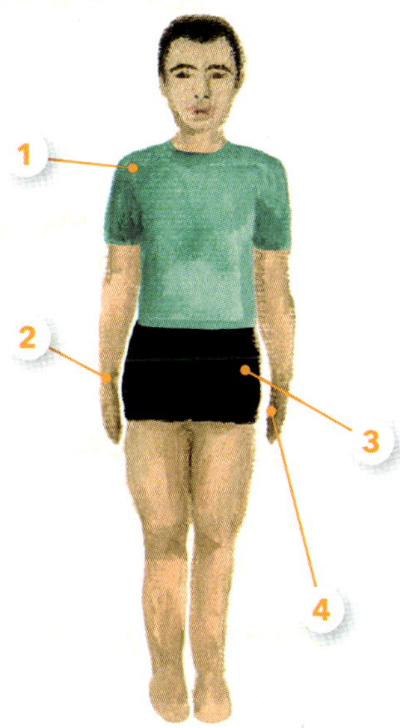

Más ejercicios

4. Lee estas instrucciones para hacer la postura "setu bandha sarvangasana" y complétalas con los siguientes verbos en gerundio o en la primera persona del plural del presente de indicativo.

extender | apoyar | tumbarse | bajar | mirar | respirar | doblar | formar | empujar | arquear

Y ahora vamos a hacer la posición setu bandha sarvangasana. **(1)** Nostumbamos, de espaldas en el suelo, **(2)** Mirando hacia el techo. Los brazos tienen que estar estirados a ambos lados del cuerpo. **(3)** Apoyamos las manos en el suelo, **(4)** extiendo bien todos los dedos. **(5)** Respiramos relajadamente varias veces. Cogemos aire lentamente y luego lo dejamos ir, poco a poco. Muy bien. Ahora apoyamos la planta de los pies en el suelo y **(6)** doblamos las rodillas, **(7)** empujando las caderas hacia arriba. Inspiramos mientras levantamos la cadera. Nos quedamos en esa posición, con el tronco y los muslos **(8)** formando una línea recta. La cabeza y los hombros están apoyados en el suelo, ¿sí? Y ahora, para los que puedan un poco más. Nos cogemos los tobillos con las manos y **(9)** arqueamos un poco más la espalda, dibujando con nuestro cuerpo un puente. Aguantamos unos 20 o 30 segundos en esa posición y luego vamos **(10)** bajando (ir + gerundio) suavemente las caderas y la espalda hasta llegar al suelo.

5. 25 Una profesora de yoga da instrucciones en clase sobre la asana "bhujangasana". Completa las frases con la información que da.

a. Este ejercicio va muy bien para ....

b. Nos tumbamos ....

c. Ponemos las manos ....

y levantamos ....

d. Nos aseguramos de que ....

e. Miramos ....

Luego, ...

6. **Completa con la preposición adecuada.**

1. Te mantienes de pie, erguido, con los pies juntos.

2. Das un gran paso con la pierna derecha hacia atrás.

3. Inspiras y vas levantando los brazos con cuidado por encima de la cabeza sin perder el equilibrio.

4. Te tumbas de espaldas en el suelo, con los brazos estirados a ambos lados del cuerpo.

5. Apoyas las manos en el suelo a la altura de los hombros y levantas la parte superior del cuerpo.

6. Te colocas a cuatro patas.

7. Abres los brazos en (forma de) cruz y te inclinas hacia delante con la espalda recta.

7. **Observa estas imágenes. Imagina que tú quieres hacer unas fotos parecidas. ¿Qué les dirías a las personas que posan? Escríbelo en tu cuaderno. Luego, compáralo con lo que han escrito otras personas de la clase.**

haz como si sujetaras la torre

1

2

doblar la rodilla
Levanta la pierna izquierda
y haz como si aplastara a la gente
fueras a aplastarlos

8. **Relaciona cada sustantivo con su definición.**

a. el fastidio - annoying
b. la ansiedad - anxiety
c. la frustración
d. la inquietud worry
e. el cariño - affection/care
f. el desconcierto confusion
g. la extrañeza amazement
h. la impaciencia impatient
i. la pena - triste
j. la angustia - anguish
k. el agotamiento - exhaustion
l. la desolación devastation
m. la indecisión
n. el entusiasmo

- (I) Sentimiento de tristeza y ternura producido por el padecimiento de alguien.
- (G) Efecto provocado por algo que se sale de lo normal o de lo esperado.
- (B) Estado de angustia extrema.
- (A) Disgusto provocado por un contratiempo.
- (h) Incapacidad para saber esperar.
- (d) Estado de excitación provocado por la falta de tranquilidad.
- (J) Sensación opresiva de miedo o padecimiento.
- (N) Sensación que provoca un suceso favorable.
- (L) Preocupación o impaciencia provocadas por algo que va a ocurrir.
- (E) Sentimiento de afecto hacia alguien o algo.
- (M) Falta de determinación ante una situación.
- (C) Sentimiento de tristeza y decepción provocados por la imposibilidad de satisfacer una necesidad o un deseo.
- (F) Estado de confusión o desorientación en que queda una persona a causa de algo inesperado o sorprendente.
- (K) Cansancio muy grande.

Más ejercicios

9. Escribe el adjetivo correspondiente a cada uno de los sustantivos de la actividad 8.

1. el fastidio (annoying) → fastidiado/a
2. la ansiedad → ansioso/a
3. la frustración → frustrado/a
4. la inquietud → inquieto/a
5. el cariño → cariñoso/a
6. el desconcierto → desconcertado/a
7. la extrañeza → extrañado/a
8. la impaciencia → impaciente
9. la pena → apenado/a
10. la angustia → angustiado/a
11. el agotamiento (exhausted) → agotado/a
12. la desolación → desolado/a
13. la indecisión → indeciso/a
14. el entusiasmo → entusiamado/a (character: entusiasta)

10. ¿Qué sientes normalmente en estas situaciones? Toma notas en tu cuaderno. Luego, podéis comentarlo en clase.

- Cuando pierdes el metro o el autobús me siento frustrado
- Después de haber dormido bien toda la noche relajada / fresca
- Antes de un viaje largo nerviosa / ansiosa
- Cuando estás con buenos/as amigos/as entusmiada en contenta
- En una entrevista de trabajo ansiosa
- Cuando estás de vacaciones relajada
- Después de hacer un examen importante agotada / aliviada

11. Clasifica estos adjetivos según los verbos con los que se combinan. Algunos se pueden combinar con los dos verbos.

nervioso/a · quieto/a · tranquilo/a · callado/a · enfermo/a · triste · moreno/a · rojo/a · atónito/a (very surprised) · dormido/a · contento/a · pálido/a

PONERSE	QUEDARSE
nervioso/a	quieto
enfermo	tranquillo/a
moreno/a	callado
rojo	atónito
	dormido/a
	pálido

triste, contento

12. Elige la opción correcta en cada caso.

1. Para muchas personas **acariciar** (to pet) / **acariciarse** (to stroke) un animal, como un perro o un gato, resulta relajante.
2. No **toques** / **te toques** esa planta. Es venenosa.
3. Cambié la cama porque cuando **estiraba** / **me estiraba** completamente las piernas, no cabía en ella.
4. Estoy tan cansado que me cuesta **mantener** / **mantenerme** de pie.
5. Para hacer esta postura, tienes que **inclinar** / **inclinarte** el tronco hacia delante, con la espalda recta.
6. No salís las dos en la foto. **Juntad** / **Juntaos** un poco.
7. Al final de la película, los protagonistas **besan** / **se besan** apasionadamente.

13. Relaciona un principio y un final para formar frases con sentido.

- **a.** Este año **me he puesto a**
- **b.** Para la boda de mi hermano no **me pondré**
- **c.** Por ahí no podemos ir. En ese cartel **pone**
- **d.** Siempre que va a ver a su familia, Carla **se pone**
- **e.** Cuando dijeron su nombre, Miguel **se puso**
- **f.** **He puesto**

- la ropa en el armario.
- muy contenta.
- buscar piso porque me quiero independizar.
- que no se puede pasar.
- ni traje ni corbata.
- de pie y dijo: "¡Presente!".

14. Ahora, reescribe en tu cuaderno las frases de la actividad 13 sustituyendo en cada caso las construcciones con el verbo **poner** por uno de estos verbos.

colocar · empezar a · decir · alegrarse · llevar · levantarse

a. Este año he empezado a...

c. Ese cartel dice que
d. Coloca la ropa

15. ¿Qué situaciones o hechos concretos crees que pueden provocar que una persona se quede de las siguientes maneras? Escríbelo en tu cuaderno.

- dormida cuando/si trasnocha
- agotada después de hacer deportes
- sin habla cuando estás nervioso
- tranquila después de hacer yoga
- inmóvil después de comer/en público cuando
- preocupada en su boda
- de piedra cuando ver una persona famosa
- en los huesos no tiene comida/enferma

Una persona puede quedarse dormida si está viendo una película muy aburrida.

16. 26 Lee estas frases. ¿Cómo pronunciarías en cada caso las palabras marcadas en negrita? Luego escucha y comprueba.

1.
- **a.** Inspiras **levantando** los brazos por encima de la cabeza.
- **b.** Inspiras **levantándolos** por encima de la cabeza.

2.
- **a.** Levantas la parte superior del cuerpo **flexionando** los codos.
- **b.** Levantas la parte superior del cuerpo **flexionándolos**.

3.
- **a.** Le dice que la quiere **mirando** hacia otra parte.
- **b.** Le dice que la quiere, **mirándola** fijamente a los ojos.

4.
- **a.** Actúa nervioso, **moviendo** las piernas sin cesar.
- **b.** Actúa nervioso, **moviéndose** sin cesar.

Más ejercicios

17. Lee el siguiente texto sobre educación postural. ¿Sigues las recomendaciones del artículo? ¿Qué cosas haces de diferente manera? Escríbelo en tu cuaderno.

LA IMPORTANCIA DE UNA BUENA POSTURA

CÓMO HACERLO BIEN

Una buena calidad de vida debe comenzar por el cuidado de nuestro cuerpo y de nuestra mente. Muchas personas creen que basta con dedicar una parte de su tiempo a hacer ejercicio, pero no debemos olvidar un elemento importante para sentirnos bien: la postura corporal. De la manera en la que nos colocamos al desarrollar cualquier actividad depende que nuestro cuerpo se encuentre bien o, por el contrario, que se resienta y nos alerte con señales de dolor de que algo no está bien. De entre las actividades que normalmente desarrollamos en nuestra vida diaria hay dos que destacan por el número de horas que nos ocupan: dormir y trabajar.

FELICES SUEÑOS

Hay quien se duerme incluso de pie en el autobús o en el metro de camino al trabajo y los que lo hacen inclinándose sobre su mesa rendidos tras una larga jornada laboral. Sin embargo, lo más importante y beneficioso es, por supuesto, dormir en el momento, en el lugar y de la forma adecuados.

EL TIEMPO JUSTO

- La mayoría de los adultos necesitan unas siete u ocho horas de sueño, aunque al hacernos mayores podemos necesitar menos horas de descanso prolongado durante la noche.
- La prueba de que hemos descansado lo suficiente será que no nos dormimos durante ningún momento del día.

LA CAMA ADECUADA

- Es recomendable usar un colchón firme, ni duro ni blando, que se ajuste a las curvas de la columna.
- Aunque pueda parecer obvio, nunca debemos dormir en una cama que sea más pequeña que nuestro propio tamaño.
- Para proteger las cervicales, conviene usar una almohada ni muy fina ni muy gruesa: su función es mantener el cuello alineado con la columna.

DORMIR SANO

- Es aconsejable cambiar de postura con frecuencia.
- La postura fetal parece ser la mejor para dormir: tumbados de lado, con las caderas y las rodillas flexionadas, apoyándonos sobre un hombro.
- Si dormimos boca arriba, debemos proteger la zona lumbar: colocarnos un cojín bajo las rodillas para mantenerlas flexionadas suele funcionar.
- La peor postura para dormir es boca abajo. Si estamos acostumbrados y no podemos dormir de otra manera, podemos colocarnos un poco de lado e intentar rotar ligeramente los hombros para que el giro del cuello no sea tan radical.

LEVANTARSE DE LA FORMA CORRECTA

- Para proteger la espalda, no debemos levantarnos de golpe. Es mejor hacerlo en dos fases: nos sentamos de lado dejando las piernas fuera de la cama y, luego, nos ponemos de pie con la espalda recta.

¡SIÉNTATE BIEN!

Según la Organización Mundial de la Salud (OMS), cuatro de cada cinco adultos han experimentado alguna molestia en la espalda a lo largo de su vida. Gran parte de estos casos son de gente que pasa muchas horas trabajando sentada y que, por lo general, adopta posturas poco convenientes.

EVITAR LESIONES DE ESPALDA

- Se debe mantener la espalda recta contra el respaldo del asiento, con los hombros hacia atrás y las rodillas a la altura de la cadera, de manera que el peso del cuerpo se distribuya entre la silla y el suelo.
- Han de evitarse todas aquellas posturas en las que la espalda esté curvada o hundida en el asiento.
- No es bueno mantenerse en la misma posición durante demasiado tiempo. Conviene realizar pausas para cambiar de postura y realizar estiramientos o, al menos, levantarse y caminar unos minutos.

GUÍA PARA UNA BUENA POSTURA

Es importante que los asientos en los que trabajamos sean estables y ajustables de manera que ofrezcan un buen soporte lumbar. Conviene

asimismo que el respaldo esté fabricado con algún material transpirable. La altura debe ajustarse de forma que el peso corporal descanse sobre los glúteos, no sobre los muslos, y en función de la altura de cada persona, de manera que los pies queden apoyados en el suelo. Quienes se sientan frente al ordenador deben procurar que la pantalla esté a la altura de la línea de los ojos para no inclinar el cuello y no tensar los músculos de la espalda. Por su parte, los brazos deben caer de forma relajada sobre la mesa de trabajo.

POSTURAS CORRECTAS EN ACTIVIDADES HABITUALES

- Planchar: la actividad puede realizarse tanto de pie como sentado; lo importante es mantener la espalda recta. La mesa de planchar debe quedar a una altura adecuada, entre la cadera y el ombligo.
- Limpiar el suelo: es aconsejable que el palo de la escoba o de la fregona sea de un tamaño mediano. Los movimientos que realizamos no deben ser amplios, sino cortos.
- Levantar y cargar un peso: hay que flexionar las rodillas manteniendo cierta separación entre los pies, coger el objeto y elevarlo con ayuda de las piernas. La espalda debe permanecer recta en todo momento.

18. Subraya en el texto de la actividad 17 las palabras que no conoces o que quieras recordar y haz un mapa mental. Puedes incluir las categorías que tú quieras.

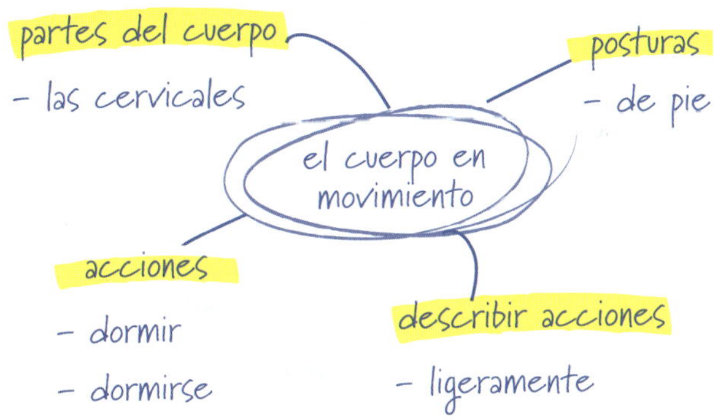

19. Escribe qué problemas relacionados con las posturas y el cuerpo crees que pueden tener las personas con las siguientes profesiones. Si se te ocurren otras profesiones, anótalas en tu cuaderno y escribe sus posibles problemas.

1. Recepcionistas: pasan mucho tiempo de pie y pueden tener problemas de...
2. Taxistas: ....
3. Profesionales de la construcción: ....
4. Socorristas: ....
5. Atletas: ....

20. Completa con las palabras de la lista esta descripción del comienzo de una obra teatral. No te olvides de conjugar los verbos.

delante de · darse la vuelta · sobresaltada · quedarse · con cuidado · no hacer ruido · acercarse · fijamente · hacia · encima

Mientras Ana duerme, una figura sin identificar entra por la ventana y va .... la cama procurando ....
La figura desconocida .... inmóvil .... la cama y mira a Ana .... Tras unos segundos, ... a la mesilla y deja .... un pequeño paquete y una nota. A continuación, ... y, ..., se dirige hacia la ventana. Sin embargo, al salir, tropieza y Ana se despierta ....

21. ¿Qué crees que pasa después en la obra de teatro de la actividad 20? Continúa la descripción indicando con detalle cómo suceden las cosas.

Más ejercicios

1. Completa este mapa conceptual de la palabra **conflicto**.

CONFLICTO

TIPOS DE CONFLICTOS
- laboral
- ....
- ....
- ....
- ....
- ....
- ....
- ....
- ....

VERBOS
- tener un conflicto
- intervenir en un conflicto
- ....
- ....
- ....
- ....
- ....
- ....
- ....
- ....

2. Completa las palabras con los prefijos adecuados. En algún caso quizás tengas que añadir alguna letra más.

a. .... maduro
b. .... predecible
c. .... organizada
d. .... presentable
e. .... confiado
f. .... racional
g. .... fiel
h. .... consistente
i. .... prudente
j. .... paciente
k. .... competente
l. .... dependiente
m. .... creíble
n. .... responsable
o. .... discreto
p. .... ordenada
q. .... agradable
r. ....útil

3. Completa el correo electrónico que envía Armando a su amigo Ricardo (act. 3, pág. 30).

Hola, Ricardo:
¿Qué tal? Mira, te escribo para pedirte consejo sobre algo. Resulta que me han robado 100 euros. Te explico. Recibí un mensaje del banco en el que me decían que **(1)** se había hecho/efectuado una compra de 100 euros. Me quedé de piedra porque, evidentemente, no **(2)** había sido yo. Se lo conté a un compañero de trabajo que me dijo que **(3)** (yo) llamara/(él) llamaría al banco enseguida para denunciarlo. Lo hice y la chica del banco me dijo que seguramente me **(4)** habrían robado los datos y que **(5)** podrían/intentarían averiguar quién **(6)** habrían sido, pero que no podía asegurarme que lo consiguieran. Solo me dijo que **(7)** anulaban tarjeta y que me **(8)** llegara/iban a llegar otra. Pero sigo esperando a que me devuelvan los 100 euros... A tu mujer le pasó algo parecido, ¿no? ¿Qué hizo?
Armando

4. 27 Vas a escuchar una conversación entre dos amigos. Contesta estas preguntas.

1. David accede a prestarle el coche a Lara, pero pone algunas condiciones. ¿Cuáles? ....

2. ¿Lara acepta las condiciones de David? ¿Qué le promete? ....

3. David se compromete a ciertas cosas relacionadas con el estado del coche. ¿Cuáles? ....

5. David y Lara acuden a una mediación. Lee en qué consiste su conflicto y, basándote en la información de la actividad 4, escribe cuál es la versión de cada uno de ellos.

David le dejó el coche a Lara un fin de semana. Ella se comprometió a devolvérselo en buen estado y con el depósito lleno, pero no lo hizo: tuvo un pequeño accidente y, como consecuencia, las luces dejaron de funcionar y quedaron varias marcas en la parte delantera del coche. Además, se lo devolvió prácticamente sin gasolina. David está convencido de que Lara no cumplió su promesa de ser la única conductora. Le exige que le pague los daños causados, pero Lara no quiere porque dice que David tampoco cumplió con lo pactado: no le entregó el coche con el depósito lleno, las luces no funcionaban, faltaban los cinturones de los asientos traseros…

Versión de Lara: *Yo le pedí a David que me dejara el coche para ir a…* ....

Versión de David: *Lara me pidió que…* ....

6. Completa cada frase con uno de estos adjetivos.

incompetente · despistado/a · exagerado/a · inconsciente · desagradecido/a

1. Julio no se acordaba de que hoy tenía que viajar a Barcelona y ha perdido el tren. Es muy ....
2. Ana es una persona muy .... Si le dices que estás un poco triste, ella cuenta que estás totalmente deprimido.
3. El jefe de Elena es una persona totalmente .... Es desorganizado, no sabe dirigir a su equipo, lo hace todo mal…
4. Los hijos de Gloria son muy .... Se lo dan todo, pero ellos no paran de quejarse.
5. Las amigas de Nadia son ....: ¡conducen después de haber bebido!

Más ejercicios

7. Reescribe las frases de la actividad 6 usando **un**, **una**, **unos**, **unas** delante del adjetivo para enfatizar.

1. Julio es un...

8. ¿Para qué crees que hicieron las siguientes cosas las personas de las frases? Escríbelo. Presta atención a la correlación de los tiempos verbales.

1. Ana tenía dos entradas para el teatro. Como no quería ir sola, llamó a una amiga para ....
2. El lunes de la semana pasada fue el cumpleaños de Andrés, el mejor amigo de Carlos. Carlos no se acordó. El martes Carlos lo anotó en su calendario para que ....
3. Sandra se compró un móvil por internet, pero cuando lo abrió se dio cuenta de que no era el modelo que había pedido. Escribió a la tienda para ....
4. Patricia recibió un correo electrónico en alemán. Como no entendía el idioma y no se fiaba mucho de los traductores automáticos, se lo envió a su amiga Lena, que es profesora de alemán, para que ....
5. Julia decidió no ir de vacaciones con sus amigos y quedarse con su abuela para que ....
6. La novia de Manu se fue a vivir a Nueva York por su trabajo y Manu empezó a buscar trabajo en esa ciudad para ....

9. Une los diferentes elementos de la forma que creas más lógica para averiguar por qué Daniel hizo ciertas cosas.

1.	El martes pasado se quedó cuidando a sus sobrinos pequeños
2.	Hace dos semanas le cambió el turno a una compañera de trabajo
3.	Cocinó e hizo todas las tareas de la casa
4.	El mes pasado estuvo de vacaciones en Alemania y llamó diez veces a sus padres

○	para que su compañero de piso pudiera estudiar para un examen.
○	para que su hermano y su mujer pudieran ir a una cena.
○	para que estuvieran tranquilos.
○	para que pudiera ir a una boda.

10. Lee estas conversaciones y complétalas con verbos en el tiempo adecuado.

1. • No entiendo por qué el profe nos ha descontado dos puntos del examen. Nos tiene manía, desde luego...
∘ No creo, yo pienso que lo ha hecho para que estudiemos más en el próximo examen.

2. • Lo hizo adrede. Nos dio una dirección falsa para que no lleguáramos a la casa. Ya se notaba que no quería que fuéramos a la fiesta...
∘ No puede ser, seguro que fue una confusión, hombre...

3. • Me pareció rarísimo que Antonio se presentara en el trabajo con esa cara de no haber dormido nada, con resaca…
   ∘ Ya, yo creo que lo hizo para llamar la atención, para que todos le .... qué le había pasado.
   • ¿Tú crees? ¡Pero si es horrible que te vean así!

4. • Estoy molesta con Sergio, la verdad. ¿Nos lleva a un restaurante y elige un sitio donde solo hay insectos? Lo hizo para fastidiarnos.
   ∘ No, hombre, no, lo hizo para que .... la gastronomía local. Quería sorprendernos con algo diferente.
   • Sí, y tan diferente… Carla, él sabía perfectamente que yo me moriría de asco. Y aun así nos llevó allí.

5. • A mí me pareció un poco exagerado que comentara delante de todos los errores que había cometido Diego. Creo que lo hizo para .... lo porque, sinceramente, creo que le tiene un poco de manía.
   ∘ No, hombre. Puede ser que no se lleven muy bien, pero eso lo hizo para que se relajara un poco el ambiente de la reunión.

6. • No me gustó nada que Hugo publicara mi foto con él en las redes. Le dije que no lo hiciera y no me hizo caso. Además, creo que lo hizo para poner celosa a su exnovia.
   ∘ Yo sinceramente creo que lo hizo para que todo el mundo te ...., porque le gustas mucho y está muy feliz contigo. Creo que no te lo deberías tomar tan mal.

11. **Lee este fragmento de un artículo sobre cómo pueden afectar las lenguas a nuestra forma de entender el mundo. Contesta las preguntas.**

LA CULPA Y LOS ANGLÓFONOS

(...) En el mismo artículo Boroditsky señala que en inglés diremos a menudo que alguien rompió un vaso, aunque fuera un accidente. Sin embargo, los hablantes de español y de japonés tienden a decir que el vaso se rompió (por sí solo). Boroditsky describe un estudio realizado por su alumna Caitlin Fausey en el que se demostraba que los anglófonos recuerdan con más facilidad que los hispanófonos quién pinchó accidentalmente un globo o rompió unos huevos o derramó bebidas en un aparato de vídeo. (¡Aviso de culpa!). Y no solo eso, sino que, según Boroditsky, eso hace que nuestra justicia (Estados Unidos) sea más propensa a castigar a los transgresores en vez de reinsertar a las víctimas. (...)

Traducido y adaptado de *5 examples of how the languages we speak can affect the way we think.*

1. ¿Tu lengua se parece más al español o al inglés?

   ....

   ....

2. ¿Qué efecto tiene según el autor esa diferencia lingüística sobre la forma en que los hablantes perciben la realidad?

   ....

   ....

   ....

Más ejercicios

12. **Completa las siguientes conversaciones con los pronombres que faltan.**

1. • ¿Qué ha pasado con el jarrón? ¡Está roto!
   ∘ .... ha caído… Lo siento, lo he hecho sin querer.
   • ¡Qué dices! ¡Fue un regalo de boda!

2. • Julio ha pasado por aquí para devolverte el libro que le prestaste.
   ∘ ¡Pero si está destrozado!
   • Dice que .... han roto unas páginas sin querer…

3. • A Nati .... ha estropeado la tableta.
   ∘ Pues conozco una tienda de reparación muy buena. Quizás .... puedan arreglar.

4. • ¿Tu mujer no sabía que era tu cumpleaños?
   ∘ Sí, pero .... olvidó. Es que es tan despistada…

5. Se enfadó muchísimo, cogió mis gafas y .... tiró contra el suelo. Y ahora dice que .... cayeron…

6. El ascensor de mi edificio .... estropea cada dos por tres. ¡Estoy harta!

7. • ¿Dónde está tu bufanda?
   ∘ No sé, ... he perdido…
   • ¡Siempre .... pierde todo! Vigila un poco, ¿no?

13. 28 **Escucha las siguientes frases y marca dónde se realiza una pausa. Luego léelas tú imitando la entonación.**

1. **No es que** me enfadara, **es que** me molestó un poco tu actitud en la reunión.
2. **No es verdad que** me sentara mal, **lo que pasa es que** estaba cansada y frustrada.
3. **No es que** no se lo haya perdonado, **lo que pasa es que** nuestra relación no puede volver a ser como antes.

14. **Completa las conversaciones con las palabras adecuadas.**

estar (2) · ponerse · presionar · ocultar · convencer · mentir · sentar

1. • Le mentiste.
   ∘ No es que le .... Solo le .... algún detalle desagradable.
   • Es que ese detalle era precisamente el más relevante.

2. • Fina, por la cara de malhumor que tenías, yo diría que te sentó fatal el comentario del jefe.
   ∘ No es que me .... mal, es que .... cansada.

3. • Te pusiste un poco agresivo, ¿no?
   ∘ No es que .... agresivo, es que .... muy nervioso y no sabía muy bien lo que decía.
   • Bueno, no te lo tendré en cuenta.

4. • Te presionaron para que cambiaras de opinión.
   ∘ No es que me ...., me ....

15. Ahora escribe la respuesta a estas personas desmintiendo lo que dicen.

1. • Nos cruzamos por la calle y ni siquiera me saludaste. Está claro que no querías hacerlo.
   ∘ No es que ....
   ....

2. • Disimula un poco, que se nota que Juan te cae fatal.
   ∘ No, no es que ....
   ....

3. • ¿No quieres ir al cine hoy?
   ∘ No es que ....
   ....

4. • Oye, el otro día no nos ayudaste nada con la mudanza, ¿eh? Eres un poco egoísta, ¿no?
   ∘ Perdona, no es que ....
   ....

5. • ¿Te molestó que al final no quedara con vosotros el viernes?
   ∘ Hombre, no es que ....
   ....

16. Grábate leyendo las respuestas de la actividad 15.

17. Subraya, en cada caso, con cuál de las dos expresiones puedes completar cada frase.

1.
• Ay, me has hecho daño.
∘ Perdona, lo he hecho **sin querer** / **queriendo**.

2.
• Me borró el archivo **aposta** / **sin querer**, de verdad. Para hacerme daño.
∘ ¿Tú crees? ¿Lo ves capaz de hacerte algo así?

3.
• A Hugo se le han roto estos vasos. Lo ha hecho **sin querer** / **adrede**, es que quería llevarlos él a la mesa, pero es muy pequeño y...
∘ No te preocupes, lo entiendo perfectamente.

4.
• Pensaba que se le había manchado la camiseta sin darse **cuenta** / **queriendo**, ¡pero resulta que la manchó **expresamente** / **sin querer** para que tuviéramos que comprarle otra!
∘ Pues vaya con tu hijo...

18. Relaciona los elementos de las dos columnas para formar combinaciones léxicas.

a. resolver	○ una reclamación
b. llegar	○ un conflicto
c. estar	○ a un acuerdo
d. hacer	○ a juicio
e. ir	○ en desacuerdo
f. cometer	○ una imprudencia

19. Escribe frases usando estas expresiones. Intenta referirte a ti o a personas que conoces.

a. desconfiar de alguien

La madre de mi amiga Lidia siempre desconfía de todo el mundo: piensa que los camareros le quieren cobrar de más, que la gente le quiere robar...

Más ejercicios

b. tergiversar las cosas

....

....

....

c. malinterpretar algo / a alguien

....

....

....

d. discrepar en algo

....

....

....

e. ponerse de acuerdo (en algo, con alguien)

....

....

....

f. discutir con alguien sobre algo

....

....

....

g. tratar bien / mal a alguien

....

....

....

h. criticar algo / a alguien

....

....

....

20. Escribe en la tabla los sustantivos que se corresponden con los verbos de la izquierda.

VERBOS	SUSTANTIVOS
confiar	(la) ....
comprometerse	(el) ....
criticar	(la) ....
desconfiar	(la) ....
discrepar	(la) ....
discutir	(la) ....
estafar	(la) ....
mediar	(la) ....
protestar	(la) ....
tratar	(el) ....

21. Escribe frases con cinco de los sustantivos de la actividad 20.

He perdido la confianza en la justicia.

22. Completa estas expresiones en las que aparece la palabra **cumplir**. Si lo necesitas, puedes buscar en internet.

las normas | promesa | la tarea | años

1. Alguien ha hecho lo que dijo que haría.
   Ha cumplido su ....
2. Tenía que limpiar toda la casa antes de la llegada de sus primos y lo ha hecho.
   Ha **cumplido con** ....
3. Algunos países no respetan las leyes internacionales.
   No **cumplen** ....
4. El próximo viernes es su cumpleaños.
   Cumple 32 ....

1. ¿Qué significan estas palabras y expresiones del texto sobre Harlem (págs. 42 y 43)? Explícalo con tus propias palabras.

- Su nombre procede del holandés *Nieuw Haarlem*, tal y como lo **bautizaron** sus primeros **colonos** en 1658.
- Seis años después **cayó en manos británicas**.
- La idea **no cuajó**.
- Lo único que se consiguió fue quitar una a al nombre para que **sonara más anglosajón**.
- Todavía **tierra de granjas** a principios del siglo XIX, Harlem fue la primera **zona residencial** a las afueras de Nueva York.
- En 1904 **se inauguró** el metro de Lenox Avenue.
- Fue entonces cuando Harlem **comenzó a florecer** con maestros como Duke Ellington o Louis Armstrong.
- La ciudad de Nueva York **se anexionó** Harlem.
- A principios del siglo XX, el barrio **acogió a** muchos afroamericanos.

2. ¿Conoces estos barrios? Elige uno y busca en internet cómo es y cuál es su historia. Escribe un resumen de lo que has encontrado. Puedes añadir una foto.

La Boca (Buenos Aires) | Miraflores (Lima) | La Barceloneta (Barcelona) | Triana (Sevilla) | Little Havana (Miami) | Teusaquillo (Bogotá) | Mission District (San Francisco)

Más ejercicios

3. Vuelve a las crónicas de la página 45 y contesta las siguientes preguntas. Puedes trabajar con diccionarios o con buscadores de internet.

TEXTO 1

1. ¿Qué palabra se usa en el primer párrafo para hacer referencia al partido? ¿Qué otras se podrían usar?
2. Lee de nuevo el segundo párrafo. ¿Entiendes qué es un **tanto**? ¿De qué palabra, también usada en el segundo párrafo, es sinónima?
3. ¿Cómo dirías de otra manera las siguientes expresiones?
   - poco tardó Alemania en **lanzar un par de contragolpes**
   - **marcar a placer**
   - Alemania **bajó el listón**
   - **la presión de verse por debajo** en el marcador
   - los **desnortó** definitivamente
   - **carecía por completo de sentido de juego**
   - Alemania **bailó sobre el cadáver** de un Brasil descompuesto
   - Kross **fulminó** las esperanzas de su rival
   - antes de **noquear a su rival**
   - lo que les hará regresar al éxito **más tarde o más temprano**
4. En el segundo párrafo aparece el verbo **destronar**. ¿Entiendes qué significa? ¿Con qué sustantivos podría combinarse el verbo **destronar** en este u otros contextos?

TEXTO 2

1. ¿Qué palabras se usan para referirse a las personas muertas?
2. ¿Cómo dirías de otra manera las siguientes expresiones?
   - las noticias empezaron a llegar, **a cada cual más grave**
   - conductores desesperados huyendo de una **lengua de agua** de 10 metros de altura
   - y así, **hasta el infinito**
   - los edificios **se tambalean como flanes**
   - pronto **el pánico se apodera de** la capital de Japón
   - apenas se desploman **un puñado de** edificios
3. Fíjate en la expresión **origina un tsunami**. ¿Qué otros verbos se podrían utilizar para decir lo mismo?

4. Relaciona cada verbo con su significado.

a. serenar
b. frenar
c. atormentar
d. arrollar
e. evacuar
f. deslizar

- ◯ Causar aflicción o disgusto, molestar.
- ◯ Detener, parar.
- ◯ Trasladar a personas heridas o en peligro para que estén a salvo.
- ◯ Mover(se) algo con suavidad.
- ◯ Pasar con fuerza o violencia por encima de algo o alguien.
- ◯ Tranquilizar.

5. **Las siguientes frases están construidas siguiendo el mismo esquema: intención + causa / circunstancia + consecuencia. Inventa informaciones adecuadas para completar lo que falta en cada caso.**

INTENCIÓN	CAUSA / CIRCUNSTANCIA	CONSECUENCIA
Quería ~~ir correr en~~ parque a correr	pero, como me rompí una pierna,	al final no pude ir.
Quería comprarme un coche	y, como en esa época mi cuñado vendía el suyo,	y se lo compré ~~el coche~~
Pensaba dejar este trabajo	pero, necesitaba el dinero y me dieron un aumento	y por eso decidí quedarme.
Iba a preguntarle si quería quedar para salir algún día	Pero, me cae sin razon	Total, que me dio vergüenza y no lo hice.
Pensaba quedarme unos días más descansando en el campo,	pero mi madre se puso enferma	al final no pude quedarme
Pensabámos ~~a comprar el coche~~ alquilar una casa	pero un amigo nos dijo que era una buena inversión	y por eso decidimos comprarlo.

6. **Lee las situaciones propuestas y marca las respuestas que consideres más adecuadas.**

1. Ayer hubo una avería en los ordenadores de la secretaría de la universidad. Estas tres personas habían ido a realizar algunos trámites. ¿Quiénes van a tener que volver otro día?

- **a.** Nuria: El sistema se averió justo cuando estaban a punto de atenderme.
- **b.** Alberto: El sistema se averió justo cuando me estaban atendiendo.
- **c.** Ana: El sistema se averió justo cuando ya me habían atendido.

2. Alfonso no soporta que lo interrumpan mientras come. ¿Cuál de estas llamadas telefónicas crees que lo molestó más?

- **a.** Ana me llamó cuando iba a comer.
- **b.** Felipe me llamó cuando estaba comiendo.
- **c.** Andrea me llamó cuando ya había comido.

3. Estas tres personas fueron ayer al teatro. Teniendo en cuenta que no puedes entrar cuando la representación ya ha comenzado, ¿cuál de ellas dirías que pudo ver la obra?

- **a.** Andrés: Yo llegué cuando estaba empezando la obra.
- **b.** Carla: Yo llegué justo cuando estaba a punto de empezar la obra.
- **c.** Mónica: Yo llegué justo cuando ya había empezado la obra.

4. Loreto toma siempre el mismo autobús para ir al trabajo. ¿En cuál de estos casos no tuvo que esperar al siguiente?

- **a.** Cuando llegó a la estación, el autobús se acababa de ir.
- **b.** Llegó a la estación justo cuando la gente estaba subiendo al autobús.
- **c.** Llegó al andén justo cuando se estaba marchando.

Más ejercicios

7. **Conecta los pares de frases con alguno de los siguientes marcadores temporales. En algunos casos puede haber varias opciones.**

en aquellos años | en aquella época | entonces | en aquella ocasión | a partir de ese momento | a esas alturas | aquella jornada

1. El barco se empezó a hundir tras el choque.
La gente se puso histérica y empezó a correr.
Entonces se echó a correr

2. Después de la Guerra Civil, la situación en España no era nada fácil.
Mucha gente se vio obligada a emigrar.
En aquellos años / en aquella época

3. Juan y Marta eran superamigos hasta que empezaron a trabajar juntos.
Su relación se fue deteriorando.
A partir de ese momento

4. Brasil y Alemania, que hoy se enfrentan en la semifinal del Mundial, se enfrentaron antes en la final del Mundial de 2002. Brasil ganó 2-0.
En aquella ocasión

5. Fernando llevaba trabajando en la misma empresa más de 20 años. Sabía que su situación no iba a mejorar y dejó el trabajo.
A esas alturas

6. Antes de la llegada de los colonos europeos, Harlem era conocido con el nombre de Haarlem y estaba habitada por tribus nativas, como los manhattan.
En aquella época

8. **Completa la siguiente transcripción de un programa informativo conjugando en indefinido o en imperfecto los verbos que aparecen entre paréntesis.**

Presentadora: Más de 25 000 personas (1. DISFRUTAR) .... anoche en Buenos Aires de un concierto inolvidable del mítico grupo Los Fírex, un concierto que también (2. TENER) .... como protagonista la lluvia.

Reportera: Mucho público anoche, unas 25 000 personas, para ver el reencuentro de Los Fírex tras más de diez años alejados de los escenarios y la verdad es que no (3. DEFRAUDAR) .... : (4. SABER) .... ganarse a los asistentes repasando todos sus éxitos y ofreciendo alguna que otra sorpresa de lo que será su nuevo trabajo discográfico. La única nota negativa de la velada (5. SER) .... la lluvia: media hora después del comienzo del espectáculo y cuando los espectadores (6. DISFRUTAR) .... de un concierto inolvidable, (7. EMPEZAR) .... a caer una tromba de agua que (8. OBLIGAR) .... a suspender la actuación durante más de media hora. A pesar de todo, en cuanto (9. DEJAR) .... de llover y los técnicos (10. ACONDICIONAR) .... el escenario, Los Fírex (11. VOLVER) .... a salir e (12. HACER) .... las delicias de sus fans durante más de hora y media ininterrumpida.

9. Elige entre indefinido, imperfecto o pluscuamperfecto para completar esta noticia.

El concierto que empezó con 70 años de retraso

Xavier Pujol - Barcelona EL PAÍS - Cultura - 18-07-2006

Con 70 años de retraso, un concierto que (1. TENER) .... que ser suspendido debido al estallido de la Guerra Civil (2. TENER) .... lugar, por fin, anoche en Barcelona, en un acto cargado de emotividad. El concierto original (3. ESTAR) .... previsto para las seis de la tarde del domingo 19 de julio de 1936 en el Teatre Grec de Montjuïc –donde (4. CELEBRARSE) .... ayer– y la entrada (5. VALER) .... tres pesetas. La Orquesta Pau Casals y el Orfeó Gracienc (6. IR) .... a interpretar la Novena Sinfonía de Beethoven, que ya entonces (7. SER) .... considerada universalmente un símbolo de paz. Y el director (8. IR) .... a ser el propio Casals. [...] En la tarde del 18 de julio, Pau Casals (9. DIRIGIR) .... la orquesta que (10. LLEVAR) .... su nombre y el Orfeó Gracienc en el último ensayo de la obra antes del estreno del día siguiente. Gran parte de la obra ya (11. SER) .... ensayada y solo (12. FALTAR) .... repasar el último movimiento, que incluye el célebre *Himno a la alegría*. (13. SER) .... entonces cuando un emisario venido directamente del Palau de la Generalitat (14. ENTREGAR) .... a Casals un mensaje del consejero de Cultura, Ventura Gassol, en el que este (15. COMUNICAR) .... al músico el alzamiento militar contra la República y le (16. INSTAR) .... a suspender el ensayo y el concierto, pues (17. TEMERSE) .... que la violencia estallara de un momento a otro en la calle. Casals, intuyendo que lo que (18. ACABAR) .... de suceder (19. IR) .... a tener gravísimas consecuencias, (20. DIRIGIRSE) .... a los músicos y cantantes diciéndoles: “Queridos amigos, no sé cuándo podremos volver a estar juntos; propongo que antes de separarnos terminemos la obra”. Todo el mundo (21. ESTAR) .... de acuerdo y así (22. OCURRIR) .... que, mientras en el Palau de la Música (23. CANTARSE) .... “Y todos los hombres serán hermanos”, en las calles se (24. ESTAR) .... empezando a preparar las barricadas. Casals (25. CONFESAR) .... años más tarde a sus biógrafos que en aquellos momentos las lágrimas no le (26. DEJAR) .... ver la partitura.

Por razones obvias –la desaparición de Casals y muchos de los protagonistas de aquella velada–, el de anoche no (27. PODER) .... ser una copia exacta de aquel concierto. Pero (28. DAR) .... fin a un silencio de 70 años e (29. HACER) .... justicia. Y así lo (30. ENTENDER) .... el público.

10. Dividid la clase en grupos. Cada grupo selecciona un párrafo del texto de la actividad 9 y compara los tiempos usados. ¿Qué posibilidades diferentes han aparecido?

11. Ahora, realizad una puesta en común: cada grupo lee el párrafo que ha analizado en la actividad 10 y comenta con el resto de la clase las posibilidades que han aparecido.

Más ejercicios

12. 29 Los siguientes gerundios son irregulares. Escribe el infinitivo que corresponde a cada gerundio y marca qué cambios ortográficos se han producido. Luego escúchalos y repítelos.

1. huyendo: huir
2. cayendo: ...
3. leyendo: ...
4. yendo: ...
5. construyendo: ...
6. destruyendo: ...
7. trayendo: ...
8. instituyendo: ...
9. oyendo: ...
10. diciendo: ...
11. siguiendo: ...
12. repitiendo: ...
13. viniendo: ...
14. rindiendo: ...
15. hiriendo: ...
16. muriendo: ...
17. pudiendo: ...

13. Elige cinco de los gerundios de la actividad 12 y escribe frases en tu cuaderno usando algunas de estas expresiones.

justo entonces | justo en ese momento | en ese preciso momento | justo cuando

Estaba yendo al trabajo y, justo cuando estaba a medio camino, empezó a llover.

14. Los siguientes sustantivos y adjetivos aparecen en la unidad. ¿Cuáles combinarías entre sí? Trata de formular enunciados donde aparezcan y anótalos en tu cuaderno.

SUSTANTIVO	ADJETIVO
noches	interminable/s
mercado	exótico/a/os/as
frutas	mítico/a/os/as
calma	tenso/a/os/as
jugada	fantástico/a/os/as
partido	importante/s
derrota	traumático/a/os/as
ola	gigantesco/a/os/as
conductor	desesperado/a/os/as
reactor	nuclear/es
hombres	desnudo/a/os/as
jugadores	descompuesto/a/os/as
tierra	prometido/a/os/as
trajes	luminoso/a/os/as
montañas	bello/a/os/as
labores	doméstico/a/os/as
elefante	rosa/s

15. En los enunciados que has escrito en la actividad 14, ¿los adjetivos aparecen antes o después del sustantivo? ¿En qué casos crees que podrías invertir el orden?

16. 30-31 Lee el titular. Luego, escucha a dos personas implicadas en el suceso y responde a las preguntas en tu cuaderno.

Tres excursionistas perdidos en los Andes

Se han encontrado extrañas huellas en la nieve que podrían ser de algún animal de grandes dimensiones.

1

1. ¿Qué dice del desarrollo del rescate?
2. ¿Por qué cree que se produjo la desaparición de los montañeros?
3. ¿Qué hipótesis menciona sobre el origen de las ventiscas?

2

4. ¿Qué ocurrió?
5. ¿Cuándo?
6. ¿Por qué?
7. ¿En qué circunstancias?

17. Con la información de la actividad 16, escribe una crónica sobre la noticia de los excursionistas perdidos.

18. Compara tu texto de la actividad 17 con el de otras dos personas de la clase. Reflexionad sobre las siguientes cuestiones. Luego, elaborad un único texto a partir de los que habéis escrito individualmente.

- ¿Habéis usado las mismas palabras o ideas?
- ¿Habéis descubierto vocabulario nuevo?
- ¿Habéis usado bien los tiempos verbales?
- ¿Están bien conectadas las informaciones que habéis dado?

19. Inventa una noticia a partir de esta introducción. Ten en cuenta todo lo que sabes en tu lengua sobre este tipo de noticias y usa el diccionario.

Presentador: Y ahora, en el ámbito cultural, destacamos la entrega, ayer por la noche, en nuestro país, de los premios de la Academia de las Artes Escénicas.

20. En las siguientes frases, el verbo **decir** puede sustituirse por palabras más específicas. Escribe en tu cuaderno las frases con las palabras adecuadas haciendo los cambios oportunos cuando sea necesario.

1. El actor **dice** que se alejará temporalmente de los escenarios, pero no de manera definitiva, como **se ha dicho** en algunos medios.
2. Las autoridades sanitarias **dicen** una y otra vez que no es prudente dejar de llevar mascarilla en espacios cerrados, como por ejemplo en el transporte público.
3. El cantante **dijo** en un comunicado que no estaba implicado en el caso de corrupción por el que se imputa a su hermano.
4. Tengo una invitación para la inauguración de un museo, pero no me apetece nada ir. Voy a **decir** que no puedo ir.
5. La nueva candidata a presidenta **dijo** que mejoraría la calidad de vida de la ciudadanía en un plazo de dos años.
6. Durante la comida, Mila aprovechó para **decir** que esperaba un hijo.
7. El Cabildo **ha dicho** que ya se ha tramitado casi la totalidad de las solicitudes de ayudas a los afectados por la erupción del volcán en La Palma.

Más ejercicios

1. ¿Qué cosas contaminan? Haz una lista.

2. ¿Aplicas la regla de las tres erres que se menciona en el vídeo 4 (página 61)? Escribe qué haces para cumplir cada regla.

uso… en lugar de… | dejé de usar… | separo… de… | uso / aprovecho / reciclo…

1. **R**educe tus residuos
2. **R**eutiliza los productos
3. Separa para **r**eciclar

3. Imagina que le explicas a alguien estas frases del vídeo de la actividad 4 (página 61). Usa tus propias palabras para sustituir las partes en negrita. También puedes cambiar otros elementos de las frases.

a. Es un problema medioambiental **sin precedentes**.

b. La basura **se dispersa con facilidad** y **alcanza los lugares más remotos**.

c. **La ingestión de** microplásticos puede **inducir una reducción de** la fertilidad o **un aumento de** la mortalidad.

d. **Es el resultado de** la actividad humana, tanto en tierra como en mar.

e. **La colaboración** de toda la sociedad **es clave para lograr hacer frente a** las basuras marinas.

4. **Conjuga los verbos de las siguientes frases en los tiempos adecuados.**

1. Yo siempre me lavaba los dientes con el grifo abierto hasta que (SER) .... consciente de que era un despilfarro de agua.
2. Seguiremos usando los combustibles fósiles hasta que las energías renovables (RECIBIR) .... las mismas subvenciones.
3. Cuando (HABER) .... alguna mala noticia relacionada con el cambio climático, la gente se lo toma en serio; pero en cuanto los medios (DEJAR) .... de hablar del tema, la mayoría nos olvidamos de que es un problema gravísimo.
4. La gente empezará a preocuparse en serio por el medioambiente cuando ya (SER) .... demasiado tarde.
5. Mientras (QUEDAR) .... suelo urbanizable, muchas empresas de construcción intentarán hacerse ricas sin pensar en las consecuencias para el medioambiente.
6. En cuanto la comunidad científica (CONFIRMAR) .... la existencia del efecto invernadero, numerosas organizaciones pusieron en marcha campañas de concienciación social.
7. Mientras no (SER) .... todos plenamente conscientes de que muchas pequeñas cosas que hacemos cada día afectan negativamente al medioambiente, no cambiaremos nuestros malos hábitos.
8. En cuanto (QUEDARSE) .... sin reservas de petróleo, no tendremos más remedio que recurrir a fuentes de energía alternativas.
9. Una de las peores costumbres del ser humano es la de explotar los recursos hasta que (AGOTARSE) ....

5. **Escribe frases a partir de las informaciones dadas (como en el ejemplo). Unas veces deberás usar un infinitivo y otras tendrás que conjugar el verbo de la oración temporal.**

Prohibieron la construcción de edificios en la costa. Dos años después, la familia del alcalde construyó un hotel en primera línea de mar.

La familia del alcalde construyó un hotel en primera línea de mar dos años después de que prohibieran la construcción de edificios en la costa.

1. Los padres de Ana compraron una casa en la costa. Treinta años después, tuvieron que abandonarla porque se inundó debido a la subida del nivel del mar.

....

....

....

2. La casa de Carmen y Alberto se incendió. Un año después, se mudaron al campo y compraron otra casa.

....

....

....

3. Marina decidió dejar de comer carne. Una semana antes había visto un programa de televisión sobre las macrogranjas.

....

....

....

4. El ayuntamiento proporcionó cubos de reciclaje a todos los vecinos. Unos años después, el 95 % de los vecinos reciclaba de forma correcta.

....

....

....

Más ejercicios

5. Se decidió limitar la velocidad en la ciudad. Un año después, el índice de contaminación atmosférico bajó.

....

....

....

6. Rocío y Tomás vendieron su coche viejo. Un mes antes, el ayuntamiento prohibió la entrada en la ciudad de coches fabricados antes del año 2005.

....

....

....

6. Estas ideas aparecen en el texto de la página 64, pero formuladas en un resgistro más culto. Localiza en el texto las frases originales y escríbelas debajo de estas.

1. Las actividades relacionadas con la ganadería son malas para el medioambiente.

....

....

2. El terreno para pastos ocupa más de un tercio de la superficie de la Tierra y parece que se irá extendiendo.

....

....

3. La ganadería consume mucha agua y también la contamina.

....

....

4. Podemos comer menos carne.

....

....

5. Puede ser bueno para el planeta que sigamos una dieta vegetariana.

....

....

7. Completa estos dos textos con las siguientes palabras. Puede haber varias posibilidades.

nativos | Estados | tales | estos | dichos | este recurso | del que

A

En los países de la región andina, tradicionalmente los pueblos indígenas han gestionado el agua y han resuelto los conflictos relacionados con (**1**) .... siguiendo sistemas propios, mediante lo que podríamos llamar una "cultura del agua" indígena. Sin embargo, en la actualidad (**2**) .... sistemas de gestión están en grave peligro, ya que los Gobiernos estatales de (**3**) .... países han impuesto nuevas leyes y regulaciones que ignoran el derecho del agua (**4**) .... han disfrutado durante siglos los pueblos (**5**) .... de la región. Los (**6**) .... y las empresas privadas, al no reconocer (**7**) .... derechos, ponen en peligro la supervivencia de las comunidades indígenas campesinas. (...)

El citado | los | estas afirmaciones | trayecto | sobre la que | estos dispositivos | viaje | ese vehículo

B

Cualquiera que viva en una ciudad grande habrá visto patinetes eléctricos. Diseñados para trayectos de corta distancia, **(1)** .... tienen un pequeño motor eléctrico y una plataforma **(2)** .... puede ponerse de pie una persona.

Los patinetes eléctricos de uso compartido están apareciendo por muchas ciudades como medio de transporte para distancias cortas. Las empresas del sector **(3)** .... promocionan como una alternativa respetuosa con el medioambiente que reduce nuestra dependencia del uso del coche.

Para poder analizar de forma adecuada **(4)** ...., es importante considerar todos los factores medioambientales relevantes.

Según un estudio, aproximadamente un tercio de los viajes en patinete eléctrico sustituyen al uso del coche. Sin embargo, la mitad de los usuarios de los patinetes harían el **(5)** .... a pie o en bici, de no tener patinete. Cerca de un 10 % lo haría en transporte público y el 7 % u 8 % restante no realizaría el **(6)** .... si no pudiera disponer de **(7)** ....

(8) .... estudio argumenta que conducir un coche es casi siempre peor para el medioambiente que utilizar un patinete eléctrico. Si solamente uno de cada tres trayectos en patinete sustituye a los trayectos en coche, entonces el uso de los patinetes eléctricos sí que podría aumentar las emisiones generales del transporte porque hace que la gente deje de caminar, desplazarse en bici o utilizar el transporte público.

Texto adaptado de https://www.xataka.com/

8. **Completa estas predicciones con los siguientes verbos en futuro compuesto.**

aumentar | desaparecer | agotar | reducir | conseguir | dejar

1. En el año 2090 varias ciudades del mundo .... a causa del aumento progresivo del nivel del mar.
2. Dentro de veinte años la comunidad científica .... encontrar una cura para todos los cánceres.
3. Según algunos estudios, en diez años la temperatura .... en 1,5 °C.
4. En 2070 no se .... el petróleo, pero sí se .... de usar coches de combustión fósil.
5. En 2050 se .... notablemente la emisión de gases contaminantes en las ciudades.

9. 🔊 32 **Aquí tienes sustantivos que se forman a partir de verbos. Complétalos con la letra o las letras que faltan. Luego escucha y comprueba.**

1. recicla .... e ← reciclar
2. contamina .... i .... n ← contaminar
3. embala .... e ← embalar
4. redu .... ión ← reducir
5. emi .... i .... n ← emitir
6. cultiv .... ← cultivar
7. radia .... i .... n ← irradiar
8. expo .... i .... ión ← exponer(se)
9. crec .... miento ← crecer

Más ejercicios

10. ext .... n .... ión ← extinguir(se)

11. produ .... ión ← producir

12. crian .... ← criar

g. atroz → ....

h. cierto → ....

i. capaz → ....

10. ¿Cómo traducirías a tu lengua las palabras en negrita? ¿Se parecen al español?

a. **extinguirse** un incendio: ....

b. **extinguirse** una especie: ....

c. **dañar** el medioambiente: ....

d. **dañar** la salud: ....

e. **generar** emisiones: ....

f. **generar** residuos: ....

g. **poner en peligro** la biodiversidad: ....

....

h. **poner en peligro** la salud: ....

....

11. ¿Cuáles crees que son los sustantivos correspondientes a los siguientes adjetivos? Atención, todos presentan alguna diferencia o necesitan alguna adaptación ortográfica.

a. bueno → ....

b. dulce → ....

c. veloz → ....

d. nuevo → ....

e. suelto → ....

f. rico → ....

12. Escoge cinco de los sustantivos de la actividad 11 y busca información sobre ellos (en diccionarios, en un buscador de internet...). Ten en cuenta las siguientes cuestiones.

- ¿Aparecen siempre o preferentemente en textos sobre un mismo tema?
- ¿Tienen más de un significado?
- ¿Hay alguna/s palabra/s con la/s que se combine/n con mucha frecuencia?
- ¿Forman parte de alguna expresión fija o muy frecuente?

13. Reescribe estas frases usando los sustantivos correspondientes a los adjetivos en negrita. Atención: a veces hay que hacer cambios (de estructura, de orden, de léxico...).

1. Muchos turistas viajan al Caribe para bañarse en sus **cálidas** aguas.

....

....

2. La comunidad internacional está preocupada porque las reservas energéticas son muy **escasas**.

....

....

3. Los Estados deben ser **firmes** en sus actuaciones para castigar los atentados contra el medioambiente.

....

....

4. Algunas de las mejores ideas de la historia sorprenden por lo **sencillas** que son.

....

....

5. Mi abuela siempre ha tratado a los animales de una forma muy **dulce**.

....

....

7. El **reciclaje** del 70 % de los materiales con los que están hechos las baterías es posible.

....

....

14. Ahora, haz lo mismo que en la actividad 13, pero empleando los verbos correspondientes a los sustantivos en negrita.

1. Cada vez hay más personas expertas convencidas de que el **crecimiento** de la población mundial se está frenando.

....

....

2. La prensa ha destacado la gran **actuación** del equipo de bomberos en el incendio.

....

....

3. Empieza la **fabricación** de baterías para vehículos eléctricos en países de Europa.

....

....

4. El **cultivo** de soja tiene un enorme impacto medioambiental en el Amazonas.

....

....

5. Cada vez más empresas eligen **embalajes** sostenibles para sus productos.

....

....

6. La **quema** de campos es una de las principales causas de contaminación del aire en algunos países.

....

....

15. ¿En qué textos podrían aparecer estas palabras? Usa el diccionario o busca en internet. Escríbelo en tu cuaderno y justifícalo.

actuación	extinción	propagarse
cultivo	medidas	reducción

Actuación: podría aparecer en la reseña de un concierto para referirse a cómo actuó un artista. O también en una noticia sobre la intervención policial en una manifestación...

16. Busca en la unidad palabras y expresiones que podrías clasificar en esta tabla y que te interesa recordar.

CLIMA	....
VEGETACIÓN	....
ANIMALES	....
TECNOLOGÍA	....
SALUD	....

17. Completa este texto con las siguientes expresiones.

contribuyen a | conciencia sobre | producen | juegan un papel (2) | contribuyen al | dependen de | albergan | protegen

EL DÍA INTERNACIONAL DE LOS BOSQUES

Este día de celebración mundial de los bosques nos **(1)** .... la importancia de todos los tipos de ecosistemas boscosos y de árboles.

Los bosques cubren un tercio de la superficie terrestre del planeta y **(2)** .... fundamental en la vida de muchos de sus habitantes. Alrededor de 1 600 millones de personas –incluidas más de dos mil culturas indígenas– **(3)** .... los bosques para vivir. Desde un punto de vista biológico, los bosques son los ecosistemas terrestres más diversos y **(4)** .... más del 80 % de las especies animales y vegetales.

Los bosques **(5)** .... fundamental en nuestra lucha por adaptarnos al cambio climático y por paliar sus efectos, ya que **(6)** .... mantener el equilibrio en los niveles de oxígeno, dióxido de carbono y humedad en la atmósfera. También **(7)** .... las cuencas hidrográficas, de las que proviene el 75 % del agua dulce mundial.

Pese a los increíbles beneficios ecológicos, económicos y sociales que nos brindan los bosques, la deforestación continúa a un ritmo de 13 millones de hectáreas al año y es responsable de entre un 12 y un 20 % de las emisiones de gases que **(8)** .... el efecto invernadero y **(9)** .... calentamiento global.

Fuente: www.un.org/es/events/forestsday

18. Completa estos fragmentos de la entrevista a Ana Barroso (vídeo 5, página 73) con los siguientes elementos. Puedes volver a ver el vídeo si es necesario.

hacer frente al | cambio climático | salud | biodiversidad | movilidad | reducción de emisiones | campaña escolar | usar el vehículo privado | políticas de concienciación ciudadana

1. La Red Española de Ciudades por el Clima ayuda a los Gobiernos locales a .... cambio climático.
2. Trabajamos con los ayuntamientos para que puedan implementar medidas de ....
3. Desde los ayuntamientos se hace un gran esfuerzo por que la .... sea sostenible.
4. Desde 2005 venimos trabajando en ....
5. Tenemos una .... de cambio climático dirigida a estudiantes de primaria.
6. Las ciudades del futuro tienen que ser ciudades en las que la población esté concienciada de que tenemos que .... lo menos posible.
7. El .... está repercutiendo por un lado en la .... y por otro lado en la .... de la población.

1. **Marca en qué lugar del texto colocarías las siguientes frases.**

1. Algo que contrasta con el siglo pasado, cuando el estatus lo determinaba la cantidad de tiempo libre del que uno podía disfrutar.
2. Dinamarca, por ejemplo, ha hecho de la felicidad, el ocio y el bienestar sus metas nacionales. Y muchos países europeos tienen políticas que garantizan largos periodos de vacaciones pagadas.
3. Bill Gates se jactaba de que dormía debajo de su escritorio y de que dejó el golf porque estaba trabajando todo el tiempo y ahora todos estamos tratando de seguir su ejemplo.
4. ¿Qué nos estamos perdiendo con todo esto? Nuestra civilización se ha creado en los momentos de ocio. La rueda, el arte, la filosofía... Todo surge en el descanso, cuando soñamos despiertos, en el ocio.
5. El impacto del estrés no se circunscribe solo a las grandes ciudades. Brigid se trasladó a la América rural para ampliar su estudio y en Fargo (Dakota del Norte) también encontró que la gente competía por estar ocupada.

La muerte del ocio

Por Carmen Soriano

El ocio ha muerto. Aunque teóricamente somos una sociedad que disfruta de más oportunidades de entretenimiento que la de nuestros predecesores, lo que realmente queda bien es quejarse ("no-tengo-tiempo-para-nada", "trabajo-más-horas-que-un-reloj", etc.). ○ Vivir estresado está de moda y quien sufre estrés tiene más estatus. Vivimos como un gran honor el "estar de trabajo hasta las cejas" a pesar de que nos lamentemos de ello constantemente.

Ese es al menos el panorama que describe Brigid Schulte en un libro titulado *Overwhelmed: work, love and play when no one has time*. La autora parte de la constatación de que no solo ninguno de sus colegas tiene tiempo para nada, sino de que ha habido un cambio social en la percepción del ocio y del trabajo. Como consecuencia de este cambio, los momentos de ocio han sido devorados por la vorágine laboral. Para Schulte, si alguien dice "últimamente no hago gran cosa", tendemos a pensar que es un fracasado porque vivimos en una sociedad en la que muchas personas se definen a sí mismas por su trabajo, por lo que hacen y sobre todo por lo que hacen más que los demás. La autora ha constatado que muchos de sus compatriotas en las grandes urbes americanas se sienten ansiosos si no tienen su agenda llena de cosas a cada minuto. ○ Los sociólogos hablan incluso de "ocio intencional"; es decir, la tendencia a hacer algo en tu tiempo libre que "valga la pena", que implique aprender algo, mejorar...

¿Está en peligro el tiempo libre? Para la autora, la respuesta es sí. "El ocio se ve como algo tonto, sin importancia, improductivo". Además, nos gusta alardear de que estamos demasiado ocupados como para dedicarnos a ello. ○ Hemos sustituido una semana de vacaciones en la playa, sin hacer nada, por un fin de semana en el que aprovechamos para hacer un cursillo de buceo de 10 horas. ○

El panorama quizás es menos desolador en Europa. ○ En países como España se sigue valorando el "ocio puro" y aún se considera importante tener tiempo para descansar y para compartir unas horas con amigos y familia, sin hacer nada especial: comiendo, tomando algo, charlando.

Más ejercicios

2. **Busca en internet un artículo sobre el estrés. Resúmelo en tu cuaderno. Aquí tienes algunas propuestas.**

- "El arte como terapia para contrarrestar el estrés y la ansiedad" (*La Estrella de Panamá*)
- "Jin Shin Jyutsu: el método japonés para aliviar el estrés" (*Sapos y princesas, El Mundo*)
- "Los 10 trabajos más estresantes del mundo" (*La mente es maravillosa*)

3. **Marca en la tabla si estas palabras o expresiones relacionadas con el mundo del trabajo tienen para ti una connotación positiva, negativa o neutra.**

	+	NEUTRO	-
la baja por paternidad			
una excedencia			
las horas extras			
el horario reducido			
el horario flexible			
las comisiones			
la formación			
el ajuste de personal			
la promoción profesional			
las dietas			
la competitividad			
el estrés			
un ascenso			
un despido			
la conciliación			
el aumento del sueldo			
la desigualdad laboral			
la paga extra			
la baja por enfermedad			
un contrato temporal			
un contrato indefinido			

4. 🔊 33 **Vas a escuchar un fragmento de un programa de radio en el que entrevistan a una experta en conciliación laboral. ¿Qué dice sobre estas cuestiones?**

1. ¿Las medidas de conciliación están hechas para las mujeres?

....

....

....

....

2. ¿Qué es el *mobbing* maternal?

....

....

....

....

3. ¿Las medidas de conciliación también son favorables para los hombres? ¿Por qué?

....

....

....

....

4. ¿Cómo es la situación en España?

....

....

....

....

5. ¿La conciliación laboral ayuda a promover la igualdad entre hombres y mujeres? ¿Cómo conseguirlo?

....

....

....

....

5. Completa los diálogos con los verbos adecuados en subjuntivo (presente o pretérito imperfecto).

1. • Yo creo que, si Martina envía la solicitud, conseguirá el trabajo porque tiene muy buen currículum.
   ∘ Bueno, pero, aunque (TENER) .... muy buen currículum, no habla idiomas. Y aunque lo (HACER) .... muy bien en la entrevista, no creo que tenga posibilidades: hay muchos candidatos.
2. • Este local es carísimo, no nos lo podemos permitir.
   ∘ Aunque (SER) .... caro, tenemos que alquilarlo. Está en el centro y nos verá mucha gente…
   • Yo creo que, aunque nuestra tienda (ESTAR) .... lejos del centro, tendría éxito. Hay otras formas de promocionarse.
3. • Marta me ha dicho que va a dimitir, ¿lo sabías? Dice que está harta del trabajo.
   ∘ ¿Ah, sí? Pero si siempre dice que le encanta su trabajo.
   • Sí, pero aunque le (GUSTAR) .... mucho lo que hace, hay mal ambiente en la empresa y sus superiores son bastante incompetentes.
4. • Yo creo que seguiría trabajando aunque (SER) .... rico.
   ∘ Venga ya… Pues yo no. Haría muchas cosas, pero no trabajar.

6. Transforma estas frases usando **a pesar de (que)**. Haz las modificaciones necesarias.

1. En mi trabajo falta personal, pero no contratan a nadie.

   ....

   ....

   ....

2. Trabajar como autónoma me encanta, te da mucha libertad. Aunque, por otro lado, es poco estable.

   ....

   ....

   ....

3. Es verdad que el trabajo no está muy bien pagado, pero el horario me compensa. Tenemos mucha flexibilidad.

   ....

   ....

   ....

4. La ministra reconoce que, aunque la tasa de paro se ha reducido, esta es mucho más alta de lo que se esperaba.

   ....

   ....

   ....

7. Reescribe estas frases sustituyendo **aunque** por **por mucho que**, **por muy que** o **por más que**. Ten en cuenta que tendrás que hacer cambios en la frase.

1. **Aunque** me digas que tengo que cambiar de trabajo, no lo voy a hacer. Me gusta mi trabajo.

   ....

   ....

   ....

   ....

2. **Aunque** tengas buen currículum, no te van a elegir a ti, porque para este trabajo solo tienen en cuenta la apariencia física.

   ....

   ....

   ....

   ....

Más ejercicios

3. **Aunque** trabajes mucho, no te lo van a agradecer.
....
....
....
....

4. Tómate tu tiempo. **Aunque** trabajes muy rápido, el resultado no va a ser mejor.
....
....
....
....

5. **Aunque** hagas una página web muy bonita, si el proyecto no es bueno, no vas a tener éxito.
....
....
....
....

6. **Aunque** te encante viajar, acabarás cansándote. Viajar por trabajo no es tan divertido…
....
....
....
....

8. Lee esta noticia y complétala con las siguientes palabras.

estas | por eso | en la que | entre ellas | su (2) | sus | gracias a (2) | como | ellas

La española incluida por Google en su selección de buenas prácticas en pandemia

Rocío González - https://cincodias.elpais.com - 22-03-2021

Fit Lovas, empresa dirigida por tres emprendedoras, es seleccionada por Google para entrar en su recopilación europea de negocios que han sabido adaptarse a los cambios de la pandemia.

Google España ha recopilado en su blog una selección de emprendedoras europeas que han sabido realizar los cambios oportunos en (**1**) .... negocios para adaptarse a la pandemia. (**2**) ...., tenemos a Berta Font Amor, Montse González Yebra y Mavi Calabrese, creadoras de una comunidad *fitness* (**3**) .... las mujeres se sienten seguras de ser ellas mismas. La empresa se llama Fit Lovas.

Según recalca la organización en (**4**) .... artículo, (**5**) .... empresarias han logrado atraer a mujeres de todo el mundo. El negocio está creciendo (**6**) .... las clases que imparten *online*. De hecho, no solo tienen clientes españoles, sino que también han conseguido afiliados de otros lugares, (**7**) .... México, Argentina y otros países de habla hispana.

Las fundadoras de Fit Lovas coinciden en que la clave de (**8**) .... éxito está en el servicio *online*. "Ofrecer un servicio *online* nos ha permitido seguir creciendo (**9**) .... las mujeres de todo el mundo", apuntan.

El trabajo de las mujeres ha sido uno de los más afectados durante la pandemia, según destaca Google en su artículo. Los datos revelan que (**10**) .... han sido 1,8 veces más vulnerables que ellos. (**11**) .... destacan los proyectos empresariales de varias mujeres que han conseguido superar la crisis.

9. Piensa en tres profesiones que conozcas bien. ¿Qué cualidades te parecen más importantes para desempeñarlas?

PROFESIÓN 1:	
Saber	....
Tener	....
Ser	....
Estar	....

PROFESIÓN 2:	
Saber	....
Tener	....
Ser	....
Estar	....

PROFESIÓN 3:	
Saber	....
Tener	....
Ser	....
Estar	....

10. Lee este titular y trata de imaginar qué palabras o expresiones podrían aparecer en esa noticia. Haz una lista en tu cuaderno.

Una empresa de Jaén, pionera en implantar la jornada laboral de cuatro días a la semana

mantener / reducir los salarios
experiencia positiva

11. Lee ahora la noticia. ¿Encuentras muchas de las palabras que hay en tu lista? ¿Hay palabras o expresiones sinónimas de las que tú habías pensado?

Trabajar cuatro días a la semana, manteniendo el salario y también la productividad, ya es posible en España. Una empresa de Jaén, Software Delsol, ha empezado este mes de enero a aplicar esta innovadora jornada laboral para sus 181 empleados. La mayoría trabajan ya de lunes a jueves y el resto lo hacen en bloques de cuatro días continuados rotando de lunes a viernes (cada cuatro semanas acumulan cuatro días extra de descanso) para garantizar la atención de los 53 000 clientes que tiene la empresa en toda España y también en Sudamérica, principalmente pymes a las que se presta soporte de *software*. Para hacer posible esta medida la firma jiennense ha incrementado su plantilla el último año en 25 trabajadores. Y la jornada laboral, hasta ahora de 40 horas semanales, se ha reducido ahora hasta las 36 horas en invierno y 28 en los meses de verano, "No ha sido fácil introducir esta medida, ha sido todo un reto porque no teníamos ningún referente al respecto ni tampoco había legislación donde apoyarnos, no sabíamos dónde acudir", señala Fulgencio Messeguer, consejero delegado de esta empresa de comercialización de *software* que lleva 26 años implantada en Jaén. Sin embargo, Messeguer tiene claro que la iniciativa solo es un escalón más en la política de esta firma, donde la innovación no solo se busca "en el desarrollo de los productos, sino también a la hora de gestionar el grupo humano".

Ginés Donaire (https://elpais.com, 10/01/2020)

Más ejercicios

12. **Continúa las frases de forma lógica.**

1. Aunque hoy en día existen los permisos por paternidad, ...

2. Aunque trabajamos muchas horas, ...

3. Aunque hace años que no trabajaba de profesor, ...

4. A pesar de que tiene un currículum increíble, ...

5. A pesar de tener unas condiciones laborales estupendas, ...

6. Aunque han presentado su proyecto en varias ferias de *crowdfunding*, ...

7. A pesar de haber sido el mejor estudiante de su promoción, ...

8. A pesar de las dificultades, la empresa ....

13. **Lee estas frases y relaciona el conector marcado en negrita con su función.**

a. Introduce una explicación o aclaración de lo dicho anteriormente.

b. Presenta la consecuencia o conclusión de lo dicho anteriormente.

◯ **1.** Hago jornada intensiva y trabajo de 8 h a 15 h sin hacer ninguna pausa. **O sea**, **que** cuando salgo tengo un hambre…

◯ **2.** He estado toda la entrevista nervioso, **o sea**, no me sentía seguro de lo que decía, me costaba entender lo que me decían los entrevistadores…

◯ **3.** Me ha parecido un chico preparado y competente, pero un poco creído, **o sea**, prepotente, ¿no crees?

◯ **4.** En mi empresa tenemos la posibilidad de pedir jornada reducida, pero no les gusta que lo hagamos. **O sea**, **que** no sirve de nada tener la opción, no lo pide nadie.

◯ **5.** Es original lo que hace esta empresa, pero no me parece muy útil, **o sea**, creo que es innecesario fabricar una bebida para cuando tienes mucha sed. Yo cuando tengo sed bebo agua…

◯ **6.** Habla muchos idiomas, parece muy majo y está motivado, pero no tiene experiencia como comercial, **o sea**, **que** no lo vamos a contratar.

14. 🔊 34 **Escucha las frases de la actividad 13. ¿Observas la diferencia de entonación entre las frases con o sea y o sea, que? Después de escucharlas, repítelas.**

15. Relaciona cada testimonio con una profesión. Subraya las palabras clave que te ayuden a descubrirlo.

1. En esta profesión, a veces te sientes agobiado por los continuos cambios de horario. Además, el contacto directo con la gente y sus exigencias hace que sientas una gran presión. Durante unas horas estamos a tope de trabajo, pero al llegar al destino podemos descansar uno o dos días.

☐ piloto ☐ auxiliar de vuelo

2. El hecho de que una vida humana dependa de ti te hace sentir una gran presión y una gran responsabilidad. Pero al mismo tiempo es una motivación. Aunque a veces estemos a tope de trabajo, intentamos que la gente sienta que está en buenas manos.

☐ médico/a ☐ agente de policía

3. Para la mayoría de los que hacemos este trabajo se trata de un empleo de subsistencia. Además, cuando llamas a la gente, sientes que has invadido su intimidad. Y cuando te cuelgan sin haberte escuchado, te sientes fatal.

☐ psicólogo/a ☐ telefonista

16. En tu cuaderno, intenta definir las siguientes cualidades. Después, compara tus definiciones con las de un diccionario.

- autoritario/a
- accesible
- arrogante
- tolerante
- comprensivo/a
- respetuoso/a
- ambicioso/a
- fiable
- dinámico/a
- emprendedor/a

Autoritario/a: Persona a la que le gusta mandar y que necesita tener el poder todo el tiempo.

17. ¿Cuál de estas dos personas crees que ha sabido "venderse" mejor para conseguir el mismo trabajo? Compara la manera en que presentan sus respectivas candidaturas. Escríbelo en tu cuaderno.

ROCÍO. "Tengo una amplísima experiencia como asesora pedagógica infantil. Mis funciones no solo se limitan al cuidado y manutención de los niños, sino que, gracias a mi excelente formación académica, puedo impartir clases de refuerzo de todas y cada una de las materias del currículo español. He realizado cursos de psicología infantil, por lo que entre mis tareas también se incluye la de organizar juegos, entretenimientos y actividades que favorecen la socialización y la motricidad de los niños. En mi último trabajo, en una familia de dos niños hiperactivos, logré incrementar las habilidades cognitivas de mis alumnos en un 50 % y ambos consiguieron superar las pruebas de final de curso con excelentes resultados".

ELSA. "Tengo cierta experiencia cuidando niños de entre 1 y 6 años. Me encargo de todo lo referente a su cuidado y manutención, aunque también puedo darles clases de refuerzo de las materias escolares y organizarles juegos, entretenimiento y salidas culturales. En mi último trabajo conseguí que los dos niños a mi cargo aprobaran el curso sin problemas".

Más ejercicios

1. Pregunta a dos personas que conozcas qué les hubiera gustado ser de no tener la profesión que tienen y por qué. Escribe sus respuestas.

....
....
....
....
....
....

2. Vuelve a leer el texto de la actividad 2 (pág. 93), anota todas las palabras relacionadas con la educación y clasifícalas siguiendo un criterio. Compáralo, a continuación, con uno/a de tus compañeros/as. ¿Habéis seguido el mismo criterio?

3. ¿Cuál es la condición implícita en cada caso? Fíjate en el ejemplo.

1. • Al final, el concierto fue horrible. El sonido era malísimo y además tocaron fatal. No te habría gustado nada.
Si hubieras venido al concierto.

2. • La verdad es que yo entiendo a Rosa. Es normal actuar así en una situación como esa. Creo que yo habría hecho lo mismo.
....

3. • ¡Que ayer estuvo aquí Alfredo! ¿Y no me dijiste nada?
∘ Perdona, es que como te habías ido de fin de semana... Por eso no te lo dije.
• ¡Qué rabia! Habría podido venir... ¡Me hubiese encantado verlo!
....

4. • ¿Qué tal la película de ayer?
∘ Fue increíble. Te habría encantado. ....
....

5. • ¿Y ese señor de la foto?
∘ ¿Este? Era mi abuelo. Te habría caído muy bien.
....

6. • Estoy cansadísimo. Ayer me pasé todo el día ordenando la casa.
∘ ¿Tú solo? Hombre, yo te podría haber echado una mano.
....

4. Completa las frases con estos elementos.

hubiera viajado | hubiera tenido | hubieran hecho | hubiera entrado | hubiera separado | estaría | sería | habría estudiado | habría tenido | habrían controlado

1. Raquel: Si .... hermanos mayores, creo que mis padres no me .... tanto.

2. Yolanda: Si .... en la carrera de Veterinaria, ahora no .... trabajando en una farmacia.

3. Alberto: Si no .... al Líbano con mi familia, seguro que no .... Filología Árabe.

4. Tania: Si no me .... de Carlos, quizás .... hijos.

5. Daniel: Si mis padres .... más deporte, seguro que yo ahora .... más deportista.

5. Lee los problemas que han tenido algunas personas y, luego, escribe en tu cuaderno qué hubieras hecho tú en cada caso.

1 Vi un anuncio en un folleto en el que anunciaban un ordenador con unas características muy buenas y a muy buen precio. Me lo compré y, cuando llegué a casa, comprobé que el ordenador no tenía tantas prestaciones como anunciaban.

2 Cuando me independicé, me compré una lavadora. La primera vez que la usé noté un olor a quemado bastante raro y al poco rato dejó de funcionar.

3 El otro día, compré unos yogures en el supermercado de al lado de mi casa y cuando iba a comerme uno, vi que llevaban caducados una semana.

4 Hace unas cuantas semanas, fui a comer con mis compañeros de trabajo a un sitio nuevo. Cuando fuimos a pagar, nos querían cobrar unas bebidas que no habíamos tomado.

5 Hace un año más o menos, cortaron la luz en toda mi calle por motivos de mantenimiento. Yo estaba de vacaciones y se me estropeó toda la comida que tenía en el congelador.

1. Pues yo habría exigido que me devolvieran el dinero.

6. Relaciona estos reproches con la respuesta más adecuada de abajo.

1. Debería usted haber puesto el intermitente antes de girar: ha estado a punto de provocar un accidente. ¿Me enseña su carné de conducir, por favor?
2. No tendrías que haberle hablado así a Sandra, ¿no crees? Podrías disculparte...
3. Tendrías que haber comprado más comida: con lo que hay no comen ocho personas.
4. Te lo dije: deberíamos haber venido ayer. El dependiente me acaba de decir que ya no les queda ningún armario de oferta de los que nos gustaban.
5. ¿Fuisteis a ver la película que ganó el Goya y no me avisasteis? Podríais habérmelo dicho, ¿no?

- ◯ ¿Y cómo lo iba a saber? Habíamos quedado en que seríamos solo cinco.
- ◯ Ya, ¿pero quién iba a decir que se acabarían tan pronto? Vamos a otra tienda a ver si encontramos algo antes de que cierren.
- ◯ Sí, es verdad. Perdona, la verdad es que no me acordé de llamarte.
- ◯ ¿Cómo? ¿Después de lo que me ha hecho? Si hay alguien que tiene que pedir perdón es ella, no yo.
- ◯ Ya, ya lo sé. Es que iba pensando en otras cosas. Lo siento, de verdad, disculpe.

Más ejercicios

7. Completa estas conversaciones con los pronombres adecuados.

1. • ¡Fede es un bocazas! ¿Sabes que le ha contado a María lo de la fiesta sorpresa?
∘ Ya, es que no tendrías que habé......... dicho, lo cuenta todo.

2. • Juan le tiene un cariño increíble a su bici. El otro día .... pedí para dar una vuelta y no .... dejó.
∘ Pues debería habér......... dejado. Para eso están los amigos, ¿no?

3. • No sé si he hecho bien con mi hijo. Él no quería hacer Francés como optativa y .... he obligado a hacer.......... Es por su bien, pero...
∘ ¿Él no quería?
• No, quería hacer Fotografía.
∘ Pues creo que no deberías habér......... prohibido. La fotografía es muy interesante y si le gusta...

4. • El hijo de Paco está estudiando otra carrera. Ya es la tercera y aún no trabaja.
∘ ¿Y quién le paga la carrera? ¿Paco?
• Claro. Él está encantado de que estudie.
∘ Pues podría pagár.......... el niño, ¿no? Que ya tiene más de 30 años...

5. • No debería haber......... comprado esta casa, fue un error. Ahora no puedo pagar la hipoteca.
∘ ¿No puedes vender.......... ?

8. 35-39 **En parejas, escenificad las conversaciones de la actividad 5 (pág. 96). Primero escuchadlas y prestad atención a la entonación. Luego, interpretadlas y grabaos.**

9. Completa las siguientes conversaciones con estos elementos. En dos casos hay más de una posibilidad.

No hay mal que por bien no venga | Si lo llego a saber | Si lo sé | De habernos ido | Menos mal que

a.

• Mira, si hubiera podido entrar en la carrera de Medicina, no estaría estudiando Farmacia y nunca habría conocido a Luisa.
∘ Ya, con lo enamorado que estás. ¡..............................!

b.

• .... a vivir al extranjero como tú querías, nunca habríamos comprado esta casa.
∘ Ya, es verdad. Con lo bien que estamos aquí...

c.

• ¿Cómo fue la exposición?
∘ Uf, había muchísima gente, casi no te podías acercar a los cuadros. ...., voy entre semana.

d.

• .... al final te presentaste al examen, ¿eh?
∘ Pues sí, no lo tenía claro, pero, si no lo hubiera hecho, no habría terminado la carrera este año ¡y no hubiera encontrado este supertrabajo!

e.

• No sabía que te iba a sentar tan mal saber que Javi va a ser padre. ...., no te lo digo.
∘ A ver, es que fue mi pareja durante 5 años... Es normal que me afecte, ¿no?

10. Une las dos partes de cada frase con el conector que te parezca más adecuado. Quizás tengas que modificar algunos elementos para que la frase sea correcta.

a. Corre demasiado.

b. Algún día tendrá un accidente.

Corre tanto que algún día tendrá un accidente.

1. a. Ayer Pedro no pudo venir a la reunión.
b. Tiene un problema intestinal.

....

....

2. a. Un millonario da 1 000 000 de euros a un policía.
b. El policía le salvó la vida.

....

....

3. a. Mijaíl se fue a vivir a un país de clima cálido.
b. Tenía problemas respiratorios.

....

....

4. a. No pude terminar el partido de tenis.
b. Tenía un dolor muy fuerte en el brazo.

....

....

5. a. Decidimos irnos a la playa.
b. Hacía mucho calor.

....

....

6. a. Le dio un ataque de ansiedad.
b. Tenía exámenes, hacía calor, todos lo presionaban...

....

....

11. Completa las siguientes conversaciones con **tan, tanto/a/os/as.**

1. • ¡Uy! ¿Y esa cara? Pareces cansadísimo.
∘ No, qué va. Es que he dormido .... que todavía estoy un poco atontado.

2. • ¿Te gustó la novela que nos recomendaron en clase?
∘ Pues la verdad es que no. Me pareció .... aburrida que la dejé a la mitad.

3. • ¡Qué buena estaba la paella! ¡He comido .... que voy a reventar!
∘ Siempre haces lo mismo. Comes demasiado y luego te encuentras mal.

4. • ¿Tú crees en los ovnis?
∘ Pues no sé. Se oyen .... cosas que ya no sé qué pensar.

5. • No te lo vas a creer: esta mañana había .... tráfico que he tardado dos horas en llegar de casa al trabajo.
∘ ¿En serio? ¡Pero si son apenas diez kilómetros!

6. • ¿Y cómo te va con la escuela que montaste?
∘ Pues la verdad es que muy bien. En dos años, nunca había tenido .... estudiantes como ahora.

7. • Oye, ¿y qué tal el curso de fotografía?
∘ Oh, ¡me encantó! Me gustó .... que hubiera querido que no se terminara nunca. Creo que pronto me voy a matricular en otro curso más avanzado.

8. • Me encanta enseñar, pero hay .... estudiantes en clase que no puedo hacerlo todo lo bien que querría.
∘ Ya, debería haber un máximo de quince estudiantes por clase.

Más ejercicios

12. Busca en internet frases en las que aparezcan las siguientes estructuras. Anótalas en tu cuaderno.

Grupo 1
a causa de + sustantivo o pronombre

Grupo 2
debido a + sustantivo o pronombre
debido a que + oración

Grupo 3
gracias a + sustantivo o pronombre
gracias a que + oración

Grupo 4
por culpa de + sustantivo o pronombre
por culpa de que + oración

13. Elige el conector adecuado para completar estos fragmentos de conversaciones y textos escritos.

1. por culpa de que | gracias a que

Incendio en un bloque de viviendas de Madrid. No hay que lamentar víctimas .... los bomberos llegaron a tiempo.

2. por culpa de | ya que

- ¡Carlos! ¿Pero qué haces aquí? ¿No te ibas de excursión?
- Sí, pero la han anulado .... la lluvia.

3. ya que | porque

- ¡He vuelto a suspender Historia! Creo que el profesor me tiene manía.
- ¡Pero qué dices! Si has suspendido es .... no te esfuerzas nada.

4. porque | como

- ¿Al final le han dado a tu hija el trabajo en Londres?
- No, al final no. Es que, ... no habla muy bien inglés, no superó la última prueba.

5. debido a que | ya que

- Voy un momento al súper. Ahora vuelvo.
- Oye, ¿me compras el periódico, ... bajas?

6. a causa de | como

Sergio López dice adiós al Mundial .... una lesión en la rodilla. La estrella del equipo español tuvo que abandonar el partido contra Brasil en el minuto 43 de la primera parte.

14. ¿Con qué verbos puedes combinar estas palabras? Escríbelo en tu cuaderno. Piensa en expresiones que se usan para hablar de recorridos vitales.

15. Traduce a tu lengua las partes en negrita de estas frases. ¿Cómo traduces los verbos **dejar** y **cambiar** en cada caso?

DEJAR

1. No debería **haber dejado los estudios**.
2. **Ha dejado a su mujer** y dice que se encuentra mucho mejor.
3. **Podrías dejar de fumar**, ¿no?
4. La mejor decisión que he tomado en mi vida es **dejar la ciudad**.
5. **Deberías dejarlo salir con sus amigos**, ya es mayor...
6. Siempre **deja los libros en el suelo**, no lo soporto.

CAMBIAR

1. Julia **ha cambiado** mucho **de mentalidad** desde que vive en el extranjero.
2. **Los años que pasé en la universidad me cambiaron**, aprendí muchas cosas.
3. Me he comprado un libro que se titula *Cómo* ***cambiar de vida*** *radicalmente*.
4. Marta este año **se ha cambiado de casa** un montón de veces.
5. **Cambia de móvil** muy a menudo, siempre quiere tener la última novedad.
6. Hace unos años no quería ni oír hablar de esquí y ahora le encanta esquiar... **Las cosas cambian**, ¿eh?

16. Ahora escribe más ejemplos de frases en las que aparezcan esas estructuras.

- dejar algo:

    ......

    ......

    ......

- dejar a alguien:

    ......

    ......

    ......

- dejar algo en algún lugar:

    ......

    ......

    ......

- dejar de hacer algo:

    ......

    ......

    ......

- dejar a alguien que haga algo:

    ......

    ......

    ......

- cambiar algo por otra cosa:

    ......

    ......

    ......

- cambiarse de algo:

    ......

    ......

    ......

- cambiar de algo:

    ......

    ......

    ......

- cambiar en algo:

    ......

    ......

    ......

- algo te cambia:

    ......

    ......

    ......

17. ¿Qué soñabas ser de pequeño/a? Imagina cómo podría haber sido tu vida si hubieras cumplido ese sueño y escribe en tu cuaderno un texto describiendo qué hubiera pasado en tu vida y cómo crees que serías ahora.

18. Lee estos dos textos que hablan de experiencias educativas y contesta las preguntas.

- ¿Qué tienen en común?
- ¿Qué aprendieron los estudiantes en las clases que describen? ¿Con qué cosas comparan el estudio?
- ¿Qué efecto tenían las clases en esos estudiantes? Toma nota de las expresiones lingüísticas que transmiten ese efecto.
- ¿A ti te marcó mucho algún/a profesor/a o algún método educativo? ¿Por qué?

"El consuelo fue que en Aracataca habían abierto por esos años la escuela montessoriana, cuyas maestras estimulaban los cinco sentidos mediante ejercicios prácticos y enseñaban a cantar. Estudiar era algo tan maravilloso como jugar a estar vivo. Aprendí a apreciar el olfato, cuyo poder de evocaciones nostálgicas es arrasador. El paladar, que afiné hasta el punto de que he probado bebidas que saben a ventanas, panes viejos que saben a baúl, infusiones que saben a misa. No creo que haya método mejor que el montessoriano para sensibilizar a los niños en las bellezas del mundo y para despertarles la curiosidad por los secretos de la vida. Me costó mucho aprender a leer. No me parecía lógico que la letra "m" se llamara eme, y sin embargo con la vocal siguiente no se dijera "emea" sino ma. Me era imposible leer así. Por fin, cuando llegué al Montessori la maestra no me enseñó los nombres sino los sonidos de las consonantes. Así pude leer el primer libro que encontré en un arcón polvoriento del depósito de la casa, estaba descosido e incompleto, pero me absorbió de una manera muy intensa. Pasaron varios años antes de saber que el libro era *Las Mil y una noches*".

Gabriel García Márquez, *Vivir para contarla*

"Pronto me di cuenta de que el silencio del maestro era el peor castigo imaginable. Porque todo lo que él tocaba era un cuento fascinante. El cuento podía comenzar con una hoja de papel, después de pasar por el Amazonas y la sístole y diástole del corazón. Todo conectaba, todo tenía sentido. La hierba, la lana, la oveja, mi frío. Cuando el maestro se dirigía hacia el mapamundi, nos quedábamos atentos como si se iluminase la pantalla del cine Rex. Sentíamos el miedo de los indios cuando escucharon por vez primera el relinchar de los caballos y el estampido del arcabuz. Íbamos a lomos de los elefantes de Aníbal de Cartago por las nieves de los Alpes, camino de Roma. Luchábamos con palos y piedras en Ponte Sampaio contra las tropas de Napoleón. Pero no todo eran guerras. Fabricábamos hoces y rejas de arado en las herrerías del Incio. Escribíamos cancioneros de amor en la Provenza y en el mar de Vigo. Construíamos el Pórtico de la Gloria. Plantábamos las patatas que habían venido de América. Y a América emigramos cuando llegó la peste de la patata.
'Las patatas vinieron de América', le dije a mi madre a la hora de comer, cuando me puso el plato delante".

Manuel Rivas, "La lengua de las mariposas", *¿Qué me quieres, amor?*

19. ¿Qué tipo de educación te hubiera gustado recibir? Si pudieras volver al pasado, ¿qué cambiarías? ¿Qué cosas te habría gustado que fueran distintas de los centros (de primaria, secundaria, universidad...) a los que fuiste? Escríbelo en tu cuaderno.

MÁS GRAMÁTICA

Cuando tengas una duda gramatical o quieras entender mejor una regla, puedes consultar este resumen. En él, los contenidos no están ordenados por unidades, sino por temas y categorías gramaticales.

Además de leer atentamente las explicaciones, fíjate también en los ejemplos para entender cómo se utilizan las formas lingüísticas en la comunicación real.

Más gramática

SUSTANTIVOS: NOMINALIZACIÓN

- La nominalización es el procedimiento por el cual se obtiene un nombre derivado de un verbo o un adjetivo. Esta transformación se consigue añadiendo un sufijo al verbo o adjetivo.
- Las nominalizaciones son frecuentes en la lengua escrita especializada y formal, y, en especial, en el lenguaje académico, científico y periodístico.

NOMBRES DERIVADOS DE VERBOS

- Con frecuencia, los nombres derivados de verbos expresan una acción (**aterrizaje** = acción de aterrizar) o un resultado (**redacción** = texto resultante de un trabajo de escritura). También pueden referirse a la persona que realiza la acción (**cocinero** = persona que realiza la acción de cocinar), al instrumento que se usa (**regadera** = instrumento que se usa para regar) o al lugar donde tiene lugar la acción (**estacionamiento** = lugar donde se estacionan los vehículos).
- Algunos nombres derivados de verbos pueden referirse a más de una de las nociones anteriores, según el contexto en el que aparecen.
  - *La **construcción** duró varios años.* (**construcción**: la acción de construir)
  - *Es una **construcción** muy sólida, que resiste los terremotos.* (**construcción**: el resultado de construir, es decir, el edificio)
- Estos son algunos sufijos muy frecuentes en las nominalizaciones:

-ción / -cción / -sión

- Estas tres formas son variantes ortográficas del mismo sufijo (se utiliza una forma u otra según cuál sea el sustantivo). Los nombres terminados en -**ción** / -**cción** / -**sión** son femeninos y normalmente indican el proceso o el resultado de una acción.
  - ***La actuación** de los equipos sanitarios tras el accidente fue enormemente eficaz.* (= Los equipos sanitarios actuaron muy eficazmente tras el accidente).
  - *Un huevo duro exige diez minutos de **cocción**.* (= El proceso de cocer un huevo duro exige diez minutos).
  - *Tengo que llevar el coche al mecánico para **la revisión** anual.* (= Cada año, el mecánico revisa el coche; tengo que llevarlo para que lo haga).

Atención

En algunos casos, la raíz del verbo sufre cambios.

disolver	→	(la) **disolución**
inscribir	→	(la) **inscripción**
pedir	→	(la) **petición**
elegir	→	(la) **elección**

-ado / -ada / -ido / -ida

- Estos sufijos pueden formar nombres derivados de verbos (**llamar → llamada; salir → salida**).
- Las terminaciones -**ado** / -**ada** corresponden a verbos de la primera conjugación (**etiquetar → etiquetado**); las terminaciones -**ido** / -**ida**, a verbos de la segunda y tercera conjugación (**comer → comida; salir → salida**).
    - *__El etiquetado__ de los productos alimenticios debería estar más controlado.* (= El proceso de etiquetar los productos alimenticios debería estar más controlado).
    - *En este garaje hay un servicio de __lavado__ de coches.* (= En este garaje lavan coches).
    - *No oyó __la llamada__ de su madre y siguió jugando.* (= No oyó que su madre llamaba y siguió jugando).
    - *Al oír la alarma, corrió hacia __la salida__.* (= Al oír la alarma, corrió hacia el lugar por el que se sale).

Atención

Los sufijos -**ado** / -**ada** / -**ido** / -**ida** también pueden formar adjetivos (de **amar**, **amado/a**; de **desaparecer**, **desaparecido/a**).

Para saber más

Algunos sustantivos que tienen estas terminaciones se refieren a instituciones o territorios: **doctorado**, **reinado**, **consulado**, **obispado**, **patriarcado**, **condado**... Se trata generalmente de nombres que derivan de otros nombres (no de verbos): **doctorado** deriva de **doctor**; **reinado**, de **rey**; **consulado**, de **cónsul**; **obispado**, de **obispo**...

-miento / -mento / -menta

- Los sufijos -**miento** / -**mento** / -**menta** forman nombres que designan en la mayoría de los casos un instrumento, un resultado, una acción o, a veces, un colectivo.
- La forma más frecuente y productiva es -**miento** (como en **sufrimiento**, **levantamiento** o **derrumbamiento**).
    - *__El descubrimiento__ de nuevas enfermedades que afectan a los bosques es una señal de la degradación del medio.* (= Se descubren nuevas enfermedades que afectan a los bosques).
    - *__El levantamiento__ de pesas es un deporte olímpico.* (= La acción de levantar pesas es un deporte olímpico).
    - *__El ayuntamiento__ de la ciudad está en la Plaza Mayor.* (El ayuntamiento es la institución donde la gente se junta. "Ayuntar" es un verbo muy poco frecuente en español actual que significa "juntar").
- La forma -**mento** (como en **medicamento**, **armamento** o **complemento**) o -**menta** (**vestimenta**, **impedimenta**) puede encontrarse en algunos derivados cultos (es decir, palabras que se han mantenido más cercanas a las formas del latín original).
    - *La ONU recomienda eliminar __el armamento__ nuclear.* (= La ONU recomienda eliminar el conjunto de armas nucleares).
    - *Los astronautas necesitan llevar __una vestimenta__ especial para protegerse.* (= Los astronautas necesitan llevar un conjunto de prendas de vestir especiales para protegerse).

Algunas personas que se dedican al __levantamiento__ de pesas abusan de los __medicamentos__ para mejorar su __rendimiento__.

Más gramática

-aje

- Los nombres formados con este sufijo a partir de verbos son generalmente masculinos.

hospedar	→	(el) **hospedaje**	aterrizar	→	(el) **aterrizaje**	reciclar	→	(el) **reciclaje**
almacenar	→	(el) **almacenaje**	abordar	→	(el) **abordaje**			

  - ***El reciclaje** del papel permite ahorrar grandes cantidades de agua.* (= Reciclar papel permite ahorrar grandes cantidades de agua).

Atención

Otros nombres que expresan acción, resultado o instrumento y están emparentados con verbos no presentan los sufijos anteriores. Muchos de estos nombres (no todos) son masculinos.

acosar	→	(el) **acoso**	transportar	→	(el) **transporte**	usar	→	(el) **uso**
cultivar	→	(el) **cultivo**	probar	→	(la) **prueba**	citar	→	(la) **cita**

NOMBRES DERIVADOS DE ADJETIVOS

- El significado de los nombres derivados de adjetivos equivale al de una frase del tipo "la cualidad de ser + adjetivo".

  limpieza = la cualidad de ser limpio/a **frescura** = la cualidad de ser fresco/a **popularidad** = la cualidad de ser popular

- Estos nombres que derivan de adjetivos y que expresan una cualidad tienen género femenino.
- Algunos sufijos muy frecuentes son estos:

-eza / -ez

- El sufijo -**eza** y su variante -**ez** se encuentran en algunos nombres de uso frecuente, pero actualmente ya no son productivos, es decir, no se utilizan para formar nuevos derivados.

limpio/a	→	(la) **limpieza**	entero/a	→	(la) **entereza**	bello/a	→	(la) **belleza**
pesado/a	→	(la) **pesadez**	delgado/a	→	(la) **delgadez**			

  - *Parece que las Administraciones no son sensibles a **la belleza** de nuestros paisajes naturales.* (Nuestros paisajes naturales son bellos).

-ura

espeso/a	→	(la) **espesura**	gordo/a	→	(la) **gordura**	alto/a	→	(la) **altura**
fresco/a	→	(la) **frescura**	dulce	→	(la) **dulzura**			

  - ***La altura** de aquellos árboles indica que el bosque es muy antiguo.* (Aquellos árboles son más o menos altos).

-(i)dad / -(i)tad

- Lo más frecuente en español actual es añadir una -**i**- entre la raíz y el sufijo. Sin embargo, si el adjetivo termina en vocal o en las consonantes -**l**- o -**s**-, existen derivados con las formas -**dad** / -**tad**, sin la -**i**-.

cordial	→	(la) **cordialidad**	bueno/a	→	(la) **bondad**
popular	→	(la) **popularidad**	malo/a	→	(la) **maldad**
difícil	→	(la) **dificultad**	libre	→	(la) **libertad**
oportuno/a	→	(la) **oportunidad**	capaz	→	(la) **capacidad**

- *Nuestros ríos dependen de nuestra* ***capacidad*** *para defenderlos.* (Somos capaces de defenderlos o no).

Atención

En algunos sustantivos derivados de adjetivos se encuentra la terminación **-edad** (de **sucio, suciedad**; **de arbitrario, arbitrariedad**).

PRONOMBRES PERSONALES

- Utilizamos los pronombres personales para referirnos a la persona o personas que hablan, a la persona o personas que escuchan o a personas o cosas de las que se habla en una conversación. La forma de los pronombres personales cambia según su función en la oración.

	SUJETO	CON PREPOSICIÓN	OD	OI	REFLEXIVO
1.ª pers. singular	yo	mí (conmigo)	me	me	me
2.ª pers. singular	tú, vos	ti (contigo), vos	te	te	te
3.ª pers. singular	él / ella, usted	él / ella, usted	lo / la	le (se)	se
1.ª pers. plural	nosotros / nosotras	nosotros / nosotras	nos	nos	nos
2.ª pers. plural	vosotros / vosotras	vosotros / vosotras	os	os	os
3.ª pers. plural	ellos / ellas, ustedes	ellos / ellas, ustedes	los / las	les (se)	se

PRONOMBRES DE SUJETO Y PRONOMBRES CON PREPOSICIÓN

- En español, la terminación del verbo da información sobre la persona del sujeto (primera, segunda o tercera, en singular o plural). Por eso, es muy frecuente que una frase se construya sin pronombre sujeto. Sin embargo, la aparición del pronombre es necesaria en algunos casos.

- Cuando queremos resaltar que una información se refiere a una persona, en contraste con otra u otras.
  - ***Vosotras*** *dos estudiáis Biología, ¿verdad?*
  - ***Ella*** *sí, pero* ***yo*** *estoy en cuarto de Filología Inglesa.*
- Cuando la ausencia del pronombre puede llevar a confusión (especialmente, en el uso de la tercera persona).
  - *¿Es* ***usted*** *el último de la cola?*
  - *No, el último es aquel señor.*
- Cuando la identidad del sujeto es una información que se desea destacar especialmente.
  - *¿La señora María Suárez, por favor?*
  - *Soy* ***yo****.*
- Después de las preposiciones **entre**, **excepto**, **hasta**, **incluso**, **salvo**, **según**.
  - *Entonces,* ***según ella****, ¿la policía actuó correctamente?*
  - ***Entre tú*** *y* ***yo****, lo que ha hecho Susana no está bien.*

Atención

La mayoría de las preposiciones no van seguidas de pronombre sujeto, sino de formas específicas de pronombre.

- ***Para mí****, Pedro tiene razón.*
- *María viene* ***conmigo*** *en el coche; Juan va* ***contigo****.* (*viene ~~con mí~~; va ~~con ti~~*)

Más gramática

PRONOMBRES DE OD Y DE OI

- Los pronombres de OD tienen distinción de género y número, es decir, tienen dos formas para el singular (**lo** / **la**) y dos para el plural (**los** / **las**).
- En cambio, los pronombres de OI tienen distinción de número, pero no de género: existe solo una forma para el masculino y femenino singular (**le**), y otra para el masculino y femenino plural (**les**).
- La forma **lo**, además de a OD masculinos singulares, puede referirse a partes enteras del texto o a predicados de los verbos **ser**, **estar** o **parecer**.

  - *Administrar una casa no es tan difícil.*
  - *¡Sí que **lo** es!*

  - *¿Está enfadada Eva?*
  - *No, no **lo** está, tranquilo.*

  - *Emilia parece muy buena persona, de veras...*
  - ***Lo** parece, pero no **lo** es.*

  - *Al final, ¿aprobaste los exámenes?*
  - *No **lo** sé. Hasta la semana que viene no salen las notas.*

- Cuando el OD hace referencia a una persona de género masculino, se admite también el uso de la forma **le** en lugar de **lo**. Según la zona geográfica, se prefiere **le** o **lo** en este tipo de construcción. De hecho, en España, **le** es la forma más frecuente.
  - *A Luis **lo** / **le** veo todos los días.*

Atención

En las zonas donde se utiliza **le** para el OD de persona masculina, es frecuente también el uso de **les** para el plural. Sin embargo, el uso de la forma plural no se considera correcto en la lengua culta.

- *A Luis **lo** / **le** veo todos los días.*
- *A Luisa y a Eugenio **los** / ~~les~~ veo todos los días.*

- En combinaciones de pronombres de OI + OD en una misma frase, los pronombres de OI **le** o **les** se convierten en la forma **se**.
  - *¿Sabes si Alba viene a la fiesta?*
  - *No estoy seguro. **Se lo** pregunto. (~~Le lo~~ pregunto).*

Atención

Cuando **se** sustituye a **le** o a **les**, no se considera un pronombre reflexivo, sino una variante de los pronombres de OI **le** / **les**.

LOS PRONOMBRES REFLEXIVOS

- Los usos del pronombre reflexivo se relacionan con la idea de un cambio en el que solo interviene el sujeto. En eso consiste el sentido reflexivo. Sin embargo, hay varios tipos de construcciones con **se**, y algunas no encajan del todo en la idea de reflexividad (por ejemplo, las construcciones impersonales, en las que no hay sujeto gramatical).

Usos reflexivos y recíprocos

- El caso más claro de uso reflexivo es aquel en el que el sujeto y el OD o el OI coinciden.
  - *(Yo) Me **preparo** la cena cada día. / (Yo) **Preparo** la cena a mi familia cada día.*
    Sujeto OI Sujeto OI

*Pablo se **está mirando** al espejo todo el día.* (Pablo se mira a sí mismo).
Sujeto OD

*Pablo **está mirando** a su bebé todo el día.*
Sujeto OD

- Los pronombres reflexivos se usan también cuando el OD es una parte del propio cuerpo o un objeto que posee el sujeto. En estos casos, en español suele evitarse el uso de los posesivos.
  - *Mi hijo **se** lava las manos siempre antes de comer.* (~~*Mi hijo lava sus manos siempre antes de comer*~~).
  - *¡Hoy **te** has cambiado de camisa tres veces!* (~~*¡Hoy has cambiado tu camisa tres veces!*~~).
- En algunos casos, estos pronombres no tienen un sentido propiamente reflexivo, sino recíproco.
  - *Mi hermano y yo **nos** peleamos mucho.* (Yo me peleo con mi hermano y viceversa).

Verbos de **se** obligatorio y verbos de **se** alternante

- Hay verbos que se construyen obligatoriamente con **se** y por eso se denominan "verbos de **se** obligatorio". Estos verbos no existen sin el pronombre **se**. Expresan una acción, un cambio, que lleva a cabo el propio sujeto y que le afecta a él mismo, pero no admiten OD ni OI. Entre ellos están los siguientes: **acordarse (de)**, **arrepentirse (de)**, **atreverse (a)**, **esforzarse (en / por)**, **fugarse (de)**, **suicidarse**.
  - *Hace tiempo que no veo a mi amigo Hans, pero **me acuerdo** mucho de él.*
  - *¿Cómo **te atreves** a gritarle a tu jefe?*

Más gramática

- Otros verbos tienen una forma con el pronombre reflexivo y otra sin él. Los verbos de esta clase se denominan "verbos de **se** alternante". Algunos muy frecuentes son estos: **acabar(se)**, **agobiar(se)**, **arrastrar(se)**, **burlar(se)**, **casar(se)**, **confundir(se)**, **colocar(se)**, **girar(se)**, **ir(se)**, **volver(se)**, **levantar(se)**, **mover(se)**, **morir(se)**, **dormir(se)**.
- En algunos verbos de **se** alternante (por ejemplo, en **acabarse**, **agobiarse**, **arrastrarse**, **burlarse**, **casarse**, **confundirse** o **colocarse**), el pronombre **se** actúa como intransitivador: impide la presencia de un OD distinto del sujeto. Las construcciones con **se** intransitivador (como en **el jarrón se rompió**) permiten mencionar un cambio sin hacer referencia al causante.
- En otros verbos de **se** alternante, la presencia o ausencia de **se** provoca un cambio de perspectiva. Con verbos de movimiento, como **ir(se)**, **venir(se)** o **volver(se)**, la construcción reflexiva focaliza el cambio de posición, es decir, el inicio del movimiento: el punto de salida. En cambio, la construcción sin **se** expresa el movimiento en su trayectoria, sin atender al origen.
  - *¿**Te vas**?*
  - *Sí, me **voy**. He quedado con Mario. **Vamos** al teatro.*

Atención

Las construcciones intransitivas con verbos con **se** alternante admiten la introducción de un pronombre de OI, en referencia a una persona que se ve afectada por el cambio. Esta persona puede ser un causante involuntario.

- ***Se me** ha terminado la sal. A ver si el vecino tiene.* (**me** = **a mí**)
- *A Pedro **se le** cayó el jarrón y **se le** rompió.* (**le** = **a Pedro**. Pedro es aquí el causante involuntario).

- Con verbos que no son de movimiento, como **morir(se)** o **dormir(se)**, el uso del pronombre **se** corresponde a un énfasis en el cambio de estado (mientras que el verbo sin pronombre da lugar a interpretaciones que expresan duración de la acción, sin resaltar un cambio de estado).
  - *Le costó cerrar los ojos, pero **se durmió** por fin a las doce. Luego **durmió** toda la noche como una bendita.* (**se durmió** = empezó a dormir; **durmió** = permaneció dormido/a)
- Con otros verbos de **se** alternante, como **comer(se)** o **beber(se)**, el cambio se entiende como una culminación, como una acción que empieza y concluye totalmente.
  - *Ayer **comí** demasiado: **me comí** un pollo entero y luego media sandía.* (**comer** = ingerir alimentos; **comerse** un pollo y media sandía = ingerir la totalidad del pollo y la media sandía)

Construcciones pasivas reflejas y construcciones impersonales

- En las construcciones con **se** denominadas "pasivas reflejas", el sujeto del verbo transitivo desempeña la función semántica de paciente. El pronombre **se**, en estas construcciones, es invariable: no puede alternar con otros pronombres reflexivos (**me**, **te**, **nos**, **os**).
  - *La boda de los príncipes **se retransmitió** por todas las cadenas de televisión.* (**La boda**: sujeto paciente. No lleva a cabo ninguna acción, sino que la recibe).
- Las construcciones impersonales son aquellas que no tienen sujeto gramatical. Su interpretación es similar a la de las pasivas reflejas, pero, a diferencia de estas, en las impersonales no hay ningún elemento que concuerde en número y persona con el verbo.
  - ***Se contratará** a todos los camareros que están aquí.* (construcción impersonal)

  ~~Se contratarán todos los camareros que están aquí.~~ (La construcción de pasiva refleja es imposible en este caso porque se podría interpretar en sentido reflexivo: los camareros se contratarán a sí mismos).

Atención

En español existen construcciones pasivas con **ser** + participio, como esta:

- *La boda de los príncipes **fue retransmitida** por todas las cadenas de televisión.*

Sin embargo, estas construcciones se usan solo en registro formal escrito.

Resumen de casos de **se**

<table>
<tr><td>SE NO REFLEXIVO
(como sustituto de le)</td><td colspan="4">• No sé si Alba viene. Se lo preguntaré.</td></tr>
<tr><td rowspan="7">SE REFLEXIVO</td><td rowspan="5">se alterna con los pronombres del resto de las personas (me, te, nos, os)</td><td colspan="2">reflexivo o recíproco puro</td><td>• Pablo se está mirando al espejo todo el día.
• Pablito y su hermano se pelean.</td></tr>
<tr><td colspan="2">verbos con se inherente</td><td>• El director se arrepintió de lo que dijo.</td></tr>
<tr><td rowspan="2">verbos con se alternante</td><td>intransitivador</td><td>• María se acercó a Pedro para saludarlo.</td></tr>
<tr><td>cambio de perspectiva</td><td>• Pedro se ha ido de viaje.</td></tr>
<tr><td colspan="3"></td></tr>
<tr><td rowspan="2">se no alterna con otros pronombres</td><td colspan="2">pasiva refleja</td><td>• Gracias a la colaboración del equipo, las tareas pendientes se terminaron rápidamente.</td></tr>
<tr><td colspan="2">impersonal</td><td>• ¿Por qué no dices hola al llegar? Aquí se saluda cuando llegas a clase.</td></tr>
</table>

*Martín y Darío son muy cariñosos y **se quieren** mucho. Siempre **se están abrazando** y **se ayudan** mucho el uno al otro.*

POSICIÓN DE LOS PRONOMBRES DE OBJETO

- El orden de los pronombres con respecto al verbo es OI + OD + verbo. Con los verbos conjugados, los pronombres se colocan siempre delante del verbo.
  - *¿Has visto mi bici nueva? **Me la** han regalado por mi cumpleaños.*
- Con el infinitivo, el gerundio y la forma afirmativa del imperativo, los pronombres se colocan después del verbo y forman una sola palabra.
  - *Cuando hay un problema lo mejor es discutir**lo**.*
  - *Criticándo**selo** todo no arreglarás nada.*
  - *¡Dá**melas**! ¡Son mías!*
- Con perífrasis y con estructuras como **poder / querer / ir a** + infinitivo, los pronombres pueden ir antes del verbo conjugado o después del infinitivo, pero nunca entre ambos.

• *Tengo que contar**te** algo.*	• ***Te** tengo que contar algo.*	*(~~Tengo que te contar algo~~).*
• *Quiero regalar**le** algo a tu madre.*	• ***Le** quiero regalar algo a tu madre.*	*(~~Quiero le regalar algo a tu madre~~).*
• *Voy a cambiar**me** de casa.*	• ***Me** voy a cambiar de casa.*	*(~~Voy a me cambiar de casa~~).*

Más gramática

REDUPLICACIÓN DE PRONOMBRES OBJETO

- Cuando en una frase aparecen antes del verbo un OD o un OI definidos, es obligatorio usar también los pronombres.
  - *He dejado las zanahorias sobre la mesa y he puesto los huevos en la nevera.* (No aparecen los pronombres de OD).
  - *Las zanahorias **las** he dejado sobre la mesa y los huevos **los** he puesto en la nevera.* (Sí aparecen los pronombres de OD).
  - *A tu hermano **le** he comprado unos discos.* (Sí aparece el pronombre de OI).
  - *A Marisa, lo del accidente no **se lo** voy a decir.* (Sí aparecen los pronombres de OI y de OD).
- Especialmente en la lengua oral, si el pronombre de OI es de tercera persona, es habitual que en una misma frase aparezcan a la vez el pronombre y el complemento, incluso si este último está después del verbo.
  - ***Le** hemos contado toda la verdad a tu madre.*
  - *Todas las noches **les** cuenta un cuento a sus hijas.*
- La aparición en una misma frase del pronombre de OI y del complemento permite precisar a quién se hace referencia, ya que la información del pronombre de tercera persona puede no resultar clara.
  - *¿Qué ha hecho con el informe?*
  - ***Se lo** entregué al señor Ramírez.*

Objeto directo | Objeto indirecto

LOS DEMOSTRATIVOS NEUTROS: **ESTO**, **ESO** Y **AQUELLO**

- Los demostrativos sirven para señalar cosas y pueden referirse al espacio, al tiempo o al discurso. Pueden funcionar como determinantes (acompañando a un sustantivo) o como pronombres (sustituyendo a un sustantivo). Pueden ser masculinos, femeninos y neutros.

	SINGULAR	PLURAL
MASCULINO	este, ese, aquel	estos, esos, aquellos
FEMENINO	esta, esa, aquella	estas, esas, aquellas
NEUTRO	esto, eso, aquello	

Atención

Estos, **esos** y **aquellos** son el plural de las formas masculinas. Las formas neutras no tienen plural.

- Los demostrativos de género neutro solo pueden ser singulares y nunca pueden ser determinantes, ya que no existen sustantivos neutros en español.
  - ***Ese** libro no lo he leído. ¿Es interesante?* ~~*Eso*~~ *libro no lo he leído. ¿Es interesante?*
- Usamos las formas neutras (**esto**, **eso**, **aquello**) cuando no sabemos qué es una cosa o cuando no sabemos su nombre. También para hacer referencia a una información mencionada anteriormente, a una frase o a parte de una frase.
  - *¿Qué es **eso** que llevas ahí?*
  - *¿**Esto**? Es ropa sucia. Voy a ponerla en la lavadora.*
  - *Ayer Paco llegó tarde al trabajo. **Eso** no le gustó a su jefe, que le hizo entrar en el despacho para pedirle explicaciones.* (**Eso** = El hecho de que Paco llegase tarde).
- En registros elevados, en lugar del demostrativo, podemos usar también el pronombre tónico **ello** para retomar una frase o una parte del discurso.
  - *El ayuntamiento debe decidir hoy si se aprueba el nuevo plan urbanístico: **de eso** / **de ello** depende el futuro de muchas familias de la zona.*

ADJETIVOS CALIFICATIVOS

- Los adjetivos calificativos son palabras que expresan una cualidad o propiedad del nombre al que acompañan o del que se habla en la oración.
- En muchos casos, la intensidad de la cualidad puede graduarse con cuantificadores como **muy**, **bastante**, **un poco**, **poco** o con adverbios intensificadores como **realmente**, **totalmente**, etc.
  - *Es un profesor muy **entusiasta**.*
  - *Son unas chicas muy **simpáticas**.*
  - *Es un prado bastante **grande** y **agradable**.*
  - *La calle estaba realmente **sucia**.*
- La gradación de cantidad (con **muy**, **bastante**, etc.) no es posible si el adjetivo expresa una cualidad extrema; en esos casos solo es posible la gradación de intensidad (con **realmente**, **totalmente**, etc.).
  - *Es un libro **maravilloso**.*
  - *Es un libro **realmente maravilloso**.*
  - *Es un libro ~~muy~~ maravilloso.*
- Hay una clase de adjetivos, denominados relacionales, que no expresan una cualidad, sino la pertenencia del nombre a una categoría particular. Los adjetivos relacionales no admiten ningún tipo de gradación (ni de cantidad ni de intensidad).
  - *En la boda, la princesa llevaba un collar de piedras **preciosas**.* (Las piedras preciosas son una clase de piedras y, por eso, no se puede decir aquí ~~piedras muy preciosas~~ ni ~~piedras totalmente preciosas~~).
  - *Me gustan las novelas **policíacas**. (~~las novelas muy policíacas~~, ~~las novelas totalmente policíacas~~)*

> **Atención**
>
> Los adjetivos calificativos concuerdan siempre en género y número con el nombre al que se refieren. Algunos adjetivos, sin embargo, tienen una sola forma para el masculino y el femenino (como **entusiasta**, **grande** o **agradable**).

FORMACIÓN DE CALIFICATIVOS

- Muchos adjetivos calificativos son palabras simples que no derivan de otras (**gordo/a**, **rojo/a**, **rápido/a**, **ancho/a**).
- Existen, sin embargo, algunos adjetivos derivados de nombres, como los formados con los sufijos -**ble** (**agradable**), -**dor/a** (**encantador/a**), -**ento/a** (**hambriento/a**), -**izo/a** (**olvidadizo/a**), -**nte** (**sorprendente**), -**ón/ona** (**cabezón/ona**), -**oso/a** (**amoroso/a**) o -**udo/a** (**barrigudo/a**).
- Algunos adjetivos toman un valor contrario o negativo al añadirles los prefijos **des**- (**descontento/a**, **desconfiado/a**, **desproporcionado/a**, **desfavorable**, **desigual**) e **in**-/**im**-/**i**- (**improbable**, **impresentable**, **infiel**, **inconsistente**, **irreal**).
- Otros adjetivos se forman a partir de la unión de dos palabras. Con frecuencia, el adjetivo resultante presenta alteraciones ortográficas con respecto a las palabras originales.

rompecorazones	**pelirrojo/a**	**rojiblanco/a**	**drogadicto/a**
caradura	~~pelorrojo~~	~~rojoyblanco~~	~~drogaadicto~~

*Mia es un poco **caradura**: nunca lleva dinero encima y hay que invitarla siempre. Y, encima, se pide lo más caro.*

Más gramática

COLOCACIÓN DE LOS ADJETIVOS

- Los adjetivos pueden colocarse antes o después del sustantivo.
- Cuando el adjetivo va antes del nombre, tiene valor explicativo: expresa una cualidad o característica general de una clase de individuos o cosas.
  - *Un euro equivale a 166 de las **antiguas** pesetas.* (Valor explicativo: todas las pesetas son antiguas porque ya no se utilizan como moneda).
- Cuando va después del nombre, tiene valor especificativo: establece una diferencia entre clases de individuos o cosas, según posean o no la característica que indica el adjetivo.
  - *Las pesetas **antiguas**, anteriores al siglo XX, son más valiosas que las modernas.* (Valor especificativo: se establece una diferencia entre dos clases de pesetas, según si son del siglo XX o anteriores a dicho siglo).
- Algunos adjetivos van siempre después del nombre, ya que describen características que sirven para clasificar los objetos. Es el caso de los que expresan forma (**cuadrado/a**, **rectangular**, **triangular**, etc.), estado (**lleno/a**, **vacío/a**, **roto/a**, etc.), tipo o procedencia (**español/a**, **internacional**, **portátil**, etc.).
- En cambio, la doble posición (antes y después del nombre) es posible con los adjetivos que pueden entenderse como cualidades subjetivas o como clasificaciones. En estos casos, se percibe además un cambio de registro: la colocación del adjetivo antes del verbo es propia del registro culto.
  - *una **magnífica** jugada del jugador brasileño / una jugada **magnífica** del jugador brasileño*
  - *la **incuestionable** utilidad de esta herramienta / la utilidad **incuestionable** de esta herramienta*
  - *el **insistente** llamamiento de las autoridades / el llamamiento **insistente** de las autoridades*
- Algunos adjetivos tienen significados distintos según se coloquen antes o después del sustantivo.

el **pobre** hombre (= desgraciado)	un **viejo** amigo (= un amigo desde hace mucho tiempo)
el hombre **pobre** (= sin dinero)	un amigo **viejo** (= un amigo que no es joven)

CUALQUIERA / CUALQUIER

- Usamos **cualquiera** / **cualquier** para referirnos a un individuo indeterminado de un grupo o una categoría. Esta forma puede acompañar a un sustantivo (como adjetivo) o sustituirlo (como pronombre).
  - *La exposición muestra al visitante cómo era la vida en una ciudad europea **cualquiera** del Renacimiento.* (No nos referimos a una ciudad concreta).
  - *Este es un trabajo que puede hacer **cualquiera**.* (= Pueden hacerlo todas las personas).
- **Cualquier** es la forma apocopada de **cualquiera**. Solo se usa cuando precede a un sustantivo (tanto masculino como femenino).
  - *El nuevo rascacielos puede verse desde **cualquier** punto de la ciudad.*
  - ***Cualquier** ayuda será bienvenida.*

Atención

El plural de **cualquiera** es **cualesquiera** (no ~~cualquieras~~). Esta forma se usa sobre todo en la lengua escrita culta. En la lengua oral informal es frecuente usar el singular **cualquiera** como forma invariable (para el singular y el plural).

PREPOSICIONES

CAUSA Y FINALIDAD: **POR** Y **PARA**

- Las preposiciones **por** y **para** tienen distintos usos relacionados con el espacio y el tiempo. Muchos de los usos de **por** tienen relación con el origen y la causa de algo.

POR + NOMBRE O PRONOMBRE
- *Hace un año tuve que vender mi casa **por** necesidad.*
- *La portavoz dimitió **por** razones aún desconocidas.*
- *Me vine a vivir aquí **por** mi padre: se sentía muy solo.*
- *He hecho esto **por** ti. Quiero que estés contenta.*

POR + INFINITIVO
- *Ayer me multaron **por** saltarme un semáforo en rojo.*
- *Todo el mundo felicitó a Ana **por** haberle salvado la vida a un chico en la playa.*

- A la inversa, los principales usos de la preposición **para** se relacionan con el destino o la finalidad de una acción.

PARA + NOMBRE O PRONOMBRE
- *He hecho esta tarta **para** el cumpleaños de Luisa. Es una sorpresa **para** ella.*

PARA + INFINITIVO
- *He venido **para** decirte que me voy.*
- *Pídeme lo que quieras: estoy aquí **para** ayudar.*

PARA + QUE + SUBJUNTIVO
- *Inés me dijo que estabas enfermo, así que te he traído un poco de comida **para que** no tengas que bajar a comprar.*
- *Mis padres hicieron muchos esfuerzos **para que** mi hermana y yo pudiéramos ir a la universidad.*

*Hugo se fue a vivir al pueblo **por** sus abuelos, **para** poder ayudarlos y que no se sintieran solos.*

Más gramática

MARCADORES DEL DISCURSO

- Son un conjunto de palabras y expresiones invariables que cumplen tareas de organización del discurso en cuatro planos diferentes.

- En el plano de la formulación del discurso (marcadores reformuladores).
- En el plano de la estructuración (estructuradores de la información).
- En el plano argumentativo (conectores).
- En el plano informativo (focalizadores de la información).

- Estos cuatro planos no son necesariamente excluyentes y algunos marcadores pueden operar en más de uno.

REFORMULADORES

EXPLICATIVOS: **es decir, esto es, en otras palabras**		• *No estoy muy de acuerdo contigo,* ***es decir****, yo tengo otro punto de vista.*
NO EXPLICATIVOS	**DE RECAPITULACIÓN:** **en definitiva, en suma, en resumen, en conclusión, en síntesis, en pocas palabras**	• *Algunas personas están totalmente convencidas, pero otras tienen dudas.* ***En definitiva****, hay distintas opiniones sobre el tema.*
	DE RECONSIDERACIÓN: **más bien, mejor dicho**	• *Es un ejercicio un poco difícil.* ***Mejor dicho****, es dificilísimo.*
	DE RELATIVIZACIÓN DE LA IMPORTANCIA DEL MIEMBRO PRECEDENTE: **de todas formas / maneras, de todos modos, de cualquier forma / manera / modo, en cualquier caso, en todo caso**	• *El Gobierno tiene terminado el proyecto de ley. No es,* ***de todas formas****, un punto final porque aún necesita la aprobación del Parlamento.*

ESTRUCTURADORES DE LA INFORMACIÓN

DE APERTURA (Comienzan una parte o serie en el discurso): **en primer lugar, por una parte, por un lado, de una parte, ante todo, de entrada**	• *Los vecinos estaban descontentos.* ***En primer lugar****, no se les había consultado la decisión.*
DE CONTINUIDAD (Introducen un elemento no inicial en una serie): **en segundo lugar, en x lugar, por otra parte, por otro lado, de igual forma / manera / modo, asimismo, también, después, por su parte**	• ***Por otra parte****, el proyecto costaba mucho dinero.*
DE CIERRE (Señalan el fin de una parte o serie): **en último lugar, finalmente, por último, por lo demás, en resumen, total, que**	• ***Total, que*** *fue una asamblea muy agitada y todos salieron enfadados.*

CONECTORES ADITIVOS

- Añaden nuevos argumentos o ideas que apoyan y refuerzan algo que ya se ha dicho.

FUERZA ARGUMENTATIVA BASADA EN LA ACUMULACIÓN (Cada argumento es más fuerte que el anterior): **más aún, mejor aún, peor aún, es más, además**	• *Era una casa demasiado cara.* ***Además****, se encontraba en mal estado de conservación.*

FUERZA ARGUMENTATIVA BASADA EN EL GRADO DE EXPECTABILIDAD (Marcan un argumento como el más extremo y menos esperable; esto le da una fuerza especial): Máxima inexpectabilidad: **incluso** Negación de la máxima inexpectabilidad: **ni siquiera**	• *Era una casa estupenda: tres habitaciones, jardín… **Incluso** tenía piscina.* • *Aquella casa no me gustaba nada. No tenía jardín, **ni siquiera** espacio para aparcar el coche.*
FUERZA ARGUMENTATIVA BASADA EN LA SUFICIENCIA (Presentan un argumento nuevo indicando que lo que se había dicho antes ya era suficiente, pero lo que se añade tiene más fuerza): **encima**, **por si fuera poco**, **por añadidura**	• *Fue un día horrible: llegué tarde al trabajo, el jefe se enfadó conmigo… Y, **por si fuera poco**, perdí un cliente muy importante.*

CONECTORES CONSECUTIVOS (SEÑALAN CAUSAS O CONSECUENCIAS)

INTEGRADOS EN LA ORACIÓN (Cuando se escriben, suelen ir precedidos de una pausa –habitualmente una coma–, pero no van seguidos de coma): Introducen la causa: **como**, **porque**, **ya que**, **dado que**, **puesto que**, **debido a que** Introducen la consecuencia: **por lo que**, **de manera que**, **así que**, **con lo que**, **de ahí que**, **pues**	• *Te lo diré, **ya que** me lo preguntas.* • *Me lo has preguntado, **así que** te lo diré.*
PARENTÉTICOS (Cuando se escriben, van siempre precedidos de una pausa larga –puede ser un punto– y suelen ir seguidos de coma): Introducen la consecuencia: **por tanto**, **por consiguiente**, **en consecuencia**, **como consecuencia**, **por ese motivo**, **por esa razón / causa**, **por ello**, **por eso**, **así pues**	• *Era un proyecto muy caro y no había presupuesto. **Por tanto**, no se aprobó.*

Atención

En la lengua oral, es frecuente el uso del conector **es que** para introducir una explicación o justificación de un comportamiento, o de algo que se ha dicho. Este conector no se utiliza para hablar de causas y consecuencias en otros contextos.

- *¿Te importa ayudarme un momento con el ordenador? **Es que** no sé qué le pasa.*
- *Sí, claro. Ahora voy.*

Más gramática

CONECTORES CONTRAARGUMENTATIVOS

aunque, si bien, a pesar de (que), pese a (que)	**ESQUEMA MÁS COMÚN: [CONECTOR A, B]** • ***Aunque*** *no estoy convencido, te haré caso.*
pero, no obstante, sin embargo, con todo, aun así, ahora bien, a pesar de ello, a pesar de todo	**ESQUEMA MÁS COMÚN: [A CONECTOR B]** • *Es un buen escritor.* ***Aun así****, vende pocos libros.*

Atención

Aunque, si bien, a pesar de (que), pese a (que) y **pero** no van nunca seguidos de coma.

En cambio, los conectores **no obstante, con todo, aun así, ahora bien, a pesar de ello** y **a pesar de todo** van precedidos de una pausa larga (punto o punto y coma) y siempre seguidos de coma en la lengua escrita.

FOCALIZADORES DE LA INFORMACIÓN

- Destacan una idea o un dato enfatizándolos con respecto al contexto.

CONECTORES ADITIVOS CON VALOR ARGUMENTATIVO: Escala creciente: **además, incluso, es más, encima** Escala decreciente: **ni siquiera**	• *No me ha gustado su comportamiento.* ***Es más****, me ha molestado muchísimo.*
PARTICULARIZADORES: **en concreto, en particular, sobre todo, en especial, especialmente**	• *A todos les pareció bien el plan.* ***En particular****, su bajo coste económico.*
OPERADORES DE REFUERZO ARGUMENTATIVO: **de hecho, en realidad**	• *A nadie le sorprendió su comportamiento.* ***De hecho****, lo esperaban.*
MARCADORES CONCLUSIVOS: **por tanto, en consecuencia, por ello, por consiguiente**	• *Es una gran compañera y lleva muchos años con nosotros.* ***Por tanto****, se merece un buen regalo para su fiesta de jubilación.*

OTROS RECURSOS PARA LA ARGUMENTACIÓN

INTRODUCIR UNA OPINIÓN PERSONAL

En mi opinión, **Para mí,** **Tal como lo veo yo,** **Estoy convencido/a de que**	es un buen momento para invertir.

- En ocasiones, podemos invertir el orden en el modo de dar las opiniones.

Es un buen momento para invertir,	**en mi opinión.** **para mí.** **tal como lo veo yo.** **estoy convencido/a.**

DAR UNA INFORMACIÓN SIN RESPONSABILIZARNOS DE SU VERACIDAD

Según dicen, **Dicen que** **Según parece,** **He oído que**	van a cerrar el restaurante de la esquina.

INSISTIR EN UN ASPECTO DE NUESTRA ARGUMENTACIÓN

En el fondo, **La verdad es que** **Lo cierto es que** **A fin de cuentas,**	no tenemos nada que perder.

DESMENTIR UNA INFORMACIÓN

- **No es que** desmiente una información mencionada anteriormente. Se usa con subjuntivo.
  - *¿Por qué te cae tan mal Juan? Nunca hablas con él.*
  - ◦ ***No es que** me caiga mal... Pero tampoco tenemos mucho en común y nunca sé de qué hablar.*
- Cuando desmentimos una información, es frecuente justificarlo. Para ello, se suele usar **es que** o **lo que pasa es que**.
  - *No entiendo por qué Óscar no quiso venir con nosotros de vacaciones.*
  - ◦ *No es que no quisiera venir... **Lo que pasa es que** tenía mucho trabajo.*
  - *¿No vienes de vacaciones con nosotros porque es demasiado caro?*
  - ◦ *No es eso... **Es que** tengo que estudiar.*

EJEMPLIFICAR

como **(como) por ejemplo** **un ejemplo:** **a modo de ejemplo**	**entre otros** **entre otras cosas** **tales como**

- *Es necesario integrar el ejercicio físico en nuestra vida diaria. Actividades tan sencillas como, **por ejemplo**, ir al trabajo a pie o utilizar las escaleras en lugar del ascensor resultan muy saludables.*
- *Reducir el consumo energético está en nuestras manos. **Un ejemplo**: apagar luces cuando salimos de una habitación es una manera sencilla de ahorrar luz.*
- *Muchas especies protegidas siguen en peligro de extinción; **a modo de ejemplo**, tenemos el caso del lince ibérico.*
- *Cada vez hay más profesiones relacionadas con el cuidado del medioambiente. **Entre otros**, ingenieros especializados en energías renovables, abogados ambientalistas o especialistas en turismo sostenible.*
- *En este proyecto vamos a estudiar, **entre otras cosas**, el impacto ambiental de los patinetes eléctricos.*
- *La universidad ofrece cada semestre ayudas, **tales como** becas de movilidad o para cursar estudios en el extranjero.*

Más gramática

INFORMAR SOBRE CAUSAS Y RAZONES

PORQUE + ORACIÓN	• *He venido a vivir a Inglaterra* ***porque*** *mi pareja es de aquí.*
POR + SUSTANTIVO / INFINITIVO	• *Amenábar ha recibido varios premios* ***por*** *su última película.* • *En mis tiempos, nos castigaban* ***por*** *no hacer los deberes.*
COMO + ORACIÓN	• ***Como*** *nadie me avisó, no me enteré de que Carlos hacía una fiesta para celebrar lo de su ascenso.*
DEBIDO A + SUSTANTIVO **DEBIDO A QUE** + ORACIÓN	• ***Debido a*** *un error informático, la actividad en las oficinas de Hacienda estuvo paralizada durante dos horas.* • *Las compañías aéreas están bajando sus tarifas* ***debido a que*** *la competencia es cada vez mayor.*
A CAUSA DE + SUSTANTIVO	• *¿Sabías que hay casos de animales que han sufrido mutaciones* ***a causa de*** *la contaminación?*

- Si la causa se presenta como algo que tiene efectos positivos:

GRACIAS A + SUSTANTIVO **GRACIAS A QUE** + ORACIÓN	• *La calidad de vida de las personas puede mejorar notablemente* ***gracias a*** *la práctica habitual de algún deporte.* • *No quedaban entradas para el concierto, pero pudimos entrar* ***gracias a que*** *Ana conocía al mánager del grupo.*

- Si la causa se presenta como algo que tiene efectos negativos:

POR CULPA DE + SUSTANTIVO **POR CULPA DE QUE** + ORACIÓN	• *Las discográficas aseguran que sus beneficios han disminuido* ***por culpa de*** *la piratería.* • *Llegamos tarde a la reunión* ***por culpa de que*** *había retenciones en la autopista.*

RETOMAR CAUSAS CONOCIDAS

- Cuando una causa es una información conocida por los/as interlocutores/as, solemos expresarla antes de la consecuencia con los siguientes conectores: **como**, **dado que**, **ya que**, **puesto que**, **al** + infinitivo.

Como

- El uso de **como** obliga normalmente a colocar la causa antes de la consecuencia.
  - ***Como*** *a los niños no les gusta nada la playa* [CAUSA], *normalmente vamos de vacaciones a la montaña* [CONSECUENCIA].

Al + infinitivo

- Esta construcción tiene un valor similar al de las construcciones con **como**.
  - *A mi hermana le hacía mucha ilusión participar en la carrera, pero, claro,* ***al ponerse enferma****, no pudo ir.* (= como se puso enferma,)

Atención

En la lengua oral, es frecuente añadir la causa de algo con **como** después de una información. En este caso, la entonación de la oración causal queda en suspenso.

- *¡Uy! No he reservado habitación para ti.* ***Como*** *no sabía que ibas a venir...*

Para saber más

Cuando **como** introduce una oración con un verbo en subjuntivo, esta tiene un valor condicional (a menudo con un matiz de amenaza).

- ***Como*** *me vuelvas a levantar la voz, te juro que me levanto y me voy.*

Ya que / puesto que / dado que

- Estos conectores tienen un sentido explicativo: hacen referencia a un hecho que se entiende como explicación o justificación de otra cosa. Es muy frecuente que las explicaciones introducidas por estos conectores aparezcan al principio de la oración. En estos casos, las causas se presentan como hechos ya conocidos.
  - ***Ya que*** *conoces al cantante de Los Rífex, le podrías pedir unas entradas para el concierto del sábado, ¿no?*
- **Ya que** se utiliza en cualquier registro, oral y escrito. En cambio, **dado que** y **puesto que** son propios de un registro cuidado (prensa, informes, etc.).
  - ***Dado que*** *parece difícil que las dos partes lleguen a un acuerdo, el Gobierno ha decidido actuar de mediador.*
  - ***Puesto que*** *todavía hay muchas incógnitas sobre el caso, el tribunal ha decidido posponer el juicio para intentar reunir más pruebas.*

CONSTRUCCIONES ENFÁTICAS CON VALOR CAUSAL

- Cuando la causa se asocia a la intensidad de algo, disponemos de varios recursos para expresarla.

Tan + adjetivo + que

- *La propuesta de Carlos era* ***tan*** *poco realista* ***que*** *todo el comité la rechazó desde el principio.*

Tanto/a/os/as + sustantivo + que

- *Cuando me jubilé, tenía* ***tanto*** *tiempo libre* ***que*** *no sabía qué hacer.*
- *He preparado* ***tanta*** *ensalada* ***que*** *seguro que sobra un montón.*
- *Tuve* ***tantos*** *buenos profesores en la universidad* ***que*** *no podría decirte cuál era el mejor.*
- *Ponen* ***tantas*** *series en la televisión* ***que*** *ya no sabes cuál seguir.*

Verbo + tanto + que

- *Me he acostumbrado* ***tanto*** *a vivir solo* ***que*** *no sé si podría compartir mi espacio con otra persona.*

Tomás ha preparado ***tanta*** *ensalada* ***que*** *seguro que sobra un montón.*

Más gramática

CONCESIÓN Y OPOSICIÓN

- Las oraciones concesivas sirven para expresar una dificultad o una oposición que no impide el cumplimiento de lo que dice la oración principal.

Aunque

- Este es el conector más frecuente para introducir este tipo de oraciones.
  - ***Aunque*** *de adolescente era muy rebelde, Sergio se ha convertido en un joven muy tranquilo.*
- Con el indicativo presentamos una información que consideramos cierta. Por eso, cuando utilizamos **aunque** para introducir hechos sobre los que queremos informar a nuestro/a interlocutor/a, el verbo va en indicativo.
  - *Estoy un poco preocupado por el nuevo proyecto,* ***aunque*** *estoy seguro de que lo vamos a hacer bien.*
  - ***Aunque*** *le pedí que no se acercara al incendio, Carlos no me hizo caso y se puso a apagar las llamas.*
  - ***Aunque*** *entiendo perfectamente que estés dolido con Carmen, creo que deberías aceptar sus disculpas.*
  - ***Aunque*** *a final de mes no tendré / voy a tener ni un céntimo, mañana mismo me compro un ordenador.*
- A veces, nos interesa retomar lo dicho por nuestro/a interlocutor/a o algo que ya está en el contexto, resaltando su importancia y su validez. En esos casos, usamos también los tiempos del indicativo. En esos casos, usamos los tiempos del indicativo.
  - *A ti te encanta tu trabajo, ¿no?*
  - ○ *Sí, pero,* ***aunque*** *me encanta, a veces tengo que hacer algunas cosas que no me gustan demasiado.*
- El subjuntivo permite mencionar una información sin afirmar ni negar que se trate de algo cierto. Por eso, cuando queremos presentar hechos que no sabemos si se han cumplido o se cumplirán, utilizamos el presente o el pretérito perfecto de subjuntivo.
  - *Pienso conseguir entradas para el concierto,* ***aunque*** *tenga que pasarme toda la noche haciendo cola.* (No sé si tendré que pasarme toda la noche haciendo cola, pero no importa).
  - ***Aunque*** *lo haya hecho sin querer, no pienso perdonarlo.* (No sé si lo ha hecho sin querer o no, pero no importa).
- También utilizamos el subjuntivo (normalmente el presente o el pretérito perfecto) para retomar lo dicho por nuestro/a interlocutor/a quitándole importancia como argumento.
  - *A ti te encanta tu trabajo, ¿no?*
  - ○ *Sí, pero,* ***aunque*** *me encante, a veces tengo que hacer algunas cosas que no me gustan demasiado.*
- Cuando **aunque** introduce hechos actuales o futuros que consideramos muy poco probables, usamos el pretérito imperfecto de subjuntivo.
  - ***Aunque*** *mi mejor amigo se fuera a vivir a la otra punta del mundo, seguiría siendo mi mejor amigo.* (No considero probable que mi mejor amigo se vaya a vivir a la otra punta del mundo).
- Para mencionar hechos pasados cuyo cumplimiento no tuvo lugar, utilizamos el pluscuamperfecto de subjuntivo.
  - ***Aunque*** *mi hermano me hubiera dicho lo de su divorcio, no hubiera podido ayudarle.* (Mi hermano no me dijo lo de su divorcio).

A pesar de (que)

A PESAR DE + SUSTANTIVO / PRONOMBRE

- ***A pesar del*** *mal tiempo, el partido comenzó a la hora prevista.*
- *Sé que no contaré con el apoyo de mis padres, pero,* ***a pesar de*** *eso, me dedicaré a la música.*

A PESAR DE + INFINITIVO

- ***A pesar de*** *vivir en uno de los mejores barrios de la ciudad, mis padres se mudaron para estar más cerca de mí.*
- ***A pesar de*** *haber vivido en Australia, el inglés de Paco no es muy bueno.*

A PESAR DE QUE + VERBO EN INDICATIVO O SUBJUNTIVO

- ***A pesar de que*** *su última película no me gustó, me parece un gran director.*
- *Apreciaba mucho a Carlos,* ***a pesar de que*** *en el pasado habíamos / hubiéramos tenido nuestros problemas.*

RELACIONES TEMPORALES

- La mayoría de los marcadores que expresan relaciones temporales se construyen con el verbo en subjuntivo si se refieren al futuro, y con el tiempo correspondiente del indicativo si se refieren al presente o al pasado. El único marcador temporal que se construye siempre en subjuntivo (en el tiempo de pasado o presente que corresponda) es **antes de que**.

SUCESIÓN INMEDIATA

NOS REFERIMOS AL PRESENTE O A HECHOS HABITUALES	NOS REFERIMOS AL PASADO	NOS REFERIMOS AL FUTURO
• ***Cuando*** *sale de casa, siempre lo cierra todo.* • ***En cuanto / Tan pronto como*** *me meto en la cama, me quedo dormido.* • *Siempre estoy despierta* ***hasta que*** *vuelven los niños.*	• ***Cuando*** *salió de casa, se encontró el paquete.* • *Antes,* ***cuando*** *me levantaba, siempre ponía la radio para escuchar las noticias.* • ***En cuanto / Tan pronto como*** *me enteré, te llamé por teléfono.* • *Estuve trabajando* ***hasta que*** *se hizo de noche.*	• ***Cuando*** *salgas de casa, apaga las luces, por favor.* • ***En cuanto / Tan pronto como*** *sepa algo, te lo diré.* • *Esperaré aquí* ***hasta que*** *llegue el autobús.*

Atención

Cada marcador de sucesión inmediata tiene un sentido algo distinto. **Cuando** es el más general: indica el tiempo en que ocurre algo. **En cuanto** y **tan pronto como** añaden la idea de la inmediatez: un hecho sigue inmediatamente al otro. **Hasta que** indica que un hecho es el límite temporal de otro.

SIMULTANEIDAD

- **Mientras** se usa para expresar que un hecho sucede al mismo tiempo que otro.

EN FRASES REFERIDAS AL PASADO	EN FRASES REFERIDAS AL PRESENTE O A HECHOS HABITUALES	EN FRASES REFERIDAS AL FUTURO
• ***Mientras*** *en Europa los hombres vivían en cuevas, en Egipto florecía una sofisticada civilización.* • ***Mientras*** *pudieron, los bomberos evitaron que el fuego se extendiera.* • ***Mientras*** *el petróleo ha sido barato, no hemos buscado otras alternativas.*	• *¿Por qué los Gobiernos no hacen nada* ***mientras*** *los bosques tropicales desaparecen?*	• ***Mientras*** *estemos de viaje, la vecina del segundo nos cuidará los gatos.*

- Para hablar de acciones simultáneas, también podemos usar **mientras tanto** y **al** + infinitivo.
  - *Carlos se viste y,* ***mientras tanto****, Ana aprovecha para leer su correo.*
  - ***Al*** *entrar, he visto a un hombre un poco raro.*

Atención

Mientras puede aparecer al principio de una oración o dentro de ella (entre dos acciones simultáneas). En cambio, **mientras tanto** solo puede aparecer dentro de una oración, y nunca al principio. Cuando **mientras** y **mientras tanto** van dentro de una oración, suelen escribirse entre dos comas.

- ***Mientras*** *Carlos se viste, Ana aprovecha para leer su correo.*
- *Carlos se viste y,* ***mientras*** *(o* ***mientras tanto****), Ana aprovecha para leer su correo.*

Más gramática

POSTERIORIDAD

DESPUÉS DE QUE	En frases referidas al pasado: • *El consumo de agua disminuyó mucho* ***después de que*** *empezamos / empezáramos a usar agua de lluvia para regar.* En frases referidas al presente o a hechos habituales: • *Cada año, el consumo de agua disminuye* ***después de que*** *el Gobierno amenaza con restricciones.* En frases referidas al futuro: • ***Después de que*** *el Parlamento apruebe la ley, los ayuntamientos deberán reciclar sus residuos.*

Atención

Cuando se refiere al pasado, **después de que** admite el pretérito indefinido de indicativo y el pretérito imperfecto de subjuntivo.

ANTERIORIDAD

ANTES DE QUE	En frases referidas al pasado: • *Los dinosaurios se extinguieron* ***antes de que*** *el hombre poblara la Tierra.* En frases referidas al presente o a hechos habituales: • *Las aves comienzan a emigrar* ***antes de que*** *empiece el invierno.* En frases referidas al futuro: • *¿Sabremos solucionar los problemas energéticos* ***antes de que*** *sea demasiado tarde?*

PRECISAR EL MOMENTO EN EL QUE SE REALIZA UNA ACCIÓN

Justo en aquel momento / Justo ese día

- **Justo** aporta un sentido de mayor precisión a otros indicadores de tiempo.
  - *Me llamó Berta.*
  - *Antes de acostarme me llamó Berta.*
  - ***Justo*** *antes de acostarme me llamó Berta.*
- A veces, **justo** añade un matiz que intensifica lo oportuno o lo inoportuno de un acontecimiento. En la lengua coloquial, puede aportar este matiz por sí solo sin necesidad de acompañar a un marcador temporal.
  - *El otro día, estaba viendo una película con Luisa y,* ***justo*** *cuando faltaban diez minutos para el final, llegaron sus compañeros de piso y no pudimos terminar de verla.* (Llegaron en un momento inoportuno).
  - *No compro nunca lotería, pero* ***justo*** *este año compré y gané 3000 euros.* (Compró en el momento oportuno).

Ayer Paula casi tira a la basura el proyecto de ciencias de su hermano. Menos mal que ***justo*** *entró su padre y le dijo que no lo hiciera.*

Estar a punto de + infinitivo

- Sirve para indicar la inmediatez o la inminencia de una acción.
  - *Estoy* ***a punto de*** *perder la paciencia. Devuélveme mi libro.*
  - *Estaba* ***a punto de*** *salir cuando me llamaste.*

REFERENCIAS A MOMENTOS YA MENCIONADOS

- ***Ese / Aquel día*** *se quedó grabado en la memoria de todos.*
- *Todo el mundo recordará* ***aquella jornada*** *histórica.*
- ***En esa / aquella ocasión****, el vencedor fue el equipo argentino.*
- ***En ese / aquel momento****, llegó Juan y lo descubrió todo.*
- ***A partir de ese / aquel instante****, el ambiente en casa mejoró.*
- ***Hasta ese / aquel día****, Sara jamás había sospechado que su esposo tenía una vida secreta.*
- ***A esas alturas*** *(del partido), el Osasuna tenía muy difícil remontar los tres goles de diferencia.*

ENTONCES

- **Entonces** es un marcador temporal que también puede expresar consecuencia. Los dos sentidos se pueden combinar y, por eso, a veces **entonces** tiene valor temporal con matiz consecutivo.
  - *Estábamos a punto de abandonar la búsqueda de los excursionistas y,* ***entonces****, uno de los perros encontró un rastro.* (= en aquel momento)
  - *Yo tenía muchas ganas de conocer Irlanda y también quería aprender inglés. Y,* ***entonces****, un día hice la maleta, me fui al aeropuerto y me vine a Dublín.* (= en aquel momento y por esa razón)

DE PRONTO / DE REPENTE

- Para indicar que una acción se produce de manera inesperada o brusca usamos **de pronto** o **de repente**.
  - *El otro día iba conduciendo tan tranquila y,* ***de repente****, se me cruzó un perro en la carretera. ¡Me llevé un susto…!*
  - *Luis está a punto de meterse en la cama cuando,* ***de pronto****, alguien llama a la puerta.*

EL VERBO

- Los verbos tienen tres formas no personales, es decir, formas que no se conjugan: el infinitivo (**cantar**), el participio (**cantado**) y el gerundio (**cantando**).
- El participio, combinado con el verbo **haber**, forma los tiempos verbales compuestos (**he cantado**, **había cantado**, **habrá cantado**…).
- El infinitivo, el participio y el gerundio se combinan con otros verbos auxiliares para formar perífrasis verbales.
  - *María* ***estaba durmiendo*** *cuando llegó Juan.*
  - ***Estaba saliendo*** *de casa cuando me llamaste.*
  - *Pedro* ***anda preocupado*** *por la situación de la empresa.*
  - *El jefe* ***anda diciendo*** *que nos* ***va a cambiar*** *el horario.*
- Las tres formas no personales del verbo pueden usarse solas con las funciones que se indican a continuación.

INFINITIVO

- Por sí solo, funciona como un sustantivo y, por lo tanto, puede ser sujeto, objeto directo o atributo de una oración, así como complemento de régimen preposicional.
  - ***Fumar*** *es malo para la salud.* (**Fumar** es el sujeto de la oración).
  - *Odio* ***estudiar*** *por la noche.* (**Estudiar** es el objeto directo).
  - *Lo más importante en la vida es* ***ser honesto****.* (**Ser honesto** es atributo).
  - *Siempre que me ve, Ana me invita a* ***tomar algo****.* (**Tomar algo** es complemento de régimen preposicional).
- También en estos casos, el infinitivo puede tener complementos propios del verbo.
  - *Odio* ***estudiar*** *por la noche.* (**Por la noche** es un complemento de **estudiar**).
  - *Siempre que me ve, Ana me invita a* ***tomar*** *algo.* (**Algo** es un complemento de **tomar**).

Más gramática

INFINITIVO COMPUESTO

infinitivo de **haber**: **haber**	+	participio: **cantado** / **comido** / **salido**

- Usamos el infinitivo compuesto para indicar que la situación en infinitivo es anterior a un tiempo que se toma como referencia.
  - *Para obtener las ayudas, era obligatorio* ***haberse casado*** *antes del verano.*
    (En verano, la persona ya tiene que estar casada).
  - *Para conseguir la nacionalidad tenías que demostrar* ***haber vivido*** *al menos tres años en el país.*
    (Si no has vivido en el país tres años, no puedes conseguir la nacionalidad).

PARTICIPIO

- Por sí solo, funciona como adjetivo y concuerda en género y en número con el sustantivo al que se refiere.
  - *(Han sido)* ***Detenidas*** *seis personas por un delito de piratería.*
  - *El vehículo, (que fue)* ***robado*** *hace unos meses en León, había sido utilizado por los ladrones en otros delitos.*
  - *La obra, (que fue)* ***compuesta*** *a principios del siglo xx, refleja unos valores que todavía siguen vigentes.*
  - *Estos jardines, (que son)* ***conocidos*** *como "el vivero", fueron un encargo de una de las familias más ricas de la ciudad.*
  - *Las ventanas, (que están)* ***orientadas*** *hacia el este y al oeste, permiten la entrada de luz durante todo el día.*

GERUNDIO

- Por sí solo, expresa la manera en que alguien hace algo o la simultaneidad total o parcial de dos acciones. En esta función de adverbio de manera, el gerundio también admite complementos.
  - *Se marchó* ***corriendo****.*
  - *Suelo estudiar* ***escuchando*** *música.*
  - *Entró* ***cantando*** *en voz baja una canción.*
  - *Juan habla siempre* ***gesticulando****.*
  - *Háblale* ***sonriendo****.*

EL INDICATIVO

PRESENTE

- Usamos el presente de indicativo para:
- Hacer afirmaciones atemporales.
  - *El agua* ***es*** H_2O.
- Hablar de hechos habituales.
  - ***Visito*** *a mis padres todos los domingos.*
- Hablar del presente cronológico.
  - ***Hace*** *mucho frío esta mañana, ¿verdad?*
- Pedir cosas y acciones en preguntas.
  - *¿Me* ***dejas*** *cincuenta euros?*
- Hablar de acciones futuras cuando son intenciones firmes.
  - *Esta noche te* ***llamo*** *y te* ***digo*** *algo.*
- Relatar en presente histórico.
  - *Tras la invasión napoleónica, las colonias de ultramar* ***se independizan****.*
- Dar instrucciones.
  - *Primero* ***cortas*** *los ingredientes y luego los* ***fríes*** *todos al mismo tiempo.*

El 2 de mayo de 1808 las tropas napoleónicas ***entran*** *en Madrid. Al día siguiente,* ***fusilan*** *en varios puntos de la ciudad a los detenidos el día anterior. Francisco de Goya* ***pinta*** *en 1814 un cuadro que ilustra este momento histórico:* Los fusilamientos del 3 de mayo.

PRETÉRITO PERFECTO

- Usamos el pretérito perfecto para referirnos a situaciones pasadas que tienen conexión con el presente. Así pues, con el pretérito perfecto podemos:

1. Hablar de una experiencia actual que resulta de haber hecho algo en el pasado.
   - ***He viajado** mucho por Asia y conozco bien el continente.* (Experiencia actual fruto de acciones pasadas).
2. Expresar un estado de cosas que comenzó en el pasado y que aún continúa.
   - *Siempre me **ha gustado** la buena comida.* (Se entiende que aún me gusta ahora).
3. Situar una acción realizada en un tiempo pasado que tiene relación con el presente.
   - *Este año **ha hecho** muy mal tiempo.* (El año al que se refiere la frase no ha terminado aún).
   - *Esta semana me **han propuesto** un empleo muy interesante.* (La semana no ha terminado aún).
4. Referirnos a acciones muy próximas al momento actual.
   - *Hace un rato **he visto** a tu marido. **Hemos hablado** un momento.* (El momento de la conversación está muy próximo al presente).
   - *Estas vacaciones **he ido** a Perú. ¡Me **ha encantado**!* (Las vacaciones han terminado hace poco y el hablante las siente aún muy próximas).

- Debido a que muestra situaciones pasadas conectadas o próximas al presente, el pretérito perfecto es especialmente compatible con expresiones de tiempo como **hoy**, **hace un rato**, **esta semana**, **este mes**, **este año**, **estas vacaciones**... También con **siempre**, **ya** o **todavía** si se refieren a periodos de tiempo no terminados. Pero esos marcadores no son un requisito para que se pueda utilizar el perfecto: simplemente, son expresiones que indican una proximidad o conexión con el momento actual y por eso es frecuente su aparición con el pretérito perfecto.
- En los distintos países hispanohablantes hay mucha variación en el empleo del pretérito perfecto. Su uso para hablar de una experiencia (1) es el más extendido en diferentes países, mientras que la referencia a acciones pasadas próximas al momento actual (3 y 4) es frecuente en muchas zonas de España, pero mucho menos en otras áreas. En algunos lugares (tanto de España como de América) este tiempo no se usa nunca en la lengua oral.

PRETÉRITO INDEFINIDO

	HABLAR	**BEBER**	**ESCRIBIR**
(yo)	habl**é**	beb**í**	escrib**í**
(tú, vos)	habl**aste**	beb**iste**	escrib**iste**
(él / ella, usted)	habl**ó**	beb**ió**	escrib**ió**
(nosotros / nosotras)	habl**amos**	beb**imos**	escrib**imos**
(vosotros / vosotras)	habl**asteis**	beb**isteis**	escrib**isteis**
(ellos / ellas, ustedes)	habl**aron**	beb**ieron**	escrib**ieron**

- El pretérito indefinido se usa para hablar de situaciones ocurridas en el pasado que se presentan como concluidas.
  - *Anoche **cené** con unos amigos.*
  - *El mes pasado **descubrí** un restaurante genial.*
  - *Pablo Picasso **fue** un pintor español que **vivió** muchos años en París.*
  - *Mi abuelo siempre **quiso** visitar Nueva York, pero **murió** sin hacer ese viaje.*

Más gramática

- Cuando contamos historias pasadas, el pretérito indefinido es el tiempo principal, que utilizamos para construir el relato y hacer avanzar la historia.
  - *Ayer **cené** con unas amigas en un restaurante muy bueno. **Comimos** muy bien, nos **reímos** muchísimo y **volvimos** a casa muy tarde. ¡**Fue** una noche estupenda!*

- Debido a que muestra situaciones pasadas que se presentan como concluidas (y, por tanto, sin conexión con el presente), el pretérito indefinido aparece a menudo junto a fechas (**en 1990**, **en 2003**, **el 8 de septiembre**, **en enero**...) o junto a expresiones de tiempo como **ayer**, **anoche**, **anteayer**, **el otro día**, **el mes pasado**, **el año pasado**... Sin embargo, el indefinido también puede usarse sin esos marcadores temporales.

- En las zonas hispanohablantes en las que no se usa el perfecto, el indefinido se utiliza en su lugar.
  - *Esta semana **fui** dos veces al cine.*
  - *Nunca **viajé** a Asia.*

Irregularidades en el pretérito indefinido

- El cambio de **e** por **i** se produce en muchos verbos de la tercera conjugación en los que la última vocal de la raíz es **e**, como **pedir**. La **e** se convierte en **i** en la tercera persona del singular y del plural. Sucede lo mismo con los verbos de la tercera conjugación en los que la última vocal de la raíz es **o**, como **dormir**. En estos casos, la **o** se convierte en **u** en la tercera persona del singular y del plural.

	PEDIR	**DORMIR**
(yo)	pedí	dormí
(tú, vos)	pediste	dormiste
(él / ella, usted)	pidió	durmió
(nosotros / nosotras)	pedimos	dormimos
(vosotros / vosotras)	pedisteis	dormisteis
(ellos / ellas, ustedes)	pidieron	durmieron

- Cuando la raíz de un verbo en -**er** / -**ir** termina en vocal, en la tercera persona la **i** se convierte en **y**.

caer	→	**cayó / cayeron**
huir	→	**huyó / huyeron**
construir	→	**construyó / construyeron**

- Hay que tener en cuenta las reglas ortográficas al conjugar los verbos que terminan en -**car**, -**gar**, -**guar** y -**zar**.

acercar	→	**acerqué**
llegar	→	**llegué**
averiguar	→	**averigüé**
almorzar	→	**almorcé**

- Los siguientes verbos presentan irregularidades propias en la raíz y tienen unas terminaciones especiales independientemente de la conjugación a la que pertenezcan.

-AR	andar → **anduv-** estar → **estuv-**	+	**-e** **-iste** **-o** **-imos** **-isteis** **-ieron**
-ER	poder → **pud-** poner → **pus-** querer → **quis-** saber → **sup-** tener → **tuv-** hacer → **hic- / hiz-** traer → **traj-**		
-IR	venir → **vin-** conducir → **conduj-*** decir → **dij-***		

* Cuando la raíz de un verbo irregular acaba en **j** (**traer**, **decir** y casi todos los verbos acabados en -**cir**), la tercera persona del plural se forma con -**eron** y no con -**ieron** (**condujeron**, **dijeron**, **trajeron**). Se conjugan así todos los verbos terminados en -**ucir**.

Atención

En la primera y en la tercera persona del singular de los verbos regulares, la última sílaba es tónica; en los irregulares, en cambio, la sílaba tónica es la penúltima.

- *compré, compró...*
- *hice, hizo...*

- Los verbos **ir** y **ser** tienen la misma forma en indefinido.

	IR / SER
(yo)	**fui**
(tú, vos)	**fuiste**
(él / ella, usted)	**fue**
(nosotros / nosotras)	**fuimos**
(vosotros / vosotras)	**fuisteis**
(ellos / ellas, ustedes)	**fueron**

Más gramática

PRETÉRITO IMPERFECTO

	HABLAR	BEBER	VIVIR
(yo)	habl**aba**	beb**ía**	viv**ía**
(tú, vos)	habl**abas**	beb**ías**	viv**ías**
(él / ella, usted)	habl**aba**	beb**ía**	viv**ía**
(nosotros / nosotras)	habl**ábamos**	beb**íamos**	viv**íamos**
(vosotros / vosotras)	habl**abais**	beb**íais**	viv**íais**
(ellos / ellas, ustedes)	habl**aban**	beb**ían**	viv**ían**

- No hay irregularidades en el pretérito imperfecto, a excepción de los verbos **ir**, **ser** y **ver**.

	IR	SER	VER
(yo)	**iba**	**era**	**veía**
(tú, vos)	**ibas**	**eras**	**veías**
(él / ella, usted)	**iba**	**era**	**veía**
(nosotros / nosotras)	**íbamos**	**éramos**	**veíamos**
(vosotros / vosotras)	**ibais**	**erais**	**veíais**
(ellos / ellas, ustedes)	**iban**	**eran**	**veían**

- Usamos el pretérito imperfecto para hacer referencia al desarrollo de una situación pasada sin prestar atención al principio ni al final. La situación mostrada en imperfecto puede haber cambiado o terminado (o no) en el presente.
  - *La última vez que pasé por esa calle **construían** un edificio de ocho plantas. Aún no he podido verlo terminado.*
- Por la perspectiva que aporta, el imperfecto es muy útil para describir lugares o personas, y también para hablar de acciones habituales en una época del pasado sin indicar cuándo empezaron ni terminaron.
  - *Mi padre **era** alto, muy delgado y de joven **llevaba** bigote.*
  - *Cuando yo **era** pequeño, este barrio **era** muy tranquilo y **tenía** muchos árboles.*
- En los relatos, el imperfecto suele utilizarse también para aportar explicaciones o mencionar circunstancias referidas a las acciones que se cuentan (esas acciones generalmente aparecen en pretérito indefinido o en pretérito perfecto).
  - *Como no **teníamos** dinero, ese año no fuimos de vacaciones a ningún sitio.*
  - *Ayer me **sentía** mal y me acosté a las 20 h.*
  - *Esta mañana **tenía** dolor de cabeza y por eso no he ido a trabajar.*
- El imperfecto también nos permite referirnos a acciones que se interrumpen o se modifican durante su desarrollo, sin llegar a completarse.
  - ***Salía** de la oficina, pero llamó una clienta importante y me tuve que quedar una hora más.* (No salí).
- La posibilidad de referirse a situaciones que no llegan a completarse hace que este tiempo verbal pueda expresar también la intención de llevar a cabo una acción que finalmente no llega a tener lugar. En este caso, es frecuente combinar el imperfecto con construcciones como **pensar**, **querer** o **ir a** + infinitivo.
  - ***Pensaba** ir al cine, pero me llamó Pablo y me fui a cenar con él.*
  - *Este fin de semana **queríamos** ir de excursión, pero ayer se nos estropeó el coche y no vamos a poder ir.*

- Además, podemos usar el imperfecto cuando queremos realizar una petición cortés (presentar una petición actual como si perteneciese al pasado es una manera de suavizar la demanda).
  - *Buenos días.* ***Quería*** *una camiseta negra de manga corta, por favor.*
  - *Hola, Luisa.* ***Venía*** *a verte para hablar de lo de Elisa.*

PRETÉRITO PLUSCUAMPERFECTO

	IMPERFECTO DE HABER **+ PARTICIPIO**	
(yo)	había	habl**ado**
(tú, vos)	habías	com**ido**
(él / ella, usted)	había	escr**ito**
(nosotros / nosotras)	habíamos	
(vosotros / vosotras)	habíais	
(ellos / ellas, ustedes)	habían	

Atención

Si el orden de las situaciones queda claro por el contexto, no es obligatorio utilizar el pluscuamperfecto. El pretérito indefinido puede usarse en su lugar.
- *Juan me dijo que* ***estuvo*** *enfermo. = Juan me dijo que* ***había estado*** *enfermo.* (Puedo marcar la anterioridad temporal con el pluscuamperfecto, pero no es necesario porque esa anterioridad se sobreentiende).

- Usamos este tiempo para referirnos a una situación pasada e indicar que es anterior a otra situación pasada ya mencionada.
  - *Cuando llegamos al cine, ya* ***había empezado*** *la película.* (La segunda acción es anterior a la primera; se perdieron parte de la película).

ALTERNANCIA DE LOS TIEMPOS DEL PASADO EN EL RELATO

- En un relato podemos utilizar varios tiempos del pasado. Hacemos avanzar la historia con cada nuevo hecho que presentamos en **pretérito indefinido** o en **pretérito perfecto**.
  - *Aquel día Juan no* ***oyó*** *el despertador y* ***se despertó*** *media hora tarde.* ***Salió*** *de casa sin desayunar y* ***tomó*** *un taxi. Por suerte,* ***consiguió*** *llegar a tiempo al aeropuerto.*
  - *Hoy Juan no* ***ha oído*** *el despertador y se* ***ha despertado*** *media hora tarde.* ***Ha salido*** *de casa sin desayunar y* ***ha tomado*** *un taxi. Por suerte,* ***ha conseguido*** *llegar a tiempo al aeropuerto.*
- En cada hecho podemos "detener la acción" y "mirar" las circunstancias que lo rodean. Para ello, usamos el **imperfecto**.
  - *Aquel día Juan* ***estaba*** *muy cansado y no* ***oyó*** *el despertador, así que se* ***despertó*** *media hora tarde. Como no* ***tenía*** *tiempo,* ***salió*** *de casa sin desayunar y* ***tomó*** *un taxi. Por suerte, no* ***había*** *mucho tráfico y* ***consiguió*** *llegar al aeropuerto a tiempo.*
  - *Hoy Juan* ***estaba*** *muy cansado y no* ***ha oído*** *el despertador, así que se* ***ha despertado*** *media hora tarde. Como no* ***tenía*** *tiempo,* ***ha salido*** *de casa sin desayunar y* ***ha tomado*** *un taxi. Por suerte, no* ***había*** *mucho tráfico y* ***ha conseguido*** *llegar a tiempo al aeropuerto.*
- A veces, queremos volver atrás para explicar alguna circunstancia pasada anterior. En ese caso, usamos el pluscuamperfecto.
  - *Aquel día Juan* ***estaba*** *muy cansado porque había estado estudiando hasta muy tarde y no* ***oyó*** *el despertador...*

Más gramática

- La utilización de perfecto / indefinido e imperfecto no depende de la duración de las acciones, sino de la manera en la que queremos presentarlas y de su función en el relato.

- *Ayer, como* ***llovía*** *mucho,* ***decidí*** *no salir.*
  (No interesa el principio ni el fin de la lluvia; presentamos el hecho de "llover" como una circunstancia que explica la decisión de "no salir").

- *Ayer* ***llovió*** *mucho y el jardín* ***se llenó*** *de agua.*
  (Cuento dos cosas que ocurrieron ayer: llovió y el jardín se llenó de agua).

- Si queremos destacar la progresión de las acciones, podemos combinar los tiempos de pasado con la perífrasis **estar** + gerundio.
  - *Ayer, como* ***estaba lloviendo*** *mucho,* ***decidí*** *no salir.* (Destacamos que la decisión se produjo durante la lluvia, aunque no se indica cuándo empezó ni cuándo terminó).
  - *Ayer* ***estuvo lloviendo*** *mucho y el jardín* ***se llenó*** *de agua.* (Destacamos que la lluvia empezó y terminó, pero que duró un cierto tiempo).

FUTURO SIMPLE

- El futuro se forma añadiendo al infinitivo las terminaciones -**é**, -**ás**, -**á**, -**emos**, -**éis** y -**án**.

	HABLAR	**BEBER**	**VIVIR**
(yo)	hablar**é**	beber**é**	vivir**é**
(tú, vos)	hablar**ás**	beber**ás**	vivir**ás**
(él / ella, usted)	hablar**á**	beber**á**	vivir**á**
(nosotros / nosotras)	hablar**emos**	beber**emos**	vivir**emos**
(vosotros / vosotras)	hablar**éis**	beber**éis**	vivir**éis**
(ellos / ellas, ustedes)	hablar**án**	beber**án**	vivir**án**

- Hay muy pocos verbos irregulares. Estos presentan un cambio en la raíz, pero tienen las mismas terminaciones que los verbos regulares.

tener → **tendr-** salir → **saldr-** haber → **habr-** poner → **pondr-** poder → **podr-** venir → **vendr-**	-é -ás -á -emos -éis -án

hacer → **har-** decir → **dir-** querer → **querr-** saber → **sabr-** caber → **cabr-**	-é -ás -á -emos -éis -án

- Podemos usar el futuro simple para hacer predicciones o para expresar que algo ocurrirá inexorablemente. Este uso es más frecuente en el español de España que en el español de América.
  - *Mañana **lloverá** en la costa norte.*
  - *Veo en las líneas de tu mano que **vivirás** muchos años.*
  - *En breves instantes, **aterrizaremos** en el aeropuerto de Barajas.*
  - *El sol **saldrá** mañana a las 7 h.*

- También usamos el futuro simple para formular hipótesis sobre el futuro o sobre el presente. Este uso es muy frecuente en todos los países hispanohablantes. Cuando la hipótesis se refiere al futuro, el verbo suele ir acompañado de otras palabras que expresan probabilidad (como **quizás**, **probablemente**, **seguramente**, **creo que**…). Es necesario el uso de esas palabras para dejar clara la intención.
  - *No sé dónde he dejado las llaves del coche.*
  - ○ *Las **tendrás** en la mesilla, como siempre.*
  - *¿Qué vas a hacer este fin de semana?*
  - ○ *Pues seguramente **iré** al campo. ¿Y tú?*
  - *Yo creo que me **quedaré** en casa.*
- El futuro simple con sentido hipotético se usa también, entre otras situaciones, cuando quien habla invita al / a la interlocutor/a a especular o cuando quiere indicar que existe una contradicción entre las apariencias y la realidad, o entre una información previa y algo que ha observado después.
  - *¿Dónde **estará** Pepa ahora mismo?* (Invitamos a especular).
  - ○ *Ni idea. **Estará** trabajando, supongo.* (Planteamos una hipótesis).
  - *Luis **será** muy listo, pero no lo parece.* (Es posible que Luis sea muy listo, pero no lo parece).

Más gramática

FUTURO COMPUESTO

	FUTURO SIMPLE DE HABER **+ PARTICIPIO**	
(yo)	**habré**	
(tú, vos)	**habrás**	hablado
(él / ella, usted)	**habrá**	comido
(nosotros / nosotras)	**habremos**	vivido
(vosotros / vosotras)	**habréis**	
(ellos / ellas, ustedes)	**habrán**	

- Podemos usar el futuro compuesto para referirnos a una situación futura y marcar que es anterior a otra situación, también futura, que tomamos como referencia.
  - *El sábado Juan ya **habrá hecho** el examen. Podremos celebrarlo.*
  - *En 2070, se **habrá agotado** el petróleo. Usaremos otras fuentes de energía.*
- También podemos usar el futuro compuesto para formular suposiciones sobre el pasado.
  - *Luis casi no ha cenado nada.*
  - *Bueno, **habrá comido** mucho al mediodía.* (Supongo que ha comido mucho).

  - *Qué raro que la profesora llegue tarde. **Se habrá puesto enferma**, ¿no?*
  - *O **se habrá dormido**.*

CONDICIONAL

- El condicional simple se obtiene añadiendo al infinitivo las terminaciones **-ía**, **-ías**, **-ía**, **-íamos**, **-íais**, **-ían**.
- Son irregulares los mismos verbos que en futuro y, como en este tiempo, la irregularidad afecta a la raíz.

tener → **tendr**-		-ía
salir → **saldr**-		-ías
haber → **habr**-		-ía
poner → **pondr**-		-íamos
poder → **podr**-		-íais
venir → **vendr**-		-ían

hacer → **har**-	-ía
decir → **dir**-	-ías
querer → **querr**-	-ía
saber → **sabr**-	-íamos
caber → **cabr**-	-íais
	-ían

- Usamos el condicional para expresar deseos difíciles o imposibles de realizar.
  - *¡Qué sueño! **Me iría** a dormir ahora mismo.* (Pero estoy en la oficina y todavía no he terminado de trabajar, por ejemplo).
- También lo utilizamos para pedir de manera cortés que alguien haga algo (presentar la petición como algo difícil de conseguir es una manera de ser cortés).
  - *¿**Te importaría** ayudarme con los deberes?*
  - *¿**Podrías** sujetar esto un momento, por favor?*
- Con verbos que expresan necesidad u obligación (**tener que** + infinitivo, **deber**), se usa para aconsejar.
  - ***Deberías** empezar a estudiar. Falta muy poco para los exámenes.*
  - ***Tendrías que** ser más paciente con tus hijos.*
- Para evocar situaciones imaginarias.
  - *Si supiera tocar un instrumento, **tocaría** en un grupo.*
- Para opinar sobre acciones y conductas de otros (imagino una situación irreal para mí). A menudo es una forma de dar consejo.
  - *Yo nunca **me casaría** por dinero.*

CONDICIONAL COMPUESTO

	CONDICIONAL DE HABER **+ PARTICIPIO**	
(yo)	**habría**	trabajado
(tú, vos)	**habrías**	comido
(él / ella, usted)	**habría**	vivido
(nosotros / nosotras)	**habríamos**	
(vosotros / vosotras)	**habríais**	
(ellos / ellas, ustedes)	**habrían**	

- Uno de los usos más frecuentes del condicional compuesto es el de evocar situaciones hipotéticas o hechos que no tuvieron lugar en el pasado, ya que no se dieron las condiciones necesarias.
  - ***Habría venido** a visitarte si hubiese sabido que estabas enfermo.* (No vine a visitarte porque no sabía que estabas enfermo).
  - *¿Tú **habrías hecho** lo mismo?*

EL SUBJUNTIVO

- El subjuntivo permite mencionar un contenido sin afirmarlo ni negarlo. Se interpreta ese contenido como una idea virtual; la persona que habla no afirma ni niega que esa idea corresponda a una situación real. Por eso decimos que el subjuntivo alude a un contenido no declarativo (esa es la diferencia esencial con respecto al indicativo, que declara algo que alguien sabe o piensa sobre una determinada realidad).
  - *Creo que María **tiene** un nuevo trabajo.* (La persona que habla declara algo que cree verdadero).
  - *Es estupendo que María **tenga** otro trabajo.* (La persona que habla manifiesta su valoración de un contenido no declarativo, sin indicar si ese contenido es verdadero o no).
- El subjuntivo, como el indicativo, es un modo. Por eso, al igual que este, el subjuntivo tiene distintos tiempos: presente (**cante**), pretérito perfecto (**haya cantado**), imperfecto (**cantara** o **cantase**) y pluscuamperfecto (**hubiera** o **hubiese cantado**).
- Los tiempos verbales del subjuntivo aparecen casi siempre en oraciones subordinadas. La interpretación que reciben esos tiempos depende del significado de la oración principal.

- Así, por ejemplo, según el tipo de construcción, el presente de subjuntivo puede referirse al presente o al futuro.
  - *No quiero que lo **tomes** mal.* (ahora o en el futuro)
  - *Cuando **vengas**, hablaremos.* (sucederá en el futuro)
- Y el imperfecto de subjuntivo, al presente, al pasado o al futuro.
  - ***Quisiera** hablar con usted.* (presente)
  - *Me dijo que me **callara**.* (pasado)
  - *Si no **tuviera** trabajo, iría al cine tarde.* (futuro)
- En algunas construcciones, como las oraciones condicionales, el imperfecto de subjuntivo va unido a la idea de probabilidad escasa o inexistente.
  - *Si **pudiera**, me iría contigo ahora mismo.* (posibilidad inexistente en el presente)
  - *Si esta noche **pudiera**, me encantaría pasar un rato por la fiesta.* (posibilidad escasa en el futuro)
- Además, en usos de cortesía, el imperfecto de subjuntivo implica una forma de distanciamiento cortés.
  - ***Quisiera** pedirle un favor.* (ahora)

Más gramática

PRESENTE DE SUBJUNTIVO

- La conjugación es casi idéntica a la del presente de indicativo: solo se invierte la vocal temática.

-ar	→ **e**	-er / -ir	→ **a**

Verbos regulares

	ESTUDIAR	COMER	ESCRIBIR
(yo)	estudi**e**	com**a**	escrib**a**
(tú, vos)	estudi**es**	com**as**	escrib**as**
(él / ella, usted)	estudi**e**	com**a**	escrib**a**
(nosotros / nosotras)	estudi**emos**	com**amos**	escrib**amos**
(vosotros / vosotras)	estudi**éis**	com**áis**	escrib**áis**
(ellos / ellas, ustedes)	estudi**en**	com**an**	escrib**an**

Algunos verbos irregulares

	SABER	SER	IR	ESTAR	DAR	VER	HABER
(yo)	**sepa**	**sea**	**vaya**	**esté**	**dé**	**vea**	**haya**
(tú, vos)	**sepas**	**seas**	**vayas**	**estés**	**des**	**veas**	**hayas**
(él / ella, usted)	**sepa**	**sea**	**vaya**	**esté**	**dé**	**vea**	**haya**
(nosotros / nosotras)	**sepamos**	**seamos**	**vayamos**	**estemos**	**demos**	**veamos**	**hayamos**
(vosotros / vosotras)	**sepáis**	**seáis**	**vayáis**	**estéis**	**deis**	**veáis**	**hayáis**
(ellos / ellas, ustedes)	**sepan**	**sean**	**vayan**	**estén**	**den**	**vean**	**hayan**

- Los verbos que tienen irregularidades del tipo **e** > **ie** / **o** > **ue** en presente de indicativo también las presentan en presente de subjuntivo en las mismas personas.

	E > IE	O > UE
	QUERER	PODER
(yo)	qu**ie**ra	p**ue**da
(tú, vos)	qu**ie**ras	p**ue**das
(él / ella, usted)	qu**ie**ra	p**ue**da
(nosotros / nosotras)	queramos	podamos
(vosotros / vosotras)	queráis	podáis
(ellos / ellas, ustedes)	qu**ie**ran	p**ue**dan

- Muchos verbos que presentan una irregularidad en la primera persona del presente de indicativo tienen esa misma irregularidad en todas las personas del presente de subjuntivo. Esto incluye los verbos con cambio vocálico **e** > **i** (**pedir**, **seguir**, **reír**...).

hago	→	**haga...**
conozco	→	**conozca...**
tengo	→	**tenga...**
pongo	→	**ponga...**
salgo	→	**salga...**

vengo	→	**venga...**
digo	→	**diga...**
oigo	→	**oiga...**
pido	→	**pida...**

- Algunos verbos de la tercera conjugación presentan una doble irregularidad.

	SENTIR	**DORMIR**
(yo)	sienta	duerma
(tú, vos)	sientas	duermas
(él / ella, usted)	sienta	duerma
(nosotros / nosotras)	sintamos	durmamos
(vosotros / vosotras)	sintáis	durmáis
(ellos / ellas, ustedes)	sientan	duerman

PRETÉRITO PERFECTO DE SUBJUNTIVO

	PRESENTE DE SUBJUNTIVO DE HABER **+ PARTICIPIO**	
(yo)	**haya**	
(tú, vos)	**hayas**	hablado
(él / ella, usted)	**haya**	comido
(nosotros / nosotras)	**hayamos**	vivido
(vosotros / vosotras)	**hayáis**	
(ellos / ellas, ustedes)	**hayan**	

- En construcciones que exigen subjuntivo, usamos este tiempo para referirnos a acciones terminadas recientes o vinculadas al presente.
  - *Es imposible que Marisa* ***acepte*** *ese trabajo en Rusia, creo yo.* (Creo que Marisa no va a aceptar ese trabajo).
  - *Es imposible que Marisa* ***haya aceptado*** *ese trabajo en Rusia, creo yo.* (Creo que Marisa no ha aceptado ese trabajo).
  - *Esperamos que* ***disfruten*** *de su estancia en nuestro hotel.* (La estancia tiene lugar ahora o está prevista para el futuro).
  - *Esperamos que* ***hayan disfrutado*** *de su estancia en nuestro hotel.* (La estancia acaba de terminar o ha terminado recientemente).
  - *No creo que* ***te suspendan*** *por no hacer los deberes un día.* (Puede ocurrir hoy o puede ser una posibilidad general).
  - *No creo que* ***te hayan suspendido*** *por no hacer los deberes un día.* (Puede haber ocurrido hoy).
  - *Buscamos personas que* ***vivan*** *en Chile.* (Que viven actualmente en Chile).
  - *Buscamos personas que* ***hayan vivido*** *en Chile.* (Que tengan la experiencia de haber vivido en Chile en el pasado).

Más gramática

PRETÉRITO IMPERFECTO DE SUBJUNTIVO

- El imperfecto de subjuntivo tiene dos formas. Ambas se obtienen a partir de la tercera persona del plural del pretérito indefinido.

3.ª PERS. PLURAL PRET. INDEFINIDO (SIN -RON)		TERMINACIONES	
llegar**on** tuvier**on** estuvier**on** fuer**on**	+	**-ra** **-ras** **-ra** **-ramos** **-rais** **-ran**	**-se** **-ses** **-se** **-semos** **-seis** **-sen**

LLEGAR		SER / IR	
llegara	llegase	fuera	fuese
llegaras	llegases	fueras	fueses
llegara	llegase	fuera	fuese
llegáramos*	llegásemos*	fuéramos*	fuésemos*
llegarais	llegaseis	fuerais	fueseis
llegaran	llegasen	fueran	fuesen

* Las formas de la primera persona del plural siempre van acentuadas en la vocal anterior a las terminaciones -**ramos** y -**semos**.

- Según la construcción en la que aparece, el pretérito imperfecto de subjuntivo puede expresar una noción claramente temporal (referida al pasado) o más bien una idea de probabilidad escasa o inexistente (referida al presente o al futuro).
  - *Anteayer Pedro prometió que insistiría hasta que le* ***hicieran*** *caso en el ayuntamiento.* (El hecho de insistir es algo que puede ocurrir en el futuro, pero Pedro hizo su promesa anteayer, es decir, en el pasado).
  - *Laura me llamó ayer para que le* ***pasara*** *el número de Sara.* (La llamada de Laura fue ayer y el imperfecto de subjuntivo se refiere al momento del pasado en que ella formuló su petición).
  - *De pequeño, mis padres me llevaron a Argentina para que* ***conociera*** *el lugar en el que habían nacido.* (El imperfecto de subjuntivo se refiere aquí a la finalidad que tenía una acción que ocurrió en el pasado).
  - *Si* ***estudiaras*** *un poco más, no te costaría aprobar el curso.* (No estudias y, por eso, lo más probable es que no apruebes).

- También puede expresar distancia cortés en peticiones referidas al presente o al futuro.
  - ***Quisiera*** *hablar con usted. ¿Tiene un momento ahora?* (La petición se refiere al presente, pero la formulación en imperfecto de subjuntivo resulta más cortés que con el presente de indicativo).

Para saber más

Las formas con **-r-** y con **-s-** del imperfecto de subjuntivo se usan indistintamente, excepto para:

- hacer peticiones de cortesía.
  - ***Quisiera*** *un par de zapatos de tacón.* (~~*Quisiese un par de zapatos de tacón*~~).
- hablar del pasado en textos de registro culto.
  - *Esta es la casa donde* ***naciera*** *Cervantes en 1547.* (~~*Esta es la casa donde naciese Cervantes en 1547*~~).

PRETÉRITO PLUSCUAMPERFECTO DE SUBJUNTIVO

IMPERFECTO DE SUBJUNTIVO DE HABER		PARTICIPIO
hubiera / hubiese **hubieras / hubieses** **hubiera / hubiese** **hubiéramos / hubiésemos** **hubierais / hubieseis** **hubieran / hubiesen**	+	trabajado comido bebido

- En las construcciones que exigen subjuntivo, el pretérito pluscuamperfecto puede referirse a una situación pasada (virtual) anterior a otra situación pasada. También puede expresar condiciones o deseos que ya no pueden cumplirse porque pertenecen al pasado.
  - *Si* ***hubieras estudiado*** *un poco más, habrías aprobado todos los exámenes.* (No estudiaste y por eso no aprobaste).
  - *Denunció a la Policía un hecho falso: no era verdad que le* ***hubieran robado*** *la cartera. En realidad, él se había gastado todo el dinero.*

Más gramática

SER / ESTAR + PARTICIPIO

SER + PARTICIPIO: CONSTRUCCIONES PASIVAS

- En las construcciones pasivas, se resalta la acción de la que se habla; el agente que la realiza siempre va precedido por la preposición **por**. Además, se utiliza el verbo **ser** (que concuerda en persona y en número con el sujeto paciente) y un participio (que concuerda en género y en número con el sujeto paciente).
    - *Juan Díaz de Solís descubrió el Río de la Plata.* → Construcción activa
      Sujeto · OD

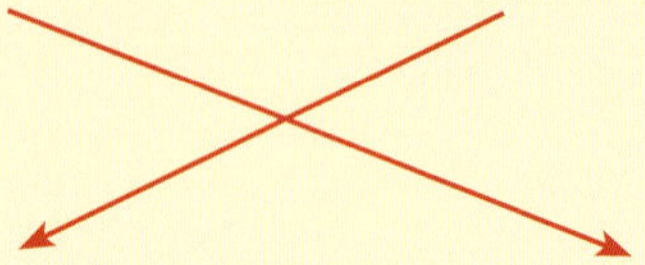

- *El Río de la Plata* ***fue descubierto por*** *Juan Díaz de Solís.* → Construcción pasiva
  Sujeto paciente · Complemento agente

- Las construcciones pasivas son muy poco frecuentes en la lengua oral. Solo son habituales en la lengua escrita formal y, especialmente, en la prensa escrita. En los titulares de prensa, es frecuente omitir el verbo **ser**.
    - *(Ha sido)* ***Detenido*** *un peligroso traficante de armas.*
- En ocasiones no queremos mencionar quién realizó la acción (porque no lo sabemos o porque no nos interesa). En esos casos, omitimos el complemento agente.
    - *La carta ya* ***ha sido enviada****.*
    - *La reunión* ***fue aplazada*** *hasta mayo.*
- En los casos en los que no se quiere mencionar al agente, en la lengua oral y en la lengua escrita son frecuentes otras construcciones de sentido impersonal. Para más información sobre ellas puedes consultar el apartado *Impersonalidad*, más abajo.

ESTAR + PARTICIPIO: CONSTRUCCIONES RESULTATIVAS

- En este tipo de construcciones se utiliza el verbo **estar** + participio para presentar el resultado de un proceso o cambio. Es decir, lo importante es el resultado de una acción previa, su efecto, y no la acción en sí misma.
    - *Tranquilo, el problema* ***está resuelto****.*
    - *Las decisiones ya* ***estaban tomadas*** *cuando nos preguntaron.*
- El complemento agente puede aparecer o no (siempre con la preposición **por**).
    - *El equilibrio del planeta* ***está amenazado*** *por las emisiones de gases de combustión.* (Aparece).
    - *El equilibrio del planeta* ***está amenazado****.* (No aparece).
- Las construcciones resultativas (con **estar** + participio) no se pueden hacer con todos los verbos (como es el caso de las construcciones pasivas con **ser** + participio). Solo son posibles con los verbos que expresan una acción que, cuando termina, da lugar a un resultado o a un cambio de estado concretos.
    - *Esta casa* ***ha sido decorada*** *con un gusto exquisito.* (Construcción pasiva: se habla del proceso de decoración).
    - *Esta casa* ***está decorada*** *con un gusto exquisito.* (Construcción resultativa: se habla del resultado del proceso de decorar la casa).

Ha sido *detenida.*

Está *detenida.*

- ***Ha sido*** *una gran presidenta: siempre ha sido amada por los ciudadanos y respetada por sus rivales políticos.*
  ~~*La presidenta está amada por los ciudadanos y respetada por sus rivales políticos.*~~ (Esta frase no es posible porque la acción "amar" no produce un resultado o cambio de estado).

IMPERSONALIDAD

En español existen distintas construcciones de sentido impersonal o generalizador.

CONSTRUCCIONES PASIVAS CON **SE** (PASIVA REFLEJA)

- Estas construcciones, al igual que las pasivas con **ser** + participio, tienen un sujeto paciente que corresponde al OD de la oración activa equivalente. El verbo concuerda en número y persona con el sujeto paciente.
  - *La gente leyó mal la noticia* (OD)*. Habrá que preparar un comunicado aclaratorio.* → Construcción activa
  - *La noticia* (Sujeto paciente) ***se interpretó*** *mal. Habrá que preparar un comunicado aclaratorio.* → Construcción pasiva
  - *No podrás mantener el secreto en la oficina. Al final, los compañeros (siempre)* ***saben*** *esas cosas* (OD)*.* → Construcción activa
  - *No podrás mantener el secreto en la oficina con tus compañeros. Al final, esas cosas* (Sujeto paciente) ***se saben****.* → Construcción pasiva
- En las construcciones de pasiva con **se** generalmente se omite el agente. El sujeto paciente puede aparecer antes del verbo, pero con frecuencia aparece detrás.
  - *Primero* ***se fríen*** *las patatas; después* ***se añade*** *el huevo para hacer la tortilla.*
- La forma pasiva con **se** es muy frecuente en español, tanto en la lengua oral como en la escrita, y se emplea especialmente para expresar procesos que afectan a un paciente sin hacer mención de las causas o de los agentes del cambio.

Más gramática

CONSTRUCCIONES CON **SE** SIN SUJETO GRAMATICAL (**SE** IMPERSONAL)

- Estas construcciones no tienen sujeto gramatical y no pueden tener nunca agente expreso. En consecuencia, el verbo está siempre en tercera persona del singular.
  - *¿Por qué no dices hola al llegar? Aquí* ***se saluda*** *a los compañeros.*
  - ***Se contratará*** *a todos los camareros que están aquí.*

Para saber más

Las oraciones impersonales pueden explotarse con fines expresivos, siguiendo dos estrategias distintas, a menudo complementarias: por un lado, la de minimizar la importancia del emisor, diluyendo su individualidad dentro de un colectivo; por otro lado, la de reforzar la validez de la idea, al suponerla compartida por todo un grupo.

- *¿Cuándo vendrás a vernos a la oficina?* ***Se te echa de menos****.* (= Te echo de menos yo, y también los compañeros).

VERBO EN TERCERA PERSONA DEL PLURAL

- Se usa el verbo en tercera persona del plural para hablar de acciones que realiza una persona concreta (o varias), cuya identidad no tiene importancia para quienes están hablando: la atención se centra en la acción y no en el agente.
  - *¿Qué película* ***ponen*** *en el cine Lux?*
  - ***Han abierto*** *un nuevo centro comercial en el barrio.*
  - ***Dicen*** *que habrá elecciones anticipadas.*
- Las construcciones con verbo en tercera persona del plural excluyen al hablante como posible agente. Esto las diferencia de las impersonales con **se**, que pueden incluirlo.

(La persona que habla no forma parte del grupo que contratará a los camareros).

(La persona que habla puede ser el / la dueño/a de la empresa que va a contratar a los camareros).

VERBO EN SEGUNDA PERSONA DEL SINGULAR O **UNO/A** + TERCERA PERSONA DEL SINGULAR

- Se usan estas construcciones para hablar de acciones que afectan a todo el mundo, incluidos/as los/as interlocutores/as. Utilizamos la forma **tú** como un generalizador; no nos referimos directamente a nuestro/a interlocutor/a. Es una forma propia de la lengua oral que equivale a **uno/a** + tercera persona del singular.
  - *Con este tráfico, **sabes** a qué hora **sales**, pero no a qué hora **llegas**.*
  - *Con este tráfico, **uno/a sabe** a qué hora **sale**, pero no a qué hora **llega**.*

OD + REDUPLICACIÓN PRONOMINAL DE OD + VERBO EN TERCERA PERSONA DEL PLURAL

- Se trata de una construcción típica de la lengua oral, con la que se expresan contenidos sin mencionar el agente, a través de la anteposición del OD reduplicado con un pronombre y el verbo en tercera persona del plural.
  - *El problema lo **solucionaron** por fin.*
  - *A todos los camareros que están aquí los **contratarán**.*

EXPRESAR CONDICIONES Y CONSECUENCIAS HIPOTÉTICAS

- En español, para hablar de una condición cuyo cumplimiento es imposible o consideramos poco probable, se emplea el pretérito imperfecto de subjuntivo. Para hablar de las consecuencias de esa condición, se usa el condicional.

- *Si **tuviera** más tiempo,* (No tengo tiempo ahora y la posibilidad de tenerlo parece remota).

→ ***iría** al gimnasio todos los días.* (No voy al gimnasio todos los días).

- Las consecuencias en el presente o en el futuro de una condición en el pasado se expresan mediante el condicional.

Atención

La diferencia entre una condición improbable o imposible tiene que ver con el momento en que la condición debe cumplirse.

- *Si no **lloviera**, **saldría** a correr ahora mismo.* (Condición imposible porque ahora está lloviendo).

- *Si no **lloviera** mañana, **iría** a correr a primera hora.* (Condición improbable, pero no imposible).

Más gramática

	• *Si me **hubieras / hubieses** escuchado,* (No me escuchaste).
→	*ahora no **estarías** en esta situación.* (Ahora estás en esta situación).

- No siempre es necesario expresar la condición; en muchas ocasiones se sobreentiende o está implícita en el contexto.
  - • *Me dan la posibilidad de irme a trabajar a Londres, pero creo que no voy a ir.*
  - ○ *Pues yo, sinceramente, (si **tuviera** esa posibilidad) **iría** sin pensarlo.*

DISCURSO REFERIDO

- El discurso referido, también llamado estilo indirecto, consiste en transmitir las palabras dichas por otras personas o por nosotros mismos. Esa transmisión se realiza en un momento posterior al de su emisión original. A menudo, la transmisión supone cambios en la persona (si quien repite el mensaje no es el emisor original) y en las referencias al espacio y al tiempo (excepto si la transmisión es inmediata o si la información aún es válida).
  - • *Tengo mucho sueño.*
  - ○ *Perdona, ¿qué has dicho?*
  - • ***Que tengo mucho sueño.***
  - • *Llámame el jueves por la mañana.*
  - → ***Me ha dicho que** lo llame el jueves por la mañana.*
- Si lo que referimos indirectamente es una pregunta, utilizamos la partícula interrogativa.
  - • *¿Dónde has aprendido alemán?*
  - → ***Me preguntó dónde** había aprendido alemán.*
- Pero cuando se trata de una pregunta de respuesta cerrada (**sí** / **no**), la introducimos con **si** en el estilo indirecto.
  - • *¿Tienes la dirección de Analía?*
  - → ***Me preguntó si** tenía la dirección de Analía.*
- Lógicamente, al cambiar las coordenadas espacio-temporales, es decir, la situación en la que se habla, se producen muchos cambios: desaparecen elementos, cambian las palabras con marca de persona (como los posesivos y los pronombres), se modifican las referencias temporales y los tiempos verbales, etc.

- Las acciones que se expresan en presente en estilo directo se transmiten en imperfecto si la información de la que se habla ya no es válida. Si la información todavía es válida, se puede mantener el presente de indicativo, pero también puede hacerse la concordancia en imperfecto si la persona que habla quiere señalar que son palabras que alguien dijo en el pasado.

EL LUNES A LAS 14 H Alba: *Ahora* ***estoy comiendo****.*	EL DÍA SIGUIENTE A LAS 10 H • ***Alba me dijo que estaba comiendo*** *en aquel momento.* (Ya no está comiendo).
EL LUNES A LAS 14 H Ramón: ***Estudio chino*** *desde el año pasado.*	EL DÍA SIGUIENTE A LAS 10 H • ***Ramón me dijo que estudia chino*** *desde el año pasado.* (Todavía estudia chino y el / la hablante quiere resaltar la validez actual de la información). • ***Ramón me dijo que estudiaba chino*** *desde el año pasado.* (Todavía estudia chino, pero el / la hablante quiere resaltar que esa información la dijo Ramón en el pasado).

Atención

Cuando una persona transmite en imperfecto una información que todavía es válida ahora, puede dar a entender que no está segura de la información o que no se fía mucho de las palabras de la otra persona. Dicho de manera más general, en esos casos la persona que habla no se compromete con la veracidad de la información transmitida.

- En los relatos de hechos pasados, las peticiones, instrucciones, invitaciones, etc., suelen referirse en imperfecto de subjuntivo.
  - *Cuidado: Desalojen el edificio inmediatamente.*

  → *La jefa de la brigada de bomberos* ***ordenó que se desalojara*** *el edificio.*
  - *Queremos que se respeten los horarios pactados.*

  → *Los trabajadores* ***reclamaron que se respetaran*** *los horarios pactados.*
- Al transmitir mensajes en estilo indirecto, no solemos prestar atención a las palabras exactas, sino al sentido. Por eso es muy frecuente resumir los contenidos y sustituir partes de las frases por verbos que expresan la intención con que fueron pronunciadas.

ENUNCIADO ORIGINAL	
• *¿Me compras el periódico?* • *¿Puedes comprarme el periódico?* • *Cómprame el periódico, por favor.*	• *Necesito que me compres el periódico.* • *¿Te importaría comprarme el periódico?*

↓

DISCURSO REFERIDO
• *Me pidió* ***que*** *le* ***comprara*** *el periódico.*

Más gramática

- El verbo más frecuente para introducir el discurso indirecto es **decir**. Sin embargo, disponemos de muchos otros verbos.

aclarar comentar destacar expresar	manifestar pedir proponer recordar	afirmar contar explicar insistir	negar precisar rechazar repetir	asegurar declarar exponer invitar	ordenar preguntar rechazar sugerir

- *El presidente **aseguró** que el Gobierno intentaría dar una solución al problema de los astilleros.*
- *Los representantes sindicales **manifestaron** abiertamente su desacuerdo con las medidas adoptadas por el Gobierno.*

- Hay verbos que por sí solos bastan para resumir desde una frase hasta toda una conversación: **agradecer**, **alegrarse**, **despedirse**, **disculparse**, **felicitar**, **protestar**, **saludar**, etc.

- *¿Sabes? Ayer me encontré a Julio por la calle.*
- *¿Ah, sí? ¿Y qué tal?*
- *Bueno, la verdad es que solo **nos saludamos**...*

DESCRIBIR LA MANERA EN QUE SE REALIZA UNA ACCIÓN

- Podemos precisar cómo se realiza una acción empleando diversos recursos.

- Adverbios
  - *Pasea **tranquilamente** por el parque.*
  - *Se aparta **rápidamente**.*
- Adjetivos
  - *Se acerca **sereno** al estrado.*
  - *Lo miró **orgulloso**.*
  - ***Inmóvil**, miró a su alrededor.*
  - *Unos minutos después, Sara, bastante más **tranquila**, nos contó lo que había sucedido.*
- Gerundio
  - *Sale don Julián **apartando** las cortinas con las manos.*
  - *Alejandro se fue **llorando**.*
- **Con** / **Sin** + sustantivo
  - *Le sujetaba las manos **con fuerza**.*
  - ***Con muy malos modales**, le ordenó que se apartara.*
  - *Se lo dijo **sin ganas**.*
- **Sin** + infinitivo
  - ***Sin decir** ni una palabra, abandonó la habitación.*
  - *No te compres el vestido **sin probártelo** antes.*

*Parecía que estaba triste. Caminaba **lentamente**, **arrastrando** los pies y **con las manos** en los bolsillos.*

EXPRESIÓN DE LA CONJETURA

- Existen varios recursos para hacer suposiciones.
  - **suponer que** + indicativo
  - **quizá(s)** / **tal vez** + indicativo / subjuntivo
  - **a lo mejor** / **igual** + indicativo
  - **es probable que** / **es posible que** / **puede (ser) que** + subjuntivo
  - **lo más seguro** / **lo más posible es que** + subjuntivo
  - **seguramente** / **probablemente** / **posiblemente** + indicativo
  - **seguro que** / **estoy seguro/a de que** + indicativo

- También podemos utilizar el futuro simple para hacer suposiciones sobre el presente.
  - • *Tengo que hablar con Luisa. ¿Está por aquí?*
  - ○ *A esta hora **estará** en clase, ¿no crees?*
- Del mismo modo, utilizamos el futuro compuesto y el condicional para hacer suposiciones sobre el pasado.
  - • *Estoy un poco preocupado. Marta tenía que llamarme hace una hora y no lo ha hecho.*
  - ○ *Tranquilo, hombre. **Se habrá olvidado**.* (Supongo que se ha olvidado).
  - • *El otro día no vi a Mario en el partido.*
  - ○ *¿Ah, no? Pues **estaría** enfermo, porque él nunca se pierde ninguno.* (Supongo que estaba enfermo).

- La correspondencia entre los tiempos es la siguiente:

LO QUE SÉ	LO QUE SUPONGO
presente (**está enfermo**)	futuro simple (**estará enfermo**)
pretérito perfecto (**ha estado enfermo**)	futuro compuesto (**habrá estado enfermo**)
pretérito indefinido (**estuvo enfermo**)	futuro compuesto o condicional (**habrá estado enfermo** o **estaría enfermo**)
pretérito imperfecto (**estaba enfermo**)	condicional (**estaría enfermo**)

Atención

Al expresar suposiciones con el futuro y con el condicional, utilizamos la forma **estar** + gerundio si se trata de acciones, y **estar** (sin el gerundio) cuando se trata de situaciones estables que no son realmente acciones.

- • *¿Dónde está Manolo?*
- ○ *No sé. **Estará** en su despacho, supongo.* (situación estable)
- ○ *No sé. **Estará hablando** con el jefe, supongo.* (acción)

- • *¿Dónde estaba ayer Manolo? ¿Por qué no vino a trabajar?*
- ○ *No sé. **Estaría** enfermo, supongo.* (situación estable)
- ○ *No sé. **Estaría preparando** la reunión de mañana, supongo.* (acción)

Más gramática

SER / ESTAR / HABER

- Si informamos acerca de la existencia, usamos **haber**. Las formas de tercera persona se utilizan para hablar tanto de objetos en singular como en plural en el tiempo que corresponda.
  - *Cerca de mi casa* ***hay*** *un parque enorme.*
  - *En la fiesta* ***hubo*** *momentos muy divertidos.*
  - *¿****Había*** *mucha gente en el concierto?*
  - *En el futuro* ***habrá*** *problemas de suministro de agua.*
- En cambio, para ubicar en el espacio algo que ya se sabe (o se presupone) que existe, usamos el verbo **estar**.
  - *El ayuntamiento* ***está*** *bastante lejos del centro.*
- También usamos **estar** para hablar de la posición de los objetos o de la postura corporal.

ESTAR	**inclinado/a, colgado/a, sentado/a, tumbado/a, acostado/a...** **boca arriba / abajo** **de pie / perfil / lado / rodillas...** **en cuclillas**

  - *¿Puedes poner bien ese cuadro, por favor? Es que* ***está*** *un poco* ***inclinado****.*
  - *Lo pasé fatal en la fiesta de Carlos. Como habían sacado todos los muebles, no teníamos donde sentarnos y tuvimos que* ***estar de pie*** *toda la noche.*
- Para informar sobre la ubicación espacio-temporal de un evento ya mencionado, usamos **ser**.
  - *La reunión* ***es*** *en mi casa a las 10 h.*

En la plaza ***hay*** *una escultura de un gato que* ***está*** *sentado en una silla.*

- Con adjetivos, usamos **ser** para hablar de las características esenciales del sustantivo (características que lo definen y que, a menudo, son estables). En cambio, usamos **estar** para expresar situaciones o estados localizados en el tiempo o para referirnos al resultado de un proceso anterior.
  - *Lucas **es** ingeniero.*
  - *Lucas **está** enfadado.*
  - *Este coche **es** muy rápido.*
  - *El coche **está** averiado.*

- Con sustantivos y construcciones nominales, usamos siempre **ser**. Con esas construcciones, hablamos de características inherentes o identificamos algo o a alguien.
  - *Olga **es** una amiga mía.* (~~*Olga está una amiga mía*~~).
  - *Eso de ahí **es** una cama plegable.* (~~*Eso de ahí está una cama plegable*~~).
- Hay adjetivos que pueden hacer referencia tanto a características generales como a estados concretos localizados en el tiempo. Por eso admiten tanto **ser** como **estar**.
  - *María **es** muy feliz en su trabajo. Le encanta.*
  - *Desde que la han hecho jefa de planta, María **está** feliz.*
  - *Para tener éxito en una negociación, **es** fundamental ser prudente.*
  - *En la reunión, los negociadores **fueron** / **estuvieron** especialmente cautos al tocar algunos temas delicados.*
- Con algunos adjetivos, el cambio de **ser** por **estar** lleva a una interpretación diferente.
  - *El novio de Ernesto **es** un chico muy **atento** y educado. Me cae muy bien.* (Ser atento = ser amable y considerado).
  - *Estas curvas son peligrosas. Hay que **estar atento** para evitar un accidente.* (Estar atento = prestar atención).
  - *Juan **es** muy **cerrado**; no se deja conocer fácilmente.* (Ser cerrado = ser introvertido).
  - *La tienda ya **está cerrada**. Tendremos que volver mañana.* (Estar cerrado = estar fuera de los horarios de apertura).
  - *La blusa de Ana **es verde** con lunares blancos. Es muy bonita.* (Ser verde = ser de color verde).
  - *Estas manzanas **están verdes**. No las comas todavía.* (Estar verde = no estar maduro).

*Marta **es muy atenta**. En el metro, cede el asiento a personas mayores, se ofrece siempre para ayudar a quienes lo necesitan, aunque no los conozca….*

*Mi hija Martina tiene muchas ganas de aprender inglés. Su profesora me dice que siempre **está muy atenta**.*

- Con los adverbios **bien** / **mal**, usamos únicamente **estar**.
  - *El concierto **ha estado** muy bien, ¿no?* (~~*El concierto ha sido muy bien, ¿no?*~~).

Más gramática

PONER / PONERSE

- **Ponerse** + prenda de vestir
  - *¿Por qué no* ***te pones*** *esa camisa?* (vestir)
- **Ponerse** + posición / postura
  - ***Se pone*** *de pie y empieza a andar.* (cambiar de posición / postura)
- **Ponerse a** + infinitivo
  - *Germán ha dejado los estudios y* ***se ha puesto a*** *trabajar.* (empezar una actividad)
- **Poner** + sustantivo + lugar
  - *¿**Pongo** la leche en el armario?* (colocar algo en un lugar)
- **Poner** (**en**) + lugar (libros, hojas, carteles...)
  - *¿Me puedes decir qué* ***pone en*** *aquel cartel? Es que sin gafas no veo.* (contenido escrito)
- **Ponerse** + adjetivo
  - *Mi hermano siempre* ***se pone*** *enfermo cuando llega el otoño.* (cambiar de estado)

Atención

Los cambios que se expresan con **ponerse** suelen ser temporales y suelen referirse a la salud, al estado de ánimo o al aspecto físico.

- Salud: **enfermo/a**, **bien**, **bueno/a**, **mal**, **malo/a**...
- Estado de ánimo: **contento/a**, **triste**, **furioso/a**...
- Aspecto físico: **moreno/a**, **guapo/a**, **colorado/a**...

Pero **ponerse** no se combina con ningún participio en función de adjetivo: ~~ponerse preocupado~~.

QUEDAR / QUEDARSE

- **Quedarse en** + lugar
  - *Los meteorólogos han recomendado que la gente* ***se quede en*** *sus casas debido a los fuertes vientos previstos.* (permanecer en un lugar)
- **Quedarse** + gerundio + (**en** + lugar)
  - *Ayer* ***me quedé*** *estudiando* ***en*** *la biblioteca hasta las 24 h.* (permanecer en un lugar desarrollando una actividad)
- **Quedar con** + persona
  - ***He quedado con*** *Javier el martes en un restaurante que acaban de abrir. ¿Quieres venir?* (acordar / tener una cita)

- **Quedar en** + oración
  - ***Quedamos en*** *que me llamarías y no lo has hecho.* (ponerse de acuerdo en algo)
  - ***Hemos quedado en*** *vernos el martes en su casa para hablar del nuevo proyecto.*
- **Quedarse** + adjetivo / participio
  - *Cuando se fue de casa* ***me quedé*** *muy triste.* (cambiar de estado)

Atención

Quedarse suele expresar el paso a un nuevo estado.
- *No lo entiendo: Carlos estuvo hablando sin parar durante dos horas y, de pronto,* ***se quedó*** *callado y ya no me contó nada más.*
- *Cuando Julia se fue,* ***me quedé*** *muy triste.*
- *¿Qué tal la nueva película de Amenábar?*
- *Muy aburrida.* ***Me quedé*** *dormido.*

IR + GERUNDIO

- Esta construcción suele usarse para indicar que una acción o un cambio se realiza de manera gradual. Es decir, se trata de una acción que se desarrolla en etapas y que va progresando hasta que culmina o alcanza determinado límite.
  - *Te* ***vas flexionando*** *hacia delante, desde la cintura, hasta que las puntas de los dedos toquen el suelo.*
  - *Después de ver el antiguo álbum de fotos de mis padres* ***fui recordando*** *cómo era la casa donde vivíamos.*
- Si presentamos una acción con **ir** + gerundio, implicamos que esa acción tiene un final y que se completa progresivamente hasta alcanzar ese final.
  - *Para hacer la tortilla,* ***vamos pelando*** *las patatas mientras el aceite se calienta. Cuando ya está caliente, las ponemos en el aceite...*

Atención

La idea de "acercamiento progresivo hacia un final" es lo que diferencia **ir** + gerundio de **estar** + gerundio. Esta última expresión solo indica que una acción se encuentra en desarrollo, pero no que progresa hacia un final previsto.
- *En estos momentos, mientras el aceite se calienta,* ***estamos pelando*** *las patatas.*

5 AULA INTERNACIONAL PLUS

AUTORES/AS **Jaime Corpas, Agustín Garmendia, Nuria Sánchez, Carmen Soriano**

REVISIÓN Y ASESORÍA GRAMATICAL **José Amenós**

REVISIÓN Y ASESORÍA DE *MÁS EJERCICIOS* **Ana Martínez Lara**

COORDINACIÓN PEDAGÓGICA **Neus Sans**

DESARROLLO DE CONTENIDOS **Agnès Berja, Núria Murillo**

COORDINACIÓN EDITORIAL Y REDACCIÓN **Agnès Berja, Pablo Garrido, Núria Murillo**

DISEÑO Y MAQUETACIÓN **Laurianne López, estudio Moon, Aleix Tormo**

CORRECCIÓN **Pablo Sánchez**

ASESORES/AS DE LA NUEVA EDICIÓN
José Amenós (Universidad Complutense de Madrid), Paula Antela (University of Liverpool), José Luis Cavanillas (CLIC International House, Sevilla), Silvia Colás (University of Victoria), Jesús Fernández Álvarez (Universidad de Erfurt), Carmelo Fernández Loya (Luiss Guido Carli University, Roma), Ana Martínez Lara (Centro de Lenguas de la Universidad Politécnica de Madrid), Marta Mas (www.martamas.com), Dori Noguera (EF Málaga), Marina Rabadán (University of Liverpool), Pablo Restrepo (University of Victoria)

ISBN: 978-84-18224-89-8
ISBN edición híbrida: 978-84-19236-10-4
Reimpresión: febrero 2023
Impreso en la UE

difusión
Centro de Investigación y Publicaciones de Idiomas, S. L.

C/ Trafalgar, 10, entlo. 1ª
08010 Barcelona
Tel. (+34) 93 268 03 00
Fax (+34) 93 310 33 40
editorial@difusion.com

www.difusion.com

FSC www.fsc.org
MIXTO
Papel procedente de fuentes responsables
FSC® C019520

ILUSTRACIONES

Javier Andrada (pág. 49), Laurianne López (págs. 14, 15, 50, 107, 108), Alejandro Milà (págs. 10-11, 13, 33, 44, 48, 86, 94, 97), Ernesto Rodríguez (págs. 17, 22, 30, 31 e ilustraciones de *Más gramática*)

FOTOGRAFÍAS E IMÁGENES

cubierta: Oleksandr Kiriuchkov/iStock; **unidad 1:** pág. 10 Yrithinnd/Wikimedia Commons; pág. 15 Viorel Kurnosov/iStock, kimberrywood/iStock, Urilux/iStock, Glenda Powers/Dreamstime, shapecharge/iStock; pág. 16 Gpointstudio/Dreamstime; pág. 18 tbradford/iStock, Zuberka/iStock, millionsjoker/iStock; pág. 19 tonioyumui/iStock; pág. 21 diego_cervo/iStock; pág. 22 Kylie Nicholson/iStock; pág. 23 leolintang/iStock, ThomasVogel/iStock; pág. 24 Peter Horree/Alamy, Vicimages/Alamy; pág. 25 Museo I Incluyente de Producción Audiovisual (MIIPAT) y Filmakademie; **unidad 2:** pág. 26 MariaGisina/iStock; pág. 32 guoya/iStock; pág. 34 laflor/iStock; pág. 38 lankogal/iStock, Panther Media GmbH/Alamy; pág. 39 Olga Kurbatova/iStock; pág. 41 Banco de la República, Colombia;
unidad 3: pág. 36 richard eppedio/iStock, Pictorial Press Ltd/Alamy, Paul Lowry/Wikimedia Commons; pág. 37 Philip Scalia/Alamy, Robert K. Chin - Storefronts/Alamy; pág. 45 elheraldo.hn, arcana-scientis.fr; pág. 46 elheraldo.hn; pág. 47 dpa picture alliance/Alamy; pág. 51 PA Images/Alamy; pág. 54 memoangeles/iStock, Wachiraphorn/iStock; pág. 55 gohobby.com; pág. 56 Liam White/Alamy, Ken Welsh/Alamy.jpg, Vadym Pastukh/Alamy, chokja/iStock; pág. 57 EiTB;
unidad 4: págs. 58-59 Xulio Villarino/Cover/Getty Images; pág. 61 Ministerio para la Transición Ecológica y el Reto Demográfico; pág. 62 Rina Mulati Ningrum/iStock; pág. 63 Luis Paredes; pág. 64 Javier Ignacio Acuña Ditzel/Flickr; pág. 65 SeppFriedhuber/iStock; pág. 70 anankkml/iStock; pág. 71 Luke Wendling/iStock; pág. 72 Difusión; pág. 73 Ilusión Óptica; **unidad 5:** pág. 74 undefined/iStock, Lukas Hodon/iStock, Juan Miguel Cervera Merlo/iStock, ninelutsk/iStock, Vladimir Sukhachev/iStock; pág. 75 avdyachenko/iStock, corradobarattaphotos/iStock; pág. 76 artisteer/iStock; pág. 77 Ministerio de Trabajo. Gobierno de España. Secretaría del trabajo y previsión social. Gobierno de México; pág. 78 Celina Bordino; pág. 79 Nadia Ettouali Cherrib; pág. 80 iStock/Vasyl Dolmatov; pág. 87 Antonello Marangi/Alamy, Weedezign/iStock; pág. 88 PeopleImages/iStock, SensorSport/iStock, Lisa-Blue/iStock; pág. 89 libros.com (Ignacio Izquierdo); **unidad 6:** pág. 90 PictureLux / The Hollywood Archive/Alamy, SOPA Images Limited/Alamy, WENN Rights Ltd/Alamy; pág. 91 Atlaspix/Alamy, Sueddeutsche Zeitung Photo/Alamy; pág. 93 whatsalyawearing.com, ALIKI SAPOUNTZI / aliki image library/Alamy, Andrew Fox/Alamy; pág. 95 Khosrork/iStock; pág. 96 alexandre zveiger/Fotolia; pág. 98 Tempura/iStock, Morsa Images/iStock, Igor Alecsander/iStock, MarioGuti/iStock, AzmanJaka/iStock, Ridofranz/iStock, AaronAmat/iStock, Tempura/iStock, AlexanderFord/iStock, lechatnoir/iStock; pág. 102 Juanmonino/iStock, DanBrandenburg/iStock, FG Trade/iStock, Juanmonino/iStock; pág. 103 GeniusKp/iStock; pág. 104 Orla/iStock, somethingway/iStock; pág. 105 Material cedido gratuitamente por la ONCE; **MÁS EJERCICIOS unidad 1:** pág. 109 Sol/iStock, R.M. Nunes/Alamy; pág. 111 Mariam Shafik/Alamy; pág. 112 wetcake/Istockphoto; **unidad 2:** pág. 117 erhui1979/iStock; pág. 118 design56/iStock; **unidad 3:** pág. 122 richard eppedio/iStock; **unidad 4:** pág. 130 hadynyah/iStock; pág. 131 simonkr/iStock; pág. 133 RubenBCN/iStock, Ana Barroso (Ilusión Óptica); **unidad 5:** pág. 138 Diana Lundin/iStock; pág. 139 Juanmonino/iStock; **unidad 6:** pág. 143 KatarzynaBialasiewicz/iStock; pág. 148 Everett Collection Historical/Alamy; Agence Opale/Alamy; **MÁS GRAMÁTICA** pág. 172 Niday Picture Library/Alamy